**Kohlhammer
Urban**
-Taschenbücher

Band 676

Grundriss der Pädagogik/ Erziehungswissenschaft

Band 16

Herausgegeben von Werner Helsper, Jochen Kade, Christian Lüders, Frank-Olaf Radtke und Werner Thole

Bereits erschienen:

Band 2
J. Abel/R. Möller/K.P. Treumann
Einführung in die Empirische Pädagogik

Band 3
I. Diehm/F.-O. Radtke
Erziehung und Migration

Band 11
J. Kade/D. Nittel/W. Seitter
Einführung in die Erwachsenenbildung/ Weiterbildung

Band 13
Ulrich Heimlich
Integrative Pädagogik

Band 15
Sigrid Nolda
Pädagogik und Medien

Band 16
Georg Peez
Einführung in die Kunstpädagogik

Band 17
Franz Hamburger
Einführung in die Sozialpädagogik

Band 19
Friedrich Schweitzer
Pädagogik und Religion

Band 20
Walter Herzog
Pädagogik und Psychologie

Band 21
Jörg Zirfas
Pädagogik und Anthropologie

Band 23
Ingo Richter
Recht im Bildungssystem

Band 24
Andreas Wernet
Hermeneutik – Kasuistik – Fallverstehen

Band 25
Klaus Prange
**Schlüsselwerke der Pädagogik
Band 1: Von Plato bis Hegel**

Band 28
Harm Kuper
Evaluation im Bildungssystem

Band 30
Barbara Rendtorff
Erziehung und Geschlecht

Band 32
K. Prange/G. Strobel-Eisele
Die Formen des pädagogischen Handelns

Georg Peez

Einführung in die Kunstpädagogik

3., völlig überarbeitete und aktualisierte Auflage

Verlag W. Kohlhammer

Dieses Werk einschließlich aller seiner Teile ist urheberrechtlich geschützt. Jede Verwendung außerhalb der engen Grenzen des Urheberrechts ist ohne Zustimmung des Verlags unzulässig und strafbar. Das gilt insbesondere für Vervielfältigungen, Übersetzungen, Mikroverfilmungen und für die Einspeicherung und Verarbeitung in elektronischen Systemen.

3., völlig überarbeitete und aktualisierte Auflage 2008

Alle Rechte vorbehalten
© 2008 W. Kohlhammer GmbH
Gesamtherstellung:
W. Kohlhammer Druckerei GmbH + Co. KG, Stuttgart
Printed in Germany

ISBN 978-3-17-020422-5

Grundriss der Pädagogik/
Erziehungswissenschaft

Die einzelnen Bände der Reihe »Grundriss der Pädagogik/Erziehungswissenschaft« präsentieren jeweils grundlegende, wissenschafts- und berufsorientierte Einführungen in erziehungswissenschaftliche Teilgebiete und Themenfelder. Die Reihe wendet sich insbesondere an Studierende, aber auch an BerufspraktikerInnen in den verschiedenen pädagogischen Handlungsfeldern, an Lehrende in der akademischen Erstausbildung sowie in der Fort- und Weiterbildung. Die Systematik der Reihe ist orientiert an dem gewachsenen Ausdifferenzierungsprozess erziehungswissenschaftlicher Frage- und Problemstellungen. Sie greift die damit verknüpften Herausforderungen auch aus dem Umfeld der pädagogischen Arbeits- und Handlungsfelder systematisch auf und reflektiert die damit korrespondierenden Handlungsprobleme, neuen Unsicherheiten und sich wandelnden Aufgabenstellungen.

Mit den einzelnen Bänden der Reihe »Grundriss der Pädagogik/Erziehungswissenschaft« soll der Blick für neuere Entwicklungen in den pädagogischen Handlungsfeldern, der erziehungswissenschaftlichen Forschung und der Theoriebildung geöffnet werden. Im Mittelpunkt stehen die pädagogischen Handlungsformen und Methoden im Spannungsfeld von Profession und Disziplin sowie das Verhältnis von Erziehung und Bildung zu wissenschaftlichen Diskursen und gesellschaftlichen Entwicklungen.

Die Autorinnen und Autoren der Reihe sind Erziehungswissenschaftler, die die verschiedenen Fachrichtungen repräsentieren. Damit gewährleisten die einzelnen Bände der Reihe »Grundriss der Pädagogik/Erziehungswissenschaft« einen theoretisch fundierten, berufsfeldorientierten und empirisch abgesicherten Einblick in aktuelle Fragestellungen und Entwicklungen der Erziehungswissenschaft.

Herausgeber
Prof. Dr. Werner Helsper (Universität Halle-Wittenberg)
Prof. Dr. Jochen Kade (Universität Frankfurt am Main)
Dr. Christian Lüders (Deutsches Jugendinstitut München)
Prof. Dr. Frank-Olaf Radtke (Universität Frankfurt am Main)
Professor Dr. Werner Thole (Universität Kassel)

Inhaltsverzeichnis

Vorwort 11

1 Zwischen Pädagogik und Kunst 15
1.1 Zeitgenössische Kunst und Pädagogik –
 drei unterschiedliche Facetten................ 15
1.2 Kunstvermittlung –
 der ›blinde Fleck‹ der Kunstpädagogik.......... 25
1.3 Konsens im Fach –
 der Bezug zur ästhetischen Erfahrung 26

**2 Entwicklung der Kunstpädagogik –
 Vom 16. Jahrhundert bis heute** 31
2.1 Zeichenstunden und ihre Bedeutung
 für Erziehung und Ausbildung seit
 dem Mittelalter 31
2.2 Künstlerisches Virtuosentum im 17. und
 zu Beginn des 18. Jahrhunderts –
 Lehren für Heranwachsende und ›Dilettanten‹ 33
2.3 Zeichenlehren und Zeichenunterricht
 im 19. Jahrhundert........................ 35
2.4 Die Kunsterziehungsbewegung................ 39
2.5 Zeichenunterricht in der Weimarer Republik
 und Bauhauslehren........................ 41
2.6 Nationalsozialistische Kunst- und
 Volkserziehung im ›Dritten Reich‹ 45
2.7 Musische Erziehung........................ 46
2.8 Wiederbelebung der Bauhauslehren und
 ›Formaler Kunstunterricht‹ 47

2.9	Kunsterziehung in der DDR	50
2.10	Visuelle Kommunikation/ Ästhetische Erziehung	56
2.11	Ästhetische Erziehung in den 1980er-Jahren	61
2.12	Ästhetische Erziehung – Gunter Ottos didaktische Konzepte des Kunstunterrichts	64
2.13	Ästhetische Bildung – Gert Selles kunstnahe ästhetische Projekte	69
2.14	Bildorientierung	73
2.15	Künstlerische Bildung	75
2.16	Ästhetische Forschung und Biografieorientierung	77
3	**Kunstpädagogik – im Kontext eines pluralen Fachverständnisses**	**81**
3.1	Kompensatorische und therapeutische Bedeutungen ästhetisch-bildnerischer Praxis	81
3.2	Künstlerlehren und ihr Einfluss auf das kunstpädagogische Engagement von Künstlerinnen und Künstlern	89
3.3	Aspekte und Verfahren der Performance in der Kunstpädagogik	95
3.4	Kunstpädagogik und die Genderthematik	97
3.5	Kunstpädagogik im Zeichen der digitalen Medien	102
3.6	Mapping/Kartierung	108
4	**Bildnerisch-ästhetische Praxis und Rezeption**	**112**
4.1	Von der Bewegungsspur zum Zeichnen	113
4.2	Formen und Gestalten mit Ton	116
4.3	Kunstrezeption/Begegnung mit Kunstwerken	120

5 Kunstpädagogik als Beruf – Tätigkeitsbereiche, Praxisfelder, Zielgruppen und Perspektiven 124

5.1 Schule 124
5.2 Museum 128
5.3 Erwachsenenbildung 131
5.4 Jugendkunstschule 135
5.5 Seniorenarbeit 140

6 Zwischen Anleitung und Offenheit – Orte, Sozialformen, Methodenaspekte 143

6.1 Vormachen und Nachmachen 143
6.2 Werkstätten, Ateliers und Stationenlernen 146
6.3 Projekte 148
6.4 Rekonstruktion, Dekonstruktion, Konstruktion 150
6.5 Kreative Einzel- und Gruppenarbeit 153

7 Forschen in der Kunstpädagogik 156

7.1 Die Anwendung von forschenden Verfahren in Kunst, Pädagogik und Kunstpädagogik 156
7.2 Sinn und Zweck wissenschaftlicher Forschung 160
7.3 Historische Forschung 162
7.4 Kinderzeichnungsforschung und Erforschung bildnerisch-ästhetischen Verhaltens von Heranwachsenden 163
7.5 Bildungstheoretische hermeneutische Forschung 168
7.6 Fachdidaktische Forschung 169
7.7 Empirische Forschung 171

8	**Kunstpädagogik studieren – Hochschulen, Studiengänge und Abschlüsse**	178
8.1	Künstlerische Eignungsprüfung	178
8.2	Studienziele, Studienabschlüsse und Berufsfelder	179
8.3	Studiengänge	180
9	**Support**	185
9.1	Berufsverbände, Forschungs- und Serviceeinrichtungen	185
9.1.1	Berufsverbände, Gewerkschaften und professionsbezogener Support	185
9.1.2	Forschungs- und Serviceeinrichtungen	186
9.1.3	Datenbanken zur Informationsrecherche	187
9.1.4	Studium, Fort- und Weiterbildung	188
9.1.5	Kontakte: Sites im Internet, Mailinglisten und Newsletters	189
9.2	Zeitschriften, Handbücher, digitale Medien, Unterrichtsmaterialien	191
Literaturverzeichnis		196

Vorwort

Mit diesem Buch werden zwei Absichten verfolgt: Zum einen wird eine Einführung in das Studienfach Kunstpädagogik mit dessen wissenschaftlichen, didaktischen und künstlerischen Angeboten und Konzepten und hiermit zusammenhängenden studienpraktischen Aspekten gegeben. Zum anderen wird die generellere Thematik der Beziehung zwischen Pädagogik und Kunst exemplarisch anhand des im Eingangskapitel begonnenen »roten Fadens« der gesellschaftlichen Bedeutung von Gegenwartskunst aus pädagogischer Sicht veranschaulicht.

Beide Themenbereiche werden allenfalls einer vorläufigen Klärung zugeführt; sie werden facettenreich und plural entfaltet, damit sich bei den Leserinnen und Lesern unterschiedliche Anschlussmöglichkeiten sowohl an das Thema Pädagogik und Kunst als auch an ihre individuellen Interessen in Hinsicht auf das Fach Kunstpädagogik ergeben. Solche Bezugsfelder sind z.B. Fragen zur Entscheidung über das Studienfach (Kap. 8), fachdidaktisches Basiswissen zu Studienbeginn (Kap. 3), berufliche Aussichten und Arbeitsfelder (Kap. 5), Erkenntnisse aus der Historie des Faches bis heute (Kap. 2), Gegenwartskunst (Kap. 1), ästhetische Phänomene und Praxis (Kap. 4) oder Fachkonzeptionen in Theoriebildung und Forschung (Kap. 7). Dementsprechend ist das vorliegende Buch so konzipiert, dass ein selektiver Einstieg für Lesende mit jedem Kapitel möglich ist, um von hier aus – ähnlich dem Hypertextprinzip – eigene Wege durch die Seiten zu finden. Ein umfangreiches Verweissystem soll diese Art des Lesens ebenso unterstützen wie die in assoziativer Absicht in den Text eingefügten Abbildungen.

In der Nutzung der ersten beiden Auflagen durch Lesende zeigte sich, dass diese »Einführung« nicht nur zu Studienbeginn Orientierung bietet, sondern insbesondere am Ende des Studiums und im Referendariat einen kompakten Einblick in die historischen und aktuellen Konzepte des Faches vermittelt. Diesem Bedürfnis wurde in der nun vorliegenden dritten Auflage verstärkt entsprochen, indem die Entwicklung der Kunstpädagogik bis heute chronologisch über die zwei ergänzten und aktualisierten Buchkapitel 2 und 3 noch systematischer entfaltet wird.

Das Thema Bildung wird wie selten zuvor in der breiten Öffentlichkeit wahrgenommen und diskutiert. Diese Entwicklungen lassen sich u.a. mit folgenden Stichworten umreißen:
- internationale Vergleichsstudien zur Ermittlung von Basiskompetenzen der Schülerinnen und Schüler (z.B. PISA),
- ein derzeitiger Lehrermangel im Fach Kunst in vielen – vor allem westlichen – Bundesländern,
- die Einführung von Ganztagsschulen mit der Frage, welche Rolle hier das Fach Kunst spielen sollte,
- die Reduzierung der Schulzeit im Gymnasium um ein Jahr (G8),
- die Etablierung des Zentralabiturs und die hiermit einhergehende Kanonisierung abfragbarer Fachinhalte sowie
- die Diskussionen um Bildungsstandards und die Frage, ob sich diese für die Kunsterziehung formulieren lassen.

Nicht zuletzt unter diesen Vorzeichen entwickelte auch die Kunstpädagogik seit den beiden ersten Auflagen dieses Buches ihre Konzepte weiter. Deshalb liegt nun eine vollständig überarbeitete Neuauflage vor, in welcher das Fach in seinen Grundlagen und aktuellen Entwicklungslinien dargestellt wird.

Die Problematik des einführenden Vorgehens wird zugleich deutlich: Durch die mit einer solchen Buchkonzeption verbundene kursorische Darstellung geht ein Detailverlust einher. Folgender Vergleich soll dies erläutern: Betrachtet man ein großes Gemälde, so gibt es einerseits die Möglichkeit, weit zurückzutreten, um das Bild als Ganzes in seiner Gesamtkomposition im eigenen Sehfeld zu erfassen. Andererseits bietet sich die Möglichkeit, nahe an das Bild heranzutreten, um im Ausschnitt die Strukturen und Materialqualitäten genauer zu erkennen – was freilich mit dem Verlust einhergeht, einen Überblick über das Ganze zu haben. Beides auf einmal geht nicht; die Augen können nicht beides zugleich fokussieren. Man kann nicht an zwei verschiedenen Orten zur gleichen Zeit stehen. Dieser Vergleich lässt sich auf die Darstellung der Sachverhalte in diesem Buch übertragen: Das Buch versucht einen Überblick zu geben. Diese

Absicht wird ergänzt durch eine punktuelle Tiefenschärfe sowie durch weiterführende Literaturangaben. Sie wird vor allem enggeführt durch die Ausrichtung auf das Leitthema Pädagogik und Kunst.

1 Zwischen Pädagogik und Kunst

1.1 Zeitgenössische Kunst und Pädagogik – drei unterschiedliche Facetten

Pädagogik und Kunst sind vielfältig miteinander verwoben. Sie gehen in sehr verschiedenen Zusammenhängen komplexe Beziehungen ein. Pädagogik und Kunst ergänzen sich, sie stoßen sich jedoch auch ab. Dies wird im Folgenden an drei Beispielen erläutert. Drei Kunstwerke eröffnen drei Facetten dieses komplexen Beziehungsgefüges.

Hierbei wird jeweils von einem erweiterten Kunst-Verständnis sowie einem erweiterten Pädagogik-Verständnis ausgegangen. In der Kunst ist diese Erweiterung (vgl. Kap. 2.13, 3.2 und 4) allgemein anerkannt. Kunst setzt heute im Grunde alle ihr zur Verfügung stehenden Materialien, Medien und Handlungsmöglichkeiten ein, sie versucht, immer neue Ausdrucksformen zu finden. Kunst verbleibt nicht nur in Atelier und Museum, sie wirkt in vielen sozialen, gesellschaftlichen und alltäglichen Bereichen, sie diffundiert häufig mit diesen.

Für die Pädagogik gilt, dass in unserem gesellschaftlichen Bewusstsein das Verständnis von Pädagogik zwar traditionell insgesamt durch das öffentliche Bildungssystem und dessen Institutionen repräsentiert wird, z.B. durch die allgemein bildenden Schulen oder die Volkshochschulen; jedoch wird diese Ordnungsvorstellung immer brüchiger. Denn die Vermittlung von Kulturaspekten und Wissen wird nicht nur von professionell pädagogisch Tätigen in Bildungsinstitutionen ausgeführt, sondern sie erfolgt durch zahlreiche ›Miterzieher‹, u.a. durch unterschiedliche gesellschaftliche Institutionen oder die elektronischen Medien. Die Vermittlung von Kulturaspekten ist demnach eine gesellschaftliche Herausforderung, bedingt durch das soziale Zusammenleben, auf der pädagogisches Handeln basiert und auf die es antwortet. Mit pädagogischen Aspekten und Intentionen kann man auch in Berührung kommen beim Fernsehen, beim Ausstellungsbesuch, im Betrieb, bei der Nutzung einer Hilfe-Funktion im Computerprogramm, beim Zeitunglesen oder in künstlerischen Projekten – um nur wenige Beispiele zu nennen.

Die zentrale Frage angesichts dieser erweiterten Verständnisweisen sowohl von Kunst als auch von Pädagogik lautet, wo und wie sich Kunstpädagogik heute verorten und womit sie ihre Notwendigkeit begründen kann, ohne das Rad dieser Entwicklungen zurückzudrehen. Drei Beispiele sollen dies verdeutlichen.

»Denkmal für die ermordeten Juden Europas« von Peter Eisenman

Mit der Aussage, es handele sich um ein »offenes Kunstwerk«, übergab der damalige Bundestagspräsident Wolfgang Thierse am 10. Mai 2005 das »Denkmal für die ermordeten Juden Europas« der Öffentlichkeit. In kürzester Zeit wurde dieses begehbare erste Nationaldenkmal der Berliner Republik ein besonderer Anziehungspunkt für unzählige Berlin-Touristen aus aller Welt (Abbildung 1). Wer unter dem Brandenburger Tor hindurch läuft, der begibt sich auch zum südlich hiervon gelegenen Mahnmal, das ursprünglich vom US-amerikanischen Bildhauer Richard Serra gemeinsam mit seinem Landsmann Peter Eisenman geplant wurde. Nachdem sich Serra 1998 vom Wettbewerbsbeitrag zurückzog, überarbeitete der dekonstruktivistische Architekt Eisenman den Entwurf. Denn in der Öffentlichkeit war Kritik am Monumentalismus des Wettbewerbsmodells laut geworden (vgl. Kunst+Unterricht 227/1998, S. 24). Übrig blieben 2711 Beton-Pfeiler (Umriss einer Stele: 95 x 238 cm), zwischen denen 54 mal 87 im rechten Winkel zueinander organisierte Pfade hindurchführen. Zudem wurden 41 Bäume auf das wellenförmig angelegte 19 000 Quadratmeter große Areal gepflanzt (www.holocaust-mahnmal.de).

Jeder Besucher muss zu diesem offenen, Tag und Nacht begehbaren Kunstwerk Position beziehen – im wörtlichen und übertragenen Sinne. Wer am Rande des Stelen-Feldes ankommt,

Zeitgenössische Kunst und Pädagogik – drei Facetten 17

Abb. 1: Peter Eisenman (*1932): »Denkmal für die ermordeten Juden Europas«, Berlin, fertiggestellt 2005, im Hintergrund (Mitte) das Reichstagsgebäude sowie das Brandenburger Tor (Foto: Georg Peez)

wird unwillkürlich »hinein gezogen«. Am Anfang sind die dunkelgrauen Betonpfeiler noch überschaubar niedrig. An manchen Stellen im äußeren Bereich des Mahnmals ähneln sie eher dunklen, auf dem Boden liegenden Grabplatten. Ab und zu sind einzelne Blumen auf ihnen abgelegt. An anderen Stellen kann man sich auf ihnen sitzend niederlassen. Das uneben verlegte Pflaster unter den Füßen verunsichert beim Laufen: Es führt zunächst zur Mitte des Feldes hin leicht abwärts. Die Stelen werden schnell höher, bis zu viereinhalb Meter. Sie scheinen – teilweise leicht schräg stehend – bedrohlich aus dem Boden zu wachsen, nehmen das Licht. Sie schlucken die Geräusche der Umgebung. Beim Durchschreiten wird man überrascht von anderen Menschen, die ebenfalls auf den schmalen Pfaden laufen, die die strenge Ansicht jeweils für wenige Sekunden verändern. Ihre Wege kreuzen sich mal näher, mal weiter entfernt mit den eigenen. Aber schnell ist man wieder alleine, biegt um eine Ecke und sieht andere Fremde. Diese begehbare Skulptur spricht in den engen Gängen den Einzelbesucher an, isoliert ihn, ermöglicht ihm eine kontemplative Besinnung auf sich selbst. Distanz ist zugleich in der Enge nur schwer möglich.

Peter Eisenman sagt, das Holocaust-Mahnmal solle ein »dauerhaftes Gedächtnis« an die sechs Millionen von Deutschen ermordeten Juden schaffen. Doch die Besucher überprüfen diese Aussage: Kann das zwischen Landart, abstrakt-minimalistischer Skulptur und Denkmal changierende Kunstwerk das leisten, was Eisenman vorgibt? Das Werk ist offen, ungewiss und deshalb sehr unterschiedlich zu erfahren und auszulegen. Erinnert die Tatsache, dass man zwischen den Stelen schnell allein ist, an die Isolation der Opfer? Soll und kann das Mahnmal Mitgefühl wecken? Oder assoziiert man die perfekt geordnete ›kalte Grammatik‹ der unpersönlichen Betonpfeiler, die ein wenig an Nazi-Architektur erinnern, mit der Gewaltherrschaft des Dritten Reichs? Oder ist es doch eher eine Stadt der Toten, ein Gräberfeld, auf dem die Namen fehlen?

Persönliche Eindrücke, historisches Wissen, kunsthistorische Assoziationen, eigene Körperempfindung, Gefühle und ästhetische Erfahrungen (vgl. Kap. 1.3) beim Durchschreiten bilden für viele Berlin-Besucher eine eigentümliche Gemengelage, die sich nicht auflösen lässt, sondern ihre Wirkung meist eindrücklich entfaltet. Eine ›Handlungsanweisung zum Erinnern‹ wird weder vom Kunstwerk noch vom Künstler mitgeliefert. Muss uns dieses Werk etwas Bestimmtes sagen? Es ist ja schließlich ein Denkmal. Sollte Kunst heute eine klare Aussage treffen, etwas vermitteln? Oder muss Kunst mittels der ästhetischen Erfahrung an ihr »ein Bewusstsein der Offenheit von Gegenwart« (Seel 2007, S. 66) herstellen, weil ihre Bedeutung sowieso stets individuell vom Betrachter oder Benutzer abhängt?

Eisenman lehnt jede Deutung seines Werks ab: Es solle nichts symbolisieren, keinen Friedhof, keine Totenstadt, kein Kornfeld, auch kein Gegenbild zu den ineinander verkeilten Eisschollen in Caspar David Friedrichs Gemälde »Gescheiterte Hoffnung« von 1822. Das Leiden derer, an die es erinnere, habe ihn zum Schweigen bewogen. Lediglich Einzigartigkeit war Eisenmans Ziel: einen Ort zu gestalten, der wie kein anderer auf der Welt ist, denn nie zuvor habe es auch einen Holocaust gegeben.

Durch die performativen Eigenschaften (vgl. Kap. 3.3) dieses Mahnmals wird der Begriff des Denkmals dekonstruiert: Es regt zum Denken an ohne einen Gedanken vorzuschreiben. In diesem Sinne ist das eigentliche Denkmal die Diskussion hierüber. Der bebaute Raum ist demnach Anlass dafür, das Denkmal im sich immer wieder erneuernden Diskurs zu schaffen und weiterzuentwickeln; ein Diskurs, der lange vor der Errichtung begann, 1988, als Deutschland noch geteilt war und als eine Bürgerinitiative um die Journalistin Lea Rosh begann, ein Holocaust-Denkmal für die ehemalige Hauptstadt des faschistischen Deutschlands zu fordern.

Ob Anstoß, Ablehnung oder Zustimmung: Eisenman hat das erreicht, was ein Kunstwerk erreichen kann: über die bildnerische Form und über die ästhetische Erfahrung (vgl. Kap. 1.3) zum selber Denken und zum Disput anzuregen (vgl. Kunst+Unterricht Heft 316/2007). Denn hier findet keine Vermittlung von festgelegten Ideen und Inhalten statt – zumindest oberirdisch. Aus der Furcht heraus, dass solche Offenheit zur Beliebigkeit führe, war ein Ergebnis der jahrelangen Diskussionen, dass unter diesem Areal ein »Ort der Information« geschaffen wurde. Hier wird in vier ausstellungsdidaktisch geplanten Räumen eindrücklich an die Opfer erinnert, etwa indem unablässig die Namen von 800 ermordeten Juden genannt und deren Schicksale geschildert werden.

»One Minute Sculptures« von Erwin Wurm

Selbst Franz Beckenbauer tat es. Er posierte eine Minute nach der Anweisung von Erwin Wurm: Beckerbauer lehnte sich seitlich an eine Hauswand an. Doch berührte er nicht mit seinem Jackett das Haus, sondern er presste vorsichtig zwei Orangen-Früchte gegen die Hauswand: eine Orange zwischen Schläfe und Wand, eine zwischen Schulter und Wand (Abbildung 2). Der Gesichtsausdruck des »Kaisers« ist konzentriert, leicht verlegen und zugleich amüsiert. Wurm dokumentiert Beckenbauer in diesem Moment mit der Kamera. Das Foto, auf dem diese Kurzzeit-Skulptur festgehalten wurde, war Plakatmotiv der Kunst-Ausstellung zur Fußball-Weltmeisterschaft 2006 in Deutschland.

Im Werkverzeichnis des Bildhauers Erwin Wurm (Jg. 1954) gibt es eine ganze Serie mit Gemüse und Früchten. Beispielsweise steht ein Bankdirektor vor der Kamera: In jedem Nasen-

Abb. 2: Erwin Wurm (*1954): »One Minute Sculpture«. Für die Ausstellung »Rundlederwelten«, dem offiziellen Beitrag des Kunst- und Kulturprogramms der Bundesregierung zur FIFA WM 2006, stand Franz Beckenbauer für Plakat und Einladung zur Verfügung. In der Ausstellung konnten sich alle Besucher auch selbst für wenige Minuten in eine lebendige Skulptur verwandeln.

loch steckt ein weißer Spargel. Der Kopf des Mannes ist leicht nach oben gerichtet, so dass die Spargelstangen fast senkrecht aus den Nasenlöchern herabhängen, sie erinnern an Walrosszähne. Eine andere Zeitgenossin hat sich Schuhe und Strümpfe ausgezogen und kleine Essiggurken zwischen ihre Fußzehen geklemmt. Ein weiterer Freiwilliger in der Serie »Outdoor Sculptures« (1998), der als Lohn für seine Handlung »lediglich ein kleines Foto« bekam, so Wurm, posierte kopfüber in einer offenen Mülltonne am Straßenrand, nur die nach oben aus der Tonne ragenden Beine waren zu sehen.

In Erwin Wurms Schau mit dem Titel »Handlungsformen der Skulptur« (2003) ist jeder Besucher aufgefordert, vom Betrachter zum Akteur zu werden: Auf weißen Podesten liegen diverse Alltags-Utensilien, wie Orangen, Stöcke, Bleistifte oder ein Pullover. Zu jedem Gegenstand gibt es eine Handlungsanweisung (Zeichnung mit kurzem Text) des Künstlers (Wurm 2006; Lehmann 2003). So lassen sich zwei Orangen auch unter die Bluse oder ins Hemd im Bereich der Brust stecken. In dem Moment, in dem diese anleitungsorientierte skulpturale Haltung auf Zeit steht, kann man sich von einem Aufseher der Ausstellung fotografieren lassen. Wer dann noch 100 Euro zahlt und Wurm das Foto zuschickt, erhält es von Künstlerhand signiert zurück, womit die Echtheit einer Wurm'schen Skulptur bescheinigt wird. Ob mit oder ohne Foto: Jeder kann auf diese Weise als Ausstellungsbesucher die Verantwortung für das Gelingen eines Kunstwerks übernehmen bzw. eine Skulptur auf Zeit sein.

Was auf den ersten Blick für manche Betrachtende wie Klamauk oder Slapstick wirken mag, erweist sich jedoch als höchst originelle und subtile Kunst-Botschaft. Mit seinen inszenierten »Skulpturen für eine Minute« ist Wurm ein Grenzgänger zwischen den traditionellen Gattungsgrenzen. Skulptur, Happening, Performance (vgl. Kap. 3.3), Ready-made (Duchamp) verschmelzen zu etwas Neuem. Bekannte kategoriale Gegensätze für Kunst sind paradoxerweise gleichzeitig wirksam: Prozess und Produkt, Bewegungslosigkeit und Aktion, Ruhe und Dynamik, Stabilität und Instabilität, Künstlichkeit und Wirklichkeit, Regel und Zufall, Original und Nachahmung; festgehalten mit Video- oder Fotokamera. Dass in Wurms Werken zweifellos immer auch Humor und Ironie sowie Selbst-Ironie der Akteure mitschwingen, dass die verblüffenden Fotodokumentationen jeden zum Schmunzeln veranlassen, lässt sie umso subtiler und tiefgründiger wirken. Denn mit einem Lächeln sind wir gegenüber den radikalen Intentionen des Künstlers wesentlich aufgeschlossener.

Zweitens erweitern diese kurzzeitigen Skulpturen den Kunstbegriff (vgl. Kap. 3.2), indem sie den Übergang vom Alltag zur Kunst schaffen. In diesem Kontext fördern sie auch die ästhetische Bildung. Wer einmal einen Pullover nach den Anweisungen von Wurm gefaltet und aufgehängt hat oder wer einmal eine »One Minute Sculpture« selbst ausgeführt hat, wird ab dann im alltäglichen Umgang jenes Kleidungsstück anders betrachten, falten oder anziehen. Er wird – wenn auch nicht immer, aber immer öfter – Gegenstände auf ihre Möglichkeit, Skulptur zu werden, überprüfen. Er wird eine Verbindung zwischen Kunst und Alltag herstellen und sich an die einmal selbst ausgeführte Aktion erinnern. Denn er hat einen innovativen skulpturalen Prozess selber mimetisch (d.h. kreativ nachahmend) erfahren (Lehmann 2003, S. 70f.).

Die Vermittlung seiner Kunst geschieht durch den Künstler und seine Handlungsanweisungen unmittelbar: In der tatsächlichen Aktion kann jeder versuchen, wie Franz Beckenbauer mit zwei Orangen eine Skulptur auf Zeit zu werden. Zweifellos liegt es in der Absicht des Künstlers, ästhetische Erfahrungen auszulösen. Die in Kap. 1.3 aufgelisteten Strukturmomente ästhetischer Erfahrung kommen hier zum Tragen. Zum anderen lassen sich viele Werke mittelbar erfahren, indem man sich als Betrachter in den agierenden Menschen in Gedanken hineinversetzt: Welches Körpergefühl muss ich entwickeln? Welche Körperspannung, Konzentration und Balance muss ich halten? Welche Vorsicht muss ich walten lassen, damit die zwei Orangen nicht wegrutschen und ich selber nicht ins Wanken komme?

»Ein Kommunikationsraum« von Christine und Irene Hohenbüchler in Zusammenarbeit mit der Kunstwerkstatt Lienz

Auf den Böden eines weißen, etwa 1,70 m hohen Regals lagen viele Objekte, denen man bereits von Weitem ansah, dass sie mit etwas handwerklichem Ungeschick hergestellt worden waren: kleine figürliche Darstellungen von Phantasietieren aus Keramik; eine selbstgehäkelte Mütze; mehrere etwa handgroße, meist bunt glasierte Keramikschalen und -gefäße; einige mit Ornamenten grell bemalte Frottee-Handtücher; das Porträtfoto einer lachenden Frau, welches nachträglich durch Wachsmalkreide mit Mustern bunt verziert und auf ein Stück Pappe aufgeklebt war.

Dies alles war im Sommer 1997 in einem großen, hellen Raum der documenta X zu sehen, dem »Museum der hundert Tage« für zeitgenössische Kunst in Kassel. Am Eingang dieses Raumes hing an der Wand ein kleines Schild: »multiple autorenschaft. Christine & Irene Hohenbüchler in Zusammenarbeit mit Kunstwerkstatt Lienz. Ein Kommunikationsraum. 1996–1997«. Weitere schriftliche Angaben zu den Ausstellungsobjekten wurden nicht gemacht.

Diese Objekte waren auf ungewöhnlichen Möbeln präsentiert (Abbildung 3): An der Rückwand eines halbrunden, mitten im Raum stehenden, mit Ausstellungsobjekten bestückten Regals befand sich eine Sitzbank. Eine andere Konstruktion sah aus wie ein hoher Stuhl mit einer viel zu kurzen Lehne bzw. wie ein niedriger Schreibsekretär. Diese Stellage wurde als Präsentationstisch für einen Ringbuchordner mit in Prospekthüllen eingelegten Zeichnungen genutzt. Zwei Besucher standen an diesem »Tischchen« und blätterten im Ordner. Sie unterhielten sich hierbei. Auf einem anderen Tisch stand ein Computer, auf dessen Bildschirm Grafiken aufgerufen werden konnten: Darstellungen eines Feuerwehrautos, eines Lastwagens, eines Hauses, einer Landschaft. An einer Wand stand eine ca. 1,50 m hohe Konstruktion aus Drähten, an denen mit greller Farbe bemalte Badeanzüge, Badehosen, mehrere Schwimmreifen und eine große aufgeblasene Plastikente präsentiert wurden.

Die Zwillingsschwestern Christine und Irene Hohenbüchler, 1964 in Wien geboren, arbeiten seit Jahren mit Menschen zusammen, die u.a. in Nervenheilanstalten oder in Gefängnissen untergebracht sind. Die auf der documenta X ausgestellten Werke wurden von ihnen gemeinsam mit 20 geistig Behinderten in einem Zeitraum von zwei Jahren in der »Kunstwerkstatt« der »Nervenheilanstalt Lienz«, Osttirol in Österreich, geschaffen. Durch diese projekt- und werkstattorientierte künstlerische Kooperation entstanden verschiedene Werke mittels unterschiedlichster Herstellungsverfahren und Materialien, die die

Abb. 3: Christine und Irene Hohenbüchler (*1964), multiple Autorenschaft: Ein Kommunikationsraum, verschiedene Materialien und Medien, 1996–97. Resultate kollektiver Arbeiten in der »Kunstwerkstatt Lienz« mit den Bewohnern der Nervenheilanstalt Lienz, Osttirol, Österreich.

Geschwister Hohenbüchler zum Gesamtwerk, dem »Kommunikationsraum«, zusammenfügten.

Christine und Irene Hohenbüchler sind weder Kunstpädagoginnen noch Kunsttherapeutinnen, sie sind sowohl in ihrem Selbstverständnis als auch im kunsttheoretischen Kontext durch ihre Teilnahme an der documenta X anerkannte Künstlerinnen. Auf vergleichbare Weise wie die Geschwister Hohenbüchler arbeiten gegenwärtig eine Anzahl zeitgenössischer Künstlerinnen und Künstler prozesshaft direkt in pädagogischen Zusammenhängen. In der Kunsttheorie wird gar gemutmaßt, dass sich langfristig künstlerisches Tun von der Bereitstellung ästhetischer Produkte zum Angebot ästhetischer Tätigkeiten für Menschen, die im weitesten Sinne etwas gestalten wollen, verschieben könnte. Diesen Kunstschaffenden ist ein zentraler Aspekt künstlerischen Arbeitens gemeinsam: Sie integrieren kunstpädagogische Handlungsweisen in ihre Kunstäußerungen und erweitern den Kunstbegriff hierdurch. Sie bearbeiten die Grenze zwischen Pädagogik und Kunst. Gerade durch die von ihnen ausgelöste Irritation an der Grenze zum pädagogischen System erfahren die Geschwister Hohenbüchler Aufmerksamkeit und Akzeptanz im Kunstsystem.

1.2 Kunstvermittlung – der ›blinde Fleck‹ der Kunstpädagogik

Hinsichtlich des komplexen und facettenreichen Beziehungsgefüges zwischen Pädagogik und Kunst wird ein Charakteristikum häufig genannt, welches eher die Unvereinbarkeit zwischen Kunst und Pädagogik betont: Die Möglichkeit einer Vermittlung von Kunst, einer Vermittlung dessen, was die Kunst zur Kunst macht, wird in der kunstpädagogischen Diskussion oft grundsätzlich angezweifelt (vgl. Kap. 2.13 und 4.3). Dieser Zweifel betrifft den kunstpädagogischen Berufsstand fundamental, der zwischen Pädagogik und Kunst steht, dessen Aufgabe es ist, Kunst zu vermitteln. Freilich lassen sich bildnerische Techniken lehren und vermitteln, wie etwa das Schraffieren mit dem Bleistift oder der Umgang mit einem Bildbearbeitungsprogramm, aber wer das Spezifische von Kunst vermitteln will, macht sie sich gefügig. Er unterrichtet hierdurch an der Kunst vorbei. Die Entwicklung der modernen und zeitgenössischen heterogenen Kunstrichtungen macht nämlich deutlich, dass sich Kunst und Kunsterfahrung durch die Verweigerung gegenüber Verstehensabsichten und durch die Irritation der Rezipientinnen und Rezipienten stetig dem rational auslegenden Verstehen zu entwinden versuchen (Sontag 1968). Eine solche Verweigerungshaltung mit lehrenden Methoden pädagogisch ›zähmen‹ zu wollen wäre kontraproduktiv. Kunst ist demnach nicht didaktisierbar (Buschkühle 2003, S. 32ff.).

Die Basis dessen, was kunstpädagogische Konzepte lange Zeit prägte und was alle kunstpädagogischen Methodenentscheidungen überhaupt erst legitimierte, wird durch diesen Ansatz radikal in Frage gestellt. »Erfahrung gelingt nicht durch Vermittlung«, sagt unmissverständlich der Kunstpädagoge Hermann K. Ehmer (Ehmer 1993, S. 32). Vermittlung gilt demnach nicht mehr als eine der Kunst angemessene Kategorie, weil der Inhalt möglicher Kunstvermittlung nicht reflexiv verfügbar ist.

Kunstlehrende geraten unversehens unter einen Rechtfertigungsdruck. Das Paradoxon, mit dem sie selbst unter Anerkennung der oben konturierten Prämisse umgehen müssen, lautet: Trotz allem versuchen sie weiterhin die Gelenkfunktion zwischen der Kunst und den Schülerinnen und Schülern bzw. den Adressatinnen und Adressaten einzunehmen – sie vermitteln ›etwas‹. Gegenwärtig wird das Gewahrwerden dieses ›blinden Flecks‹ der Kunstpädagogik im Fach theoretisch kultiviert und gewissermaßen zu einem ›Kunstgriff‹ stilisiert (vgl. Kap. 2.15). Aus Sicht der Praxis lässt sich die Wahl der Vermittlungsmethoden wohl vorwiegend als eklektisch oder noch treffender als pragmatisch bezeichnen. D.h. man wählt jeweils die situativ adäquat erscheinende Methode aus, die angesichts der eigenen Berufserfahrung momentan einen größtmöglichen Erfolg für kreative und produktive Anschlüsse verspricht. Die Wahl der Vermittlungsmethoden ist somit keinesfalls beliebig, d.h. zumindest im Nachhinein ist es mittels Reflexion möglich, die Wahl professionell zu begründen – unabhängig davon, ob sich die Wahl im Nachhinein auch als ›richtig‹ erwies. Es lässt sich offensichtlich der ›Kunstgriff‹ anwenden, dass Vermitteln auch angesichts der Anerkennung der Unvermittelbarkeit dessen, was Kunst ihrem Wesen nach ist, keineswegs überflüssig wird. Denn im Zentrum steht deswegen nun die Frage: Wie lässt sich die Nicht-Vermittelbarkeit der Kunst überzeugend und gegenstandsgerecht, d.h. kunstgerecht vermitteln? Dass diese Frage so verhandelt wird, zeigt beispielsweise Hermann K. Ehmer mit seiner Formulierung, wir müssten lernen, dass es an der Kunst nichts zu lernen gebe (Ehmer 1994, S. 14).

1.3 Konsens im Fach – der Bezug zur ästhetischen Erfahrung

»Im Kunstunterricht geht es um mehr als Kunst, es geht um die ästhetischen Erfahrungsprozesse der Kinder und Jugendlichen – in ihrem Wahrnehmen, Handeln und Denken. Ihnen diese Pro-

Konsens im Fach – der Bezug zur ästhetischen Erfahrung

zesse zu eröffnen, sie darin zu begleiten und selbstständig werden zu lassen, ist Praxis und Konzept des Kunstunterrichts« (Kirchner/Otto 1998, S. 1). Mit diesen Worten charakterisierten Constanze Kirchner und Gunter Otto vor über zehn Jahren die noch gültige Hauptaufgabe heutiger Kunstpädagogik. Diese Aufgabe besteht nicht in der Vermittlung von Kunst, sondern kunstpädagogische Grundintentionen zielen ab auf die Ermöglichung ästhetischer Erfahrungen im Bildnerischen. Ästhetische Erfahrungen lassen sich sowohl produktiv im eigenen bildnerischen Gestalten (vgl. Kap. 4.1 und 4.2) als auch rezeptiv, etwa in der Kunstbetrachtung (vgl. Kap. 4.3), aber auch im Alltag »in Ereignissen und Szenen« machen, »die das aufmerksame Auge und Ohr des Menschen auf sich lenken, sein Interesse wecken und, während er schaut und hört, sein Gefallen hervorrufen« (Dewey 1934/1980, S. 11), so der US-amerikanische Philosoph und Pädagoge John Dewey in seiner Sammlung von Vorlesungstexten »Art as Experience« aus dem Jahre 1934. Auf diese Grundaussagen Deweys bezieht sich die deutsche Kunstpädagogik heute häufig. Ästhetische Erfahrungen können als Erfahrungen der Diskontinuität, der Differenz zum bisher Erlebten gelten (Mattenklatt/Rora 2004). Sie überschreiten das mittels unserer Wahrnehmung Erwartbare und »erzeugen Risse in der gedeuteten Welt« (Seel 2007, S. 59). In dieser »Schwellenphase« werden »kulturelle Spielräume für Experimente und Innovationen eröffnet« (Küpper/Menke 2003, S. 140).

Strukturmomente von ästhetischer Erfahrung sind zusammengefasst, chronologisch geordnet von der ersten Aufmerksamkeit bis zur Mitteilung und abgeleitet aus den oben genannten Literaturquellen:

- Aufmerksamkeit für Ereignisse und Szenen, die Gefallen und Interesse wecken und hierdurch unmittelbares Spüren der Wahrnehmung bedingen;
- Offenheit und Neugier;
- Versunkensein und emotionales Involviertsein im Augenblick;
- Genuss der Wahrnehmung selbst und hiermit verbundenes Lustempfinden (nicht nur angenehm, sondern auch verstörend oder erschaudernd);

- Spannung und Überraschung, die Staunen vor dem wahrgenommenen Phänomen auslösen können;
- Erleben von Subjektivität und Individualität im Wahrnehmungsprozess;
- Anregung der Fantasie durch Entdeckung von neuen Assoziationen zu scheinbar Bekanntem und Gewohntem;
- Reflexion über die eigene Wahrnehmung und deren Prozesshaftigkeit mit hierdurch bedingter nötiger Distanz zum eigenen Wahrnehmungserleben, zum Abschluss der ästhetischen Erfahrung;
- Voraussetzung für die Reflexion sind Wissen und Einsicht, die sich aus früherer Wahrnehmung und Erfahrung ergeben;
- In-Beziehung-Setzen der eigenen ästhetischen Erfahrung mit kulturellen und künstlerischen Produkten;
- Festhalten der ästhetischen Erfahrung in ästhetischer Produktion;
- Mitteilen dessen, was die ästhetische Aufmerksamkeit erregte (kommunikativer Aspekt).

Deweys Auffassung steht in Opposition zu ästhetik-philosophischen und bildungstheoretischen Standpunkten, beispielsweise des Kunsthistorikers Gottfried Boehm, der es für die ästhetische Erfahrung als kennzeichnend ansieht, dass ihre Eingliederung ins Pädagogische nicht nur in Frage zu stellen sei, sondern dass die Idee einer natürlichen Annäherung von Kunst und Pädagogik ein fragwürdiges Unternehmen bleibe (Boehm 1990, S. 471). Für Boehm ist ästhetische Erfahrung nur an Kunstwerken bzw. in Verbindung mit Kunstwerken zu gewinnen. Die sich gegen einfache Erklärungen wehrende zeitgenössische Kunst – wie etwa die Erwin Wurms (vgl. Kap. 1.1) – errichte eine schwer überwindbare Barriere gegenüber jenen Versuchen, sie zum Instrument ästhetischer Erziehung zu machen.

Doch ihre Beziehung zur bildenden Kunst ist für die Kunstpädagogik zwar zentral, aber nicht allgegenwärtig. Ästhetische Erfahrungen sind für die Kunstpädagogik nicht das Mittel zum Zweck der Kunsterfahrung. Ästhetischen Erfahrungen kommt ein hiervon unabhängiger Wert an sich zu. Aber Kunsterfahrung ist ohne zuvor erfolgte ästhetische Erfahrungen im Alltag nicht möglich. »Die Erfahrung der Kunst zehrt von der Erfahrung außerhalb der Kunst – und hier gerade von ästhetischen Erfahrungen in den Räumen der Stadt und der Natur, in denen die Koordinaten der Weltgewandtheit und des Weltvertrauens durcheinander geraten.« (Seel 2007, S. 66) (Zu den philosophischen Wurzeln der ästhetischen Erfahrungen und ihrem Verständnis heute vgl. Tatarkiewicz 2003, S. 448ff.; Küpper/Menke 2003.) Unser Wahrnehmungsverhalten bildet sich mitgängig und muss deshalb im Kunstunterricht thematisiert und geschult werden. Ästhetische Erfahrungen und Empfindungen erleben zu können, ist ein Teil unserer »Grundausstattung«, so der Kunstpädagoge Gert Selle, sie werde von Künstlerinnen und Künstlern lediglich intensiver genutzt und sensibler entwickelt. »Das Empfinden ist die gemeinsame Quelle oder der noch unbearbeitete Erfahrungsgrund, auf den sich Laien und Künstler berufen können. Nur muss zum Empfinden die Wahrnehmung, zu beiden verbundenen Tätigkeiten das Gestalten treten, das ein Empfundenes und Wahrgenommenes auf besondere Weise weiterverarbeitet. Dies ist eine ›Methode‹, ein von allen begehbarer Weg, ästhetische Erfahrung zu gewinnen« (Selle 1988, S. 30).

Jede ästhetische Erfahrung enthält eine zweifache Orientierung: Zum einen sollte sie auf die sinnlichen Anteile der Wahrnehmungen und Empfindungen gerichtet sein. Zum anderen sollte dem Spüren und Erfahren ein Sinn gegeben werden; es geht um Erkunden, Ins-Bewusstsein-Rufen, Auslegen und Deuten; wie etwa bei Peter Eisenman (vgl. Kap. 1.1). Erst wenn wir uns einer sinnlichen Wahrnehmung bewusst werden, wenn wir ihr gewahr werden, wenn wir die Wahrnehmung mit anderen Wahrnehmungen und Empfindungen in Beziehung setzen und auslegen, dann verhalten wir uns nicht nur sinnlich, sondern ästhetisch. Ein solches ›Sinn-Bewusstsein‹ muss nicht in Worte gefasst werden, es sollte aber reflexiv verfügbar sein.

Kunstpädagogik geht davon aus, dass im Alltag und in der Sozialisation durch Umwelterfahrungen nicht genügend Situationen geboten werden, in denen ästhetische Erfahrungen in den angesprochenen Dimensionen in ausreichendem Maße und tiefgreifend zu machen sind; ästhetische Erfahrungen, die auch grundlegend für Bildungsprozesse sind (Kämpf-Jansen 2001, S. 153ff.). Für die Entwicklung kritischer, selbstkritischer und selbstbestimmter ästhetischer Entscheidungen sind andere Impulse, Gegenerfahrungen, Irritationen und Vergleichsmöglichkeiten erforderlich. Diese Impulse sind in kunstpädagogisch arrangierten Situationen fachdidaktisch (vgl. Kap. 2) und begründet zu geben.

2 Entwicklung der Kunstpädagogik – Vom 16. Jahrhundert bis heute

2.1 Zeichenstunden und ihre Bedeutung für Erziehung und Ausbildung seit dem Mittelalter

Im Mittelalter gab es nur eine sehr kleine Anzahl von Gelehrten und Geistlichen, die als Illustratoren und Miniatoren für Bücher tätig waren. Diese Bücher hatten religiöse und nach dem 14. Jahrhundert verstärkt humanistisch-profane Inhalte. Heute besitzen wir keine verlässlichen Quellen darüber, mit welchen erzieherischen Mitteln in dieser Zeit speziell Fähigkeiten und Wissen zur Buchillustration von den Älteren an die Jüngeren weitergegeben wurden. Es ist davon auszugehen, dass die Prinzipien der Nachahmung (vgl. Kap. 6.1) und der persönlichen Lehre – für einzelne Lernende oder für kleine Gruppen – vorherrschend waren.

In Lateinbüchern aus dem 16. Jahrhundert sind darüberhinaus ab und zu Randzeichnungen zu finden, die inhaltlich nicht an den Text gebunden waren, nicht die Funktion einer regulären Illustration erfüllten und so als autonome Zeichnungen gelten können. Hier handelt es sich um früheste authentische noch erhaltene Zeugnisse der Zeichentätigkeit von Heranwachsenden (vgl. Kap. 7.4). Von entsprechender Bedeutung sind auch Strichmännchen und karikaturähnliche Kritzeleien, mit denen lesende und schreibende Mönche ab und zu die Ränder ihrer Bücher schon Jahrhunderte vorher versahen. Diese Form der ›Buchzeichnung‹ nahm mit der Verbreitung des gedruckten Buches ab, wohl deswegen, weil die Einheit von Schreiben und Zeichnen in Bezug auf das Buch langsam verloren ging (Kemp 1979, S. 18ff.). Die früheste Darstellung einer Kinderzeichnung in der abendländischen Kunst findet sich auf einem Gemälde von Giovanni Francesco Caroto, das um das Jahr 1520 entstand (Abbil-

Abb. 4: Giovanna Francesco Caroto (ca. 1480–1546): Knabe mit einer Zeichnung, ca. 1520, Öl auf Holz, 37 x 29 cm, Verona Museo di Castelveccio.

dung 4). Auf diesem Bild sind bereits Indizien für Zeichenunterricht abzulesen (Kemp 1979, S. 25ff.; Wittmann 1997).

Zwischen der Hochkultur des weltlichen und kirchlichen Adels einerseits und der bäuerlichen Volkskultur andererseits erstarkte ab Ende des 15. Jahrhunderts eine dritte, mittlere, bürgerlich geprägte Kultur. Auftraggeber von Kunstwerken wurden zu Kunstliebhabern und interessierten sich verstärkt für künstlerische Werte, wie Individualität, Originalität und auch für die Genialität der beauftragten Künstler. Diese sich entwickelnde kunstsensible und kunstkritische Haltung, die sich von den obersten gesellschaftlichen Gruppen ausgehend langsam ›nach unten‹ durchsetzte, ist eine direkte Voraussetzung für bildnerisch-ästhetische Praxis von Laien, vor allem für Zeichenunterricht. Am Ende dieser kulturellen Neuorientierung und ›Zivilisation‹ des Adels und des reichen Bürgertums wurde das Zeichnen als autonome künstlerische Technik vollgültiges Ausdrucksmittel der Laien. Dies bedeutete, dass Zeichnen eine Tätigkeit war, die in pädagogischen Situationen vermittelt wurde.

Der erzieherische Wert des Zeichnens und Malens als Teil einer humanistischen Gesamterziehung für die oberen Stände wurde für die Prinzenerziehung der Renaissance in Berufung auf die Antike wiederentdeckt. Einhergehend mit Architekturtheorie wurden Architektur und geometrische Körper gezeichnet sowie nach antiken Porträtbüsten und Skulpturen kopiert. Durch das Zeichnen konnten die Fürsten kriegerische Strategien planen (›Kriegskunst‹), Bauwerke entwerfen, beim In-Auftrag-Geben von Kunstwerken selbst planerisch Hand anlegen und sich die Aneignung von Wissenschaften und Wissen über die Natur erleichtern. Adel und Bürgertum genossen die Exklusivität dieser Tätigkeit; nur sie verfügten ja über entsprechende Zeichenmaterialien. In den zeitgenössischen Abhandlungen wird zudem der erholende Wert, der dem Zeichnen zugeschrieben wurde, oft betont (z.B. Castiglione 1528, S. 94), was jedoch nicht dessen erzieherischen Stellenwert verringerte.

2.2 Künstlerisches Virtuosentum im 17. und zu Beginn des 18. Jahrhunderts – Lehren für Heranwachsende und ›Dilettanten‹

Insbesondere im Adel bestand jedoch auch zugleich noch häufig die Meinung, Zeichnen sei manuelle Arbeit und deshalb dem Adelsstand unwürdig. Diesem Argument wurde mit dem Hinweis begegnet, dass Zeichnen eine allgemeine geistige Tätigkeit sei. Durch ihre schöpferischen Anteile sei sie ein ›Wetteifern mit

Gott‹, so mache schöpferisches Zeichnen die Menschen gottähnlich. Gegenüber dem höhere technische Anforderungen stellenden Zeichenmaterial wie Silberstift und Zeichenpinsel hatten sich die adligen Laien beiderlei Geschlechts – Heranwachsende wie auch Erwachsene – zunächst auf die Feder, die sie schon vom Schreiben her kannten, und etwas später – vor allem in England – auf das Aquarellieren spezialisiert. Frühe Formen des Graphitstifts (›Bleistift‹) setzten sich nur langsam durch. Aquarell- und Wasserfarben erfreuten sich deswegen so großer Beliebtheit (und sie tun dies auch heute noch), weil sie erstens farbige Malmaterialien waren, die keine lange Zeit zum Anmischen, zur Vor- und Zubereitung erforderten. Zweitens konnte man sie leichter verarbeiten als Tempera- oder Ölfarben. Drittens waren sie geruchsneutral. Und viertens wurde ihr Gebrauch nicht durch Zünfte und Berufsstände reglementiert. Aquarellfarbe galt von Beginn an als ein Malmaterial für Laien, das neben den Papieren, dem Zeichenmaterial und den Zeichengründen in ausreichenden Maßen auf dem Markt zur Verfügung stand. Als Folge der wachsenden Nachfrage erschien 1606 die erste gedruckte Zeichenlehre für Dilettanten (Kemp 1979, S. 132f.). ›Dilettant‹ stand im damaligen Sprachgebrauch für einen Liebhaber in den Künsten und war nicht abwertend besetzt.

Der Zeichenunterricht, den manche in Privatstunden bei meist verarmten Künstlern nahmen, basierte vor allem auf dem Kopieren nach Stichen antiker Vorlagen aus Musterbüchern. Der Unterricht begann, wie z.B. bei Preißler in seinen 1734 verfassten »Regula und Anleitungen zum Zeichnen nach Vorlagen berühmter Künstler«, mit dem linearen Zeichnen geometrischer Figuren und dem Zeichnen nach Stichen antiker Modelle. Als besonderer Schwierigkeitsgrad führte die Darstellung von Perspektive und Schattierungen auf dem Papier hin zum Zeichnen und Malen von Landschaften und Historien.

Innerhalb der damals üblichen Hauslehrererziehung behandelte Jean Jacques Rousseau 1762 seinen Umgang mit der freien Kinderzeichnung des ihm anvertrauten Zöglings namens Émile: »Ich werde anfänglich einen Menschen so zeichnen, wie ihn die Dienerschaft an die Mauern schmiert: einen Strich statt jedes Armes, einen Strich statt jedes Beines, die Finger größer als der Arm. Lange danach werden wir einer den anderen auf dieses

Missverhältnis aufmerksam machen. Wir bemerken, dass ein Bein eine gewisse Stärke hat, dass diese Stärke nicht überall gleich ist, dass der Arm im Verhältnisse zum Körper eine bestimmte Länge hat usw.« (Rousseau nach Kemp 1979, S. 229). Die soziale Zuordnung der originären Kinderzeichnung zur »Dienerschaft« macht – trotz des Einfühlungsvermögens Rousseaus – deutlich, dass für ihn nur die naturalistische Wiedergabe einen erzieherischen Wert besaß.

Im Jahre 1795 veröffentlichte Friedrich Schiller seine Briefe »Über die ästhetische Erziehung des Menschen«. In ihnen formulierte er – vom Gedankengut der Französischen Revolution beeinflusst – eine komplexe philosophische, politische und ästhetiktheoretische Bildungsidee, die alle Menschen als Individuen ernst nahm und die auf eine Verwirklichung ihrer individuellen und kollektiven Möglichkeiten baute. Zentrale Bezugsaspekte waren Freiheit, Spiel und Schönheit. Schiller sah die fortschreitende Entfremdung des Menschen von seinen Bedürfnissen, er sah die »Ambivalenz der Moderne zwischen unzweifelhaften Fortschritten und gravierenden Verlusterfahrungen« (Legler 1995, S. 3). Ein Ausgleich zwischen Sinnlichkeit und Vernunft sollte innerhalb einer humanen ästhetischen Erziehung durch den menschlichen Spieltrieb erreichbar sein: »Denn um es endlich auf einmal herauszusagen, der Mensch spielt nur, wo er in voller Bedeutung des Wortes Mensch ist, und er ist nur da ganz Mensch, wo er spielt« (Schiller nach Legler 1995, S. 3). Schillers philosophische »Briefe«, die keine praxisorientierten Anweisungen enthielten, erfuhren bis in unsere Tage besonders in der Kunstpädagogik eine umfangreiche Auslegungs- und Rezeptionsgeschichte (vgl. Kap. 7.5).

2.3 Zeichenlehren und Zeichenunterricht im 19. Jahrhundert

Das 19. Jahrhundert war gekennzeichnet von der fortscheitenden Industrialisierung. Aus kunstpädagogischem Blickwinkel sind zwei unterschiedliche Entwicklungen interessant: der wirtschaftliche und soziale Aufstieg des Bürgertums, des (früh-) kapitalistischen Unternehmertums sowie die Proletarisierung großer Bevölkerungskreise. Beide Entwicklungstendenzen führten zu völlig unterschiedlichen Zeichenunterrichtskonzepten. Am Ende des 19. Jahrhunderts bildete sich dann gegen beide Konzeptionen die Kunsterziehungsbewegung (vgl. Kap. 2.4), die ›auf einem dritten Wege‹ reformpädagogische Ansprüche für das 20. Jahrhundert nicht nur postulierte, sondern auch umsetzte.

Im Verlauf des 19. Jahrhunderts wurden Bildung und »künstlerisch sensibilisierte Emotionalität« »zu Leitbildern bürgerlicher Erziehung« (Selle 1981, S. 24). Die Wendung zum Gefühl, zur ›ästhetischen Innenkonzentration‹ und in die Intimität des bürgerlichen Familienlebens war der Katalysator für politische Machtlosigkeit der Bürger in Deutschland. Das Bürgertum versuchte, von der unschönen Realität entrückt, in der Idealität des Wahren, Schönen und Guten Konflikte zu vergessen. Der Name dieses Zeitalters in Deutschland, des Biedermeiers, wurde als Parodie auf die ›Verspießung‹ erst am Ende dieser Epoche geprägt. Im Gegensatz zum Bauernstand und zum entstehenden Proletariat besaß das Bürgertum die räumliche Nähe zur Kunst, hatte Kunst oft in eigenen Sammlungen. Die Bürger konnten sich im Gegensatz zu den Bauern und Arbeitern dasselbe Zeichen- und Malmaterial leisten wie professionelle Künstler. Der bürgerliche Nachwuchs nahm bei Künstlern, so genannten Zeichenmeistern, Unterricht (Abbildung 5). Diese Zeichenstunden sicherten den weniger etablierten Künstlern neben ihrer Kunstausübung eine zusätzliche Einkommensquelle – ein Phänomen, das sich bis heute erhalten hat (vgl. Kap. 3.2). Der Unterricht enthielt, wie schon in der Prinzenerziehung der Renaissance, das Zeichnen geometrischer Körper, das Kopieren von Köpfen sowie Porträts von gedruckten Vorlagenblättern und – das war in diesem Umfang neu – von Landschaften nach Stichen aus Mustermappen. Diese Zeichenstunden wurden in den bürgerlichen Privatbereich integriert. Johann Wolfgang von Goethe ist wohl der bekannteste deutsche Vertreter eines solchen bildnerischen Laienschaffens. Goethe setzte sich gemeinsam mit Friedrich Schiller (vgl. Kap. 2.2) kritisch mit dem ›Dilettantismus‹ auseinander. Sie arbeiteten Merkmale wie Oberflächlichkeit oder die Bedeutung außerkünstlerischer Nützlichkeiten heraus (Goethe 1799). Bürgerlicher Zeichenunterricht war zu dieser Zeit weniger ein Phä-

Abb. 5: Schülerinnen zeichnen von Vorlageblättern ab: Die Krauskopfsche Zeichenschule in Kassel, ca. 1840, Aquarell, Kassel Staatliche Kunstsammlungen.

nomen der Kindererziehung, sondern mehr Teil der Bildung junger Erwachsener.

Durch die fortscheitende Industrialisierung bildete sich neben Adel, Bürgern und Bauern – noch im Wortgebrauch einer ständischen Gesellschaft – der vierte Stand, das Proletariat. Im handwerklichen und industriellen Verwertungsprozess wurde versucht, körperliche und geistige Arbeit systematisch voneinander zu trennen. Durch den fast ausschließlichen Einsatz körperlicher monotoner Arbeit der Proletarier wurde ihr Intellekt wenig gefordert. Auch Sinnenentfaltung fand bei solch monotoner Arbeit kaum statt. Der Einbezug von arbeitskraftsparenden Maschinen in den Produktionsprozess erleichterte im Stadium der industriellen Revolution nicht die Industriearbeit, sondern raubte ihr durch immer weitere Untergliederung ihren Inhalt. Der lange und harte Arbeitstag und das von Zwängen der Existenzsicherung bestimmte Wahrnehmungsinteresse des Proletariats machten es den Arbeiterinnen und Arbeitern unmöglich, an der bürgerlich künstlerisch empfindsamen Lebensgestaltung und Wahrnehmung teilzuhaben. Die soziale Not entwickelte sich zu einem immer größeren gesellschaftlichen Problem, dem u.a. mit mehr Volksbildung begegnet wurde.

Abb. 6: Elementare Zeichenübungen im quadratischen Liniennetz (Stuhlmann 1897).

Mit der Industrialisierung waren neben den höheren Bürgerschulen für die ›Gebildeten‹ Elementar- bzw. Volksschulen für das ›einfache Volk‹ entstanden. Diese Volksschulen mussten eine gewisse Mindestqualifikation der Arbeiterinnen und Arbeiter sichern, weshalb die Schulpflicht in den deutschen Ländern etwa zur Mitte des 19. Jahrhunderts flächendeckend durchgesetzt wurde. In Preußen durften ab 1839 beispielsweise Kinder nicht ohne vorherigen dreijährigen Schulbesuch in Fabriken oder Bergwerken beschäftigt werden (Selle 1981, S. 106; Richter 2003, S. 147ff.). Innerhalb des sehr reduzierten Fächerkanons dieser Volksschulen hatte der Zeichenunterricht einen festen Platz, denn er wurde unter Nützlichkeitsgesichtspunkten konzipiert. Zugleich hatte er mit der bürgerlichen Zeichenlektion nichts zu tun. Ein Beispiel hierfür ist das vom Gewerbeschuldirektor Adolf Stuhlmann entwickelte so genannte Netzzeichnen, bei dem auf ein quadratisches Liniennetz lineare Muster und ›Flachornamente‹ gezeichnet werden mussten. Es sollte der ›Gewinnung klarer Vorstellungen‹ dienen, um Natur, Wissenschaft und Kunst besser verstehen zu können und um eine gemeinsame überspannende Sprache zu finden (Selle 1981, S. 106ff.; Richter 2003, S. 157) (Abbildung 6). Solche Qualifikations- und Bildungsversprechen wurden jedoch nicht eingelöst. Denn die Elementarisierung des Zeichnens im Industriezeitalter entsprach mehr der entfremdeten Teilarbeit in der Fabrik, sie sollte produktionsorientierte Bedeutung für die Berufsausbildung und -ausübung in der Industrie haben. Dieser Zeichenunterricht diente dazu, mittels monotonen Drills die vom Produktionswesen verlangten Tugenden wie Fleiß, Disziplin und Ordnung für die industrielle Arbeit einzuüben. Und hiermit passte er sich in den Charakter des gesamten Schulsystems ein, das häufig auf schlecht ausgebildeten Lehrern basierte, welche nicht selten Klassenstärken von 60 bis 70 Kindern unterrichteten.

2.4 Die Kunsterziehungsbewegung

In der Geschichte der Kunstpädagogik gibt es eine wichtige Wegmarke: die Kunsterziehungsbewegung um die Wende vom 19. zum 20. Jahrhundert, deren Auftakt der Kunsterziehungstag 1901 in Dresden war. Die Kunsterziehungsbewegung war der bedeutende Teil einer kunstsozialen Erneuerung, die sich bildete, weil sich u.a. die kulturellen und sozialen Spannungen gesellschaftlich verschärft hatten. Von Teilen des Bürgertums wurden kulturelle Veränderungen angestrebt, mit denen ein ›besseres‹ Leben für alle erreicht werden sollte. Als einen Weg hierzu sah man die Veränderung der ästhetischen Kultur an, z.B. durch den Jugendstil, der mit vielen historisierenden, rückwärts gewandten Geschmacksvorstellungen des 19. Jahrhunderts brach. Ein anderer Weg war die angestrebte Reform des Schul- und Bildungswesens. Wichtige Ziele dieser Reformbewegung waren die Entwicklung der künstlerischen Individualität, die Förderung der persönlichen Begabung jedes Kindes und in ihrem kulturkritischen Ansatz eine »sittliche Erneuerung unseres Lebens durch künstlerische Erziehung« (Lichtwark 1905 in Lorenzen 1965, S. 34). Man sah vor allem die freie Handzeichnung – was heute Kinderzeichnung genannt wird (vgl. Kap. 4.1 und 7.4) – als zu förderndes Ausdrucksmittel von Heranwachsenden an. Vorher wurde diese im Zeichenunterricht nicht beachtet (vgl. das Zitat von Rousseau in Kap. 2.2). »Deshalb wollen wir z.B. im Zeichenunterricht nichts von glatten, lithographierten Vorlagen wissen (...). Ebenso bekämpfen wir das jahrelange Zeichnen von geraden und krummen Strichen, von Dreiecken, Vierecken, Kreisen und Sternen (welches) die Lust und Liebe zur Kunst gewaltsam austreibt« (Götze 1901 in Lorenzen 1965, S. 25). Der Zeichenlehrer Konrad Lange forderte bereits 1893, die Schülerinnen und Schüler seien »keine Kompanie von Rekruten«, ein Zeichensaal sei »kein Exerzierplatz« (Selle 1981, S. 122f.). Die Zeichenlehrenden gingen nun beispielsweise öfters mit ihren Schülerinnen und Schülern in die Natur und übten durch das Zeichnen Wahrnehmen am Gegenstand selbst. Der frühere Volksschullehrer und damalige Direktor der Hamburger Kunsthalle Alfred Lichtwark bot Kunstbetrachtung für Kinder im Museum vor zeitgenössischer Kunst an, bei der die kindgemäße Rezeption der Werke im dialogischen Miteinander großen Raum einnahm (vgl. Kap. 4.3 und 5.2).

Diese Einstellungsänderungen gingen durchaus konform mit den Anforderungen aus dem Arbeitsbereich: Die zukünftige Arbeiterin, der zukünftige Arbeiter musste differenzierter sozialisiert werden, denn das deutsche Kaiserreich hatte sich als wirtschaftliche, politische und gesellschaftliche Macht auch kulturell weiterzuentwickeln und zu legitimieren. Doch kam diese ›Gebildetenreformbewegung‹ zugleich schnell ins Fahrwasser deutsch-nationaler Einflüsse. Bezeichnend hierfür ist die enthusiastische Aufnahme, die die kulturkritische Schrift »Rembrandt als Erzieher« von August Julius Langbehn erfuhr, welche in vielen Auflagen immer wieder neu gedruckt wurde (Langbehn 1890/o. A.). Ein zentrales Stilmerkmal des ›Rembrandtdeutschen-Buchs‹ ist die durchgehend nahezu konzeptionslose Ansammlung von Zitaten, Metaphern, Beispielen, Spekulationen und subjektiven Auslegungen aus verschiedensten Disziplinen. Dies sind Stilmittel, die Langbehn aber gerade von seinen Zeitgenossen sowie Anhängern im 20. Jahrhundert hoch angerechnet wurden. Langbehn repräsentiert den Hang zur holistischen, antimodernen, kulturkritischen Vereinheitlichung, die fast alles aufnimmt und verbindet.

Rückblickend lässt sich sagen, dass sich die Forderungen der Kunsterziehungsbewegung nach künstlerischer Individualität, Entfaltung der schöpferischen Kräfte sowie Näherbringen der

Kunst zum Volk innovativ ausgewirkt haben. Diese Ideen wurden vor allem nach dem Ersten Weltkrieg in der Weimarer Republik von der sich entwickelnden Reformpädagogik und Jugendbewegung in konkrete Unterrichtspläne umgesetzt und damit langfristig flächendeckend eingeführt.

Dass diese Einführung von der Jugend getragen wurde, aber teilweise sehr zeitversetzt erfolgte, macht eine überlieferte Eingabe von Schülern aus dem Jahre 1919 an den Rektor der Oberen Realschule, im schweizerischen Basel deutlich. »Der ganze Zeichenunterricht« ihres Lehrers sei »sowohl in Kunstauffassung als auch Unterrichtsmethode, von einem Geiste erfüllt, der unbedingt überholt ist und unmöglich den Charakter der jetzigen Jugend, wie der Zeit überhaupt, entsprechen kann. (…) Seit der ersten Klasse müssen wir immer wieder Gipsabgüsse von architektonischen Ornamenten, von Tieren, Gliedmaßen, Büsten und Figuren abzeichnen. Was bei diesem Unterricht völlig unbeachtet bleibt, ist die Phantasie des einzelnen. Der Schüler sollte sich selber im Entwerfen von Ornamenten, von Illustrationen, von Kompositionen usw. versuchen dürfen. Er sollte überhaupt mehr Freiheit in der Wahl der Motive haben, denn er geht nicht in die Schule, um zensiert zu werden, sondern um seine zeichnerischen Fertigkeiten zu entwickeln.« (Müller 1982, S. 54f.)

2.5 Zeichenunterricht in der Weimarer Republik und Bauhauslehren

Nach dem Zusammenbruch des wilhelminischen Kaiserreichs im Ersten Weltrieg und der folgenden wirtschaftlichen Rezession orientierte sich die Mehrheit der Bevölkerung an traditionellen ästhetischen Verhaltensmustern. Neue Kunstströmungen wie Expressionismus, Kubismus, Dadaismus, Futurismus oder Surrealismus blieben vom Großteil der Bevölkerung unverstanden, sie wurden abgelehnt, sie hatten auch praktisch keine Bedeutung für die Kunsterziehung an den allgemein bildenden Schulen. Etwas anders verhielt es sich mit Auffassungen über Kunst und Kunstlehre, die am 1919 in Weimar gegründeten ›Bauhaus‹ unterrichtet wurden, einer fortschrittlichen staatlichen

Alternative zu bisherigen Kunstakademien und Kunstgewerbeschulen (vgl. Kap. 3.2). Moderne allgemeine bildnerische Gestaltungsgrundlagen wurden hier vermittelt, die zunächst in ›Vorkursen‹ den Umgang mit den formalen Mitteln in den Vordergrund stellten. Spätere Kunstlehrende wurden u.a. am Bauhaus ausgebildet und übertrugen so Konzeptionen aus dem Bauhaus in die Kunsterziehung. In den späten 1920er- und frühen 1930er-Jahren setzte beispielsweise der Volksschullehrer Hans Friedrich Geist Elemente der Bauhauslehren im Schulunterricht um. Geist studierte selbst zeitweise am Bauhaus. Teils modern, ungegenständlich, experimentell, dadaistisch und expressiv muten viele dieser Schülerarbeiten an, in denen etwa mit Alltags-, oder auch Abfallmaterialien gestaltet wurde (Wick 2003) (Abbildung 7).

Konzepte zur Förderung subjektiv gesteigerter sinnlicher Erfahrungsfähigkeit, wie beispielsweise Johannes Itten sie entwickelte, fanden sich im reformierten Kunstunterricht an allgemein bildenden Schulen der Zwanziger- und Dreißigerjahre und sogar in selbst organisiertem, illegalem Kunstunterricht in Konzentrationslagern der Nazis in den Vierzigerjahren (Heuberger 1991; Richter 2004). Aber auch anhand der Bauhauslehren zeigt sich das Phänomen, dass diese Lehren erst später – in diesem Falle nach dem Zweiten Weltkrieg – eine umfassende Umsetzung erfuhren und über den deutschsprachigen Raum hinaus flächendeckend wirksam wurden (vgl. Kap. 2.8).

Johannes Itten, der ursprünglich selbst Volkschullehrer war, ging davon aus, dass bei Heranwachsenden und jungen Erwachsenen ein ›schöpferischer, originaler Wesenskern‹ bereits vorhanden sei, der zu pflegen und zu fördern ist; ein Grundgedanke, der die Kunsterziehungsbewegung prägte (vgl. Kap. 2.4). Eine weitere Aufgabe bestand für Itten darin, junge Menschen bekanntzumachen mit all den Arbeitsmitteln und -methoden sowie den Gesetzmäßigkeiten, deren Betrachtung und Beherrschung für den Erfolg im Bildnerisch-Praktischen unerlässliche Voraussetzung seien. Hier tritt sein pädagogischer Anspruch hervor. Diese ›Gesetzmäßigkeiten‹ der künstlerischen Darstellungsmittel wurden nicht nur von Itten, sondern beispielsweise auch von Paul Klee oder Wassily Kandinsky in bildnerischen Lehren hinsichtlich Farbe, Form und Material vermittelt. Man ging davon

Zeichenunterricht in der Weimarer Republik und Bauhauslehren 43

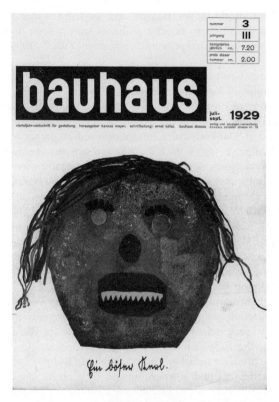

Abb. 7: Umschlagvorderseite der Zeitschrift »Bauhaus« Heft 3 aus dem Jahre 1929 mit der Schülerinnenarbeit »Ein böser Kerl« (Materialmontage) aus dem Unterricht von Hans Friedrich Geist. »Die Bildthemen wurden von den Kindern bestimmt. Anregungen zu einzelnen Arbeiten gaben Märchen.« (Geist 1929 nach Wick 2003, S. 140)

aus, dass die bildnerischen Mittel von jedem erlernbar sind, und viele Bauhaus-Meister schrieben entsprechende Lehrbücher (vgl. Kap. 3.2). Kaum einem anderen kunstgeschichtlichen Phänomen wie dem Bauhaus wurde nachträglich so häufig zugeschrieben, dass es Pädagogik und Kunst vorbildlich miteinander verbinde. Rainer K. Wick spricht von »Bauhaus-Pädagogik«, ein allerdings irreführender Begriff, den er selbst wider besseren Wissens prägte, denn es wäre redlicher, von äußerst disparaten »pädagogischen Konzeptionen am Bauhaus« (Wick ⁴1994, S. 10) zu sprechen. An den Bauhauslehren wird eine Überfrachtung, eine »weltanschauliche Überdeterminierung« (Werckmeister 1990, S. 40) von Formenlehren mit ethisch-moralischen Inhalten erkennbar, die die Kunstpädagogik der Weimarer Republik insgesamt charakterisiert. Der Frage, ob Kunst mittels pädagogischer Maßnahmen lehrbar sei (vgl. Kap. 1.2), näherten sich viele Lehrende am Bauhaus dadurch, dass sie die sorgfältig systematisierten Prinzipien ihrer eigenen Kunst zu vermitteln bemüht waren. Hierdurch entstanden kategorisch subjektive Konzeptionen, die nur schwer nachvollziehbar sind. Paul Klee wollte seine Schülerinnen und Schüler veranlassen, die anschaulichen wie die physisch-geistigen Wirkungen der Formen und Farben sowie deren Inhaltsfunktionen im Kunstprozess und -werk zu erkunden. Die hierbei gewonnenen Erfahrungen und Einsichten sollten die Entwicklung einer eigenen Bildsprache befruchten.

Die Lehrmethoden waren etwa bei Kandinsky und Klee traditionell, nach heutigem Sprachgebrauch lehrerzentriert: Vorlesung und praktische Übungen wechselten sich ab. Wohingegen Itten als Alternative zur Entfremdung in der Industriegesellschaft aus dem Studium östlicher Philosophien und Religionen Atem-, Konzentrations- und Körperübungen entwickelte, die erstmals in der Geschichte der Kunstpädagogik – systematisch ›ganzheitlich‹ verstanden – ein Trainieren des Geistes sowie des gesamten Körpers in die Kunsterziehung mit einbezogen (Itten 1963, S. 11ff.). Paul Klee schilderte eine Lehrstunde Johannes Ittens: »Er ergreift eine Kohle, sein Körper sammelt sich, als ob er sich mit Energien ladete, und geht dann plötzlich zweimal nacheinander los. Man sieht die Form zweier energischer Striche senkrecht und parallel auf dem obersten Schmierblattbogen, die Schüler werden aufgefordert, das nachzumachen. Der Meister kontrolliert die Arbeiten, lässt es sich von einzelnen Schülern extra vormachen, kontrolliert die Haltung. Dann kommandiert er's im Takt, dann lässt er alle dasselbe Exerzitium stehend ausüben« (Klee nach Regel 1996a, S. 26). Wenn diese Beschreibung auch recht ironisch ist, so wird doch Ittens experimentelle Einstellung zum körperlich-gestischen Einsatz in solchen pädagogisch inszenierten Zeichenübungen exemplarisch deutlich.

2.6 Nationalsozialistische Kunst- und Volkserziehung im ›Dritten Reich‹

Ab der Machtübernahme Adolf Hitlers 1933 wurden alle Kultur- und Kunstformen, die nicht der nationalsozialistischen Gesinnung entsprachen, zuerst attackiert, dann verboten, und deren Vertreterinnen bzw. Vertreter wurden entweder in die innere oder äußere Verbannung oder in Konzentrationslager geschickt. Die avantgardistische, moderne, teilweise zeitkritische Kunst der Zehner- und Zwanzigerjahre wurde 1937 in der Ausstellung »Entartete Kunst« dem breiten Publikum als krankhaftes abschreckendes Beispiel, als »Flut von Schlamm und Unrat« (Hitler 1937, S. 242) vorgeführt. Der Studiendirektor Reinhold Krause stellte im gleichen Jahr fest: »Proben dieser Machwerke werden wuchtige Beweismittel für die Notwendigkeit einer radikalen Lösung der Judenfrage sein« (Krause 1937, S. 315), womit er die geistige Verbindung zwischen Pädagogik im Nationalsozialismus und dem Völkermord der Deutschen an den Juden belegte. Zudem mögen Enttäuschung, ja Verbitterung über die staatlich verordnete Einschränkung der Kunsterziehung in Form von Stundenkürzungen und Stellenabbau während der Weltwirtschaftskrise in der Weimarer Republik Hoffnungen auf eine grundlegende Änderung der politischen Machtverhältnisse durch die Nazis genährt haben.

Die Kunstpädagogik wurde von Themen und allgemeinen Leitmotiven geprägt, wie ›Mutterboden der Volkskultur‹, Rasse, Blut, Reinheit, Gott und Nation. Dementsprechend hatten im Kunstunterricht auch solche Themen und Arbeitsweisen Vorrang, die einer von der Sehnsucht nach einfachen Ordnungen gespeisten vermeintlichen Wiedererweckung der Volkskunst dienen sollten. Der die Kunstpädagogik beherrschende Volkskunst-Gedanke stellte direkte Verbindungen her zu einer angeblichen Bindung der Kunst an Rassen. In den bildnerischen Arbeiten der Heranwachsenden tauchten immer häufiger Symbole des Nationalsozialismus', wie das Hakenkreuz, in volkskunstähnlichen Zusammenhängen auf (Diel 1969). Eingebettet war diese Form der Kunsterziehung in eine Sozialisation, die viele Bereiche der NS-Jugend- und Freizeitkultur gerade von Heranwachsenden systematisch umfasste, wie die ›Hilterjugend‹ oder den ›Bund Deutscher Mädchen‹, und die auf die Vorbereitung des Zweiten Weltkriegs hinführten.

2.7 Musische Erziehung

Man könnte vermuten, dass sich kunstpädagogische Konzepte nach 1945 in Westdeutschland von dem traditionellen, die Kunstpädagogik im Nationalsozialismus stützenden Gedankengut abwandten, um nach Alternativen in der Kunsterziehung zu suchen. Doch »wenn 1945 etwas nicht zerstört war, dann die Kultur der Sinne mit all ihren Einschlüssen an sozialer Wahrnehmungsfähigkeit und -unfähigkeit, an verinnerlichten Ideologien. Aber auch die Grundverhältnisse, unter denen diese Kultur langfristig entstanden war, blieben nahezu unverändert« (Selle 1981, S. 210). Selbst wenn manche Vertreter der Musischen Erziehung in der NS-Zeit in ihrer kunstpädagogischen Arbeit stark behindert wurden, so wird die geistige Verwandtschaft der Musischen Erziehung mit der Pädagogik in der Zeit des ›Dritten Reichs‹ durch folgendes Zitat eines musischen Erziehers fünf Jahre nach Kriegsende besonders deutlich: »Die nationalsozialistische Zeit war ja wohl, obwohl im Tiefsten barbarisch und amusisch, keineswegs ohne sogar ausgedehnte musische Bestrebungen – manchmal kommt einem, denkt man nur punktuell, fast Neid an« (Messerschmidt 1950, S. 168). Während in Ostdeutschland dem Faschismus entgegengesetzt eine sozialistische Politisierung des Bildungssystems erfolgte (vgl. Kap. 2.9), wurde im Westen vor allem die musische Geschmacks- und Gefühlserziehung propagiert und angewendet, die sich nach Erfahrungen im ›Dritten Reich‹ bewusst unpolitisch zu geben beabsichtigte. Das täglich erfahrene physische und psychische Elend und die Not fanden in den westdeutschen Zonen und in der späteren Bundesrepublik Deutschland einen ersehnten Ausgleich in der weiterhin heil scheinenden Welt der rückwärts auf die Volkskunst gerichteten Kunstpädagogik, die noch in Berufung auf Langbehn (vgl. Kap. 2.4) versprach, dass durch Innerlichkeit, Versenkung und Vergessen im glückhaften bildnerischen Schaffen ›zivilisatorische Schäden‹ geheilt werden könnten. Das Musische wurde in kulturkritischer Absicht häufig der Technik als konträr gegenüber gestellt.

Neben der Orientierung an der Volkskunst war ein weiteres wichtiges Element der Musischen Bildung die Erziehung zum »gepflegten Geschmack« (Meyers 1966, S. 70), »weil fraglos geringere von höheren Werten unterschieden werden« müssten (ebd., S. 7f.). Das Bürgertum gab also weiterhin seinen Geschmack als den »wahren« und den »in den hohen Sphären des allgemein Gültigen« (ebd., S. 8, 10) angesiedelten aus. Dies führte bis zu Anweisungen wie, »seine Kleidung sauber, einfach und kleidsam zu halten« (ebd., S. 14) oder »Minderwertiges zu vernichten, sobald es die Umstände erlauben« (ebd., S. 115f.).

Kennzeichnend für die Musische Erziehung war aber auch, dass sie insbesondere den Kindern Freiräume für subjektiven, spontanen und emotionalen Ausdruck gab, weil das ursprünglich ›Schöpferische‹ im Kinde weitgehend keiner lenkenden Einwirkung, sondern lediglich eines Schutzraumes bedurfte. Der Unterricht beschränkte sich häufig auf die Einführung in bildnerische Verfahren. Innerhalb des recht rigiden Lern- und Leistungssystems Schule war somit der Kunstunterricht oft ein kompensatorisches Refugium (vgl. Kap. 3.1) für selbstvergewissernde bildnerische Produktivität der Schülerinnen und Schüler.

2.8 Wiederbelebung der Bauhauslehren und ›Formaler Kunstunterricht‹

Durch die Technisierung der Landwirtschaft sowie durch den Anschluss der Landbevölkerung mittels Massenmedien, vor allem des Fernsehens, an die städtische Kultur und durch die verstärkte Mobilität war der sinnliche Lebensbereich, für den einst die Volkskunst geschaffen wurde, endgültig zerstört. Ebenso waren u.a. durch den Faschismus und die Produkte der Kulturindustrie auch die Arbeiterkultur der Zwanzigerjahre und deren sinnliche Erfahrungs- und Handlungszusammenhänge weitgehend ausgelöscht worden. An die Stelle des Proletariats trat in den Sechzigerjahren des 20. Jahrhunderts eine neue Ausprägung der »wandlungsfähigen, durchaus modernen Klasse des Kleinbürgertums« (Selle 1981, S. 215). Die Technisierung der Arbeits- und Freizeitbereiche ließen zur Zeit des ›Wirtschaftswunders‹ eine traditionelle Rückwärtsgewandtheit zur deutschen Volkskunst vielfach als nicht mehr zeitgemäß erscheinen. Modernisierungsrückstände sollten nun auch in der Kunstpädagogik aufgeholt werden. Ferner wurde vermehrt als Nachteil angesehen, dass die Musische Erziehung es nicht vermochte, moderne, abstrakte und avantgardistische Kunstströmungen wie Informel, Action Painting, Minimal Art und Stilrichtungen aus dem Bauhaus für die Kunsterziehung nutzbar zu machen – im Gegenteil, sie wurden von ihren Vertretern meist abgelehnt. Dies offenbarte die Musische Erziehung als immer weniger aktuell. Reinhard Pfennig stellte auf Paul Klees »Erziehung zum bildnerischen Denken« verweisend 1959 fest, Kunstunterricht stehe »vor der Aufgabe, die Ausdruckskräfte und das Ordnungsvermögen im Menschen in der Art und Weise zu entfalten, die dem künstlerischen Denken und Bewusstsein der Zeit entsprechen, in der er lebt« (Pfennig ^{5}1974, S. 9). So besannen sich viele auf Lehren am Bauhaus (vgl. Kap. 2.6), mit deren Hilfe man sich bemühte, Heranwachsenden abstrakte Kunst praktisch und theoretisch als erfahrbar und erlernbar zu vermitteln. Zwar hatten Einzelne bereits in den Fünfzigerjahren am Bauhaus orientierte Gestaltungslehren veröffentlicht, wie Willi Baumeister oder Max Burchartz (vgl. Kap. 3.2), aber erst zu Anfang der Sechzigerjahre wurden Johannes Ittens Bücher »Kunst der Farbe« (Itten 1961) und »Mein Vorkurs am Bauhaus« (Itten 1963) publiziert und fanden ein großes Echo nicht nur unter Kunsterziehenden, sondern auch bei kulturell interessierten Bevölkerungskreisen.

Reinhard Pfennig nahm mit seinem 1959 erschienenen Buch »Gegenwart der bildenden Kunst« in der Kunstdidaktik der Sechzigerjahre eine zentrale Rolle ein, zusammen mit Gunter Ottos 1964 publizierter Schrift »Kunst als Prozess im Unterricht«. Diese Phase wird rückblickend als ›Formaler Kunstunter-

Abb. 8:
Nach dem Zeichnen abstrakter Strukturen mit Tusche und Zeichenfeder folgt eine gegenständliche Aufgabe: »Den Schülern war nur gestattet, mit dem Bleistift das Oval des Kopfes größenmäßig festzulegen. Dann wurde sofort mit der Feder gezeichnet. Das erzieht zur Disziplin.« (Röttger [7]1964, S. 54)

richt« bezeichnet, der sich auch an vielfältigen Beispielen von Ernst Röttgers »Spiel mit den bildnerischen Mitteln« (Röttger ab 1960) orientierte (Abbildung 8). Die bildnerische Praxis im Kunstunterricht wurde immer stärker zu messbaren und zugleich sinnlich verarmten Schulaufgaben didaktisiert, zu formal-bildnerischen Ordnungstätigkeiten, die oft aus abstrakten Übungsreihen bestanden. Exemplarisch hierfür ist Gunter Ottos Abzählen von variierenden gemischten Grüntönen in allen Schülerarbeiten einer 7. Klasse zum Thema »Pflanzen auf dem Meeresgrund« (Otto 1964, S. 154ff.). Den Kindern wurden die bildnerischen

Probleme gestellt: »Differenzierung von Grünwerten«, »Variabler Farbauftrag«, »Überdeckung« und »Formvariation« (ebd., S. 154). U. a. nach der Anzahl der Grüntöne wurden leistungsorientiert die Noten vergeben – unabhängig vom individuellen Ausdruck des Schülerbildes. Man war davon überzeugt, Kunst könne objektivierbar in systematisierten messbaren Lernschritten unterrichtet werden.

Durch den Ansatz, im Kunstunterricht »müssen primär räumliche Probleme erkannt und die Fähigkeit zu ihrer Lösung erworben werden« (Pfennig [5]1974, S. 28), wurde der Zugang zur visuellen Wirklichkeit nur auf formalem, jedoch nicht auf inhaltlichem Gebiet vollzogen. Im Ausklammern zeitgeschichtlich inhaltlicher Aspekte sowie im Statuieren eigener, diffus und rigide klingender Kunstkriterien ähnelten sich Musische Bildung (vgl. Kap. 2.7) und vom Bauhaus (vgl. Kap. 2.5) inspirierte Lehren der Nachkriegszeit. Die wirkliche Alltagskultur der Heranwachsenden sowie deren Bedürfnisse wurden kaum beachtet. Im ›Zeitalter der bildnerischen Grammatiken‹ stellten die Kunstdidaktiker rationalisierte, meist sinnlich verarmte Aufgaben, die den Unterrichteten kaum noch emotionale Freiräume ließen oder selten überraschende Erfahrungen in sich bargen und so psychische und sinnliche Bedürfnisse wenig berücksichtigten.

2.9 Kunsterziehung in der DDR

Es ist bereits ein kritisch zu reflektierendes Unterfangen, die Kunstpädagogik eines kleineren Teils von Deutschland getrennt von der des größeren Teils zu behandeln – und dies lediglich auf wenige Seiten beschränkt. Dass sich die Abhandlung zur Kunsterziehung in der DDR hier in Kapitel 2 befindet, liegt daran, dass die Deutsche Demokratische Republik (1949 gegründet, 1990 mit der Bundesrepublik Deutschland wiedervereinigt) und mit ihr auch dessen pädagogische und kunstpädagogische Strömungen geschichtliche Phänomene sind. Prägungen der Gegenwart durch die Vergangenheit sind freilich immer noch vorhanden.

Erschwerend kommt ferner hinzu, dass ein großer Teil der Literatur, der die Kunsterziehung in der DDR behandelt, ›im Westen‹ geschrieben wurde. Dieses Kapitel stützt sich jedoch, wo möglich, auf Autorinnen und Autoren, die die Kunsterziehung in der DDR selbst erlebten.

Die Auseinandersetzung mit der Kunsterziehung der DDR kann unter sehr verschiedenen Gesichtspunkten erfolgen, etwa mit (auto-) biografischer Gewichtung oder unter der Perspektive einer vergleichenden Untersuchung zwischen ost- und westdeutscher Kunstpädagogik. Ein Vergleich wäre auf heute auffindbares Material angewiesen. Günther Wienecke erklärte in diesem Kontext, dass sich ein solcher Vergleich auf veröffentlichtes Material in Zeitschriften oder Lehrplänen stützen müsste, das mit normativer Intention ein vorherrschendes Erziehungs- und Bildungskonzept dokumentiert (Wienecke 1998, S. 37). Wie der Kunstunterricht in der DDR ›wirklich‹ aussah, bliebe dann eigentlich verborgen. Dieses Problem stellt sich freilich in der fachgeschichtlichen Forschung zur Kunstpädagogik in Westdeutschland sicher in ähnlicher Weise, nur dass hier die Kontrollen, dessen was veröffentlicht wird, keinen staatlichen Vorgaben unterliegen, sondern Fachvertreterinnen und Fachvertreter entscheiden fachlich autonomer darüber, was veröffentlicht wird und was nicht.

Eine andere Form von Quellen, die über die Kunsterziehung in der DDR Aufschluss geben können, ist (auto-) biografisches Material. Gerade zur ›Wende‹ um 1989/1990 und danach erschienen einige Texte, die sich unter diesen Gesichtspunkten mit der Thematik beschäftigten (im Überblick: Richter 2000). Oft wurde hier aber auch der Blick zurück mit dem Blick nach vorne gekoppelt, und die subjektive Sicht wurde als solche meist so stehen gelassen, ohne etwa wissenschaftlich analysiert zu werden. Eine dritte Möglichkeit der Darstellung wäre das Nachzeichnen der einzelnen Phasen der Kunsterziehung in der DDR – etwa die Nachkriegszeit (Dettke 1999), die Ausrichtung am Stil des Sozialistischen Realismus' und an der politischen Ideologisierung in den Sechzigerjahren sowie an ungegenständlichen Kunstrichtungen und pädagogischen Subjektivierungstendenzen in den Achtzigerjahren –, denn auch die Kunsterziehung der DDR »hat ihre Geschichte. Diese Geschichte ist geprägt von einem Auf und Ab unterschiedlicher Konzeptionen, die in großer Vielfalt neben- und gegeneinander wirken.« (Lemme 1996, S. 302) Im Folgenden wird jedoch der Versuch unternommen, Aspekte darzustellen, unter denen sich das Verhältnis zwischen Pädagogik und Kunst in der Kunsterziehung der DDR zeigt.

Die Berufung auf bestimmte Kunststile und -strömungen kann als Dreh- und Angelpunkt der Assimilierungs- sowie der Emanzipationsbestrebungen der Kunsterziehenden zum herrschenden politischen System gelten. Diese Auseinandersetzungen fanden vor allem statt in Bezug auf die staatlichen Lehrpläne aus dem Jahre 1972, die bis 1987 ihre offizielle Gültigkeit an den allgemein bildenden Schulen der DDR behielten. Was überhaupt als ›Kunst‹ gelten und somit seine mögliche erzieherische Wirkung im Kunstunterricht entfalten könne, war Gegenstand der Diskussion. Eine Richtung ›emanzipatorischer‹ Entwicklungstendenzen der Kunsterziehung in der DDR lässt sich unter dem Stichwort »kunstgemäßer Unterricht« (Hammer 1987) zusammenfassen. Kunstgemäß war dieser Kunstunterricht insofern, als er sich nicht primär nach den Maximen der bildungspolitischen Ziele der herrschenden Sozialistischen Einheitpartei Deutschlands (SED) auszurichteten versuchte. In einem dogmatisch politisch ausgeprägten Lehrbuch zur »Methodik der Kunsterziehung« hieß es 1978 einleitend: »Auch die Ziele der Kunsterziehung ergeben sich aus dem gesamtgesellschaftlichen Zusammenhang; sie werden von der durch die Sozialistischen Einheitpartei Deutschlands gestellten Hauptaufgabe bei der weiteren Gestaltung der entwickelten sozialistischen Gesellschaft und der Schaffung der grundlegenden Voraussetzungen für den allmählichen Übergang zum Kommunismus bestimmt« (Müller u.a. 1978, S. 13). Konkrete offizielle Ziele lauteten, »dass die Schüler vor allem mit fachspezifischen Mitteln
- die welthistorische Mission der Arbeiterklasse begreifen;
- den internationalistischen Charakter des revolutionären Befreiungskampfes der Arbeiterklasse erkennen;
- sich wissenschaftlich begründete Vorstellungen von der Natur, von der historischen Überlebtheit und Inhumanität des kapitalistischen Systems aneignen« (Müller u.a. 1978, S. 13f.).

In der Praxis stellten Schülerbilder dann Arbeiter teils in heroischen Haltungen dar oder es wurden Propagandaplakate zum

Abb. 9: Schülerarbeit eines 18-Jährigen aus dem Jahre 1958 zu dem Motto »Industrielandschaft: 10 Jahre DDR – das ist uns«, Tusche, 42 x 30 cm (Quelle: www.kinderkunst-ev.de).

Bestehen der DDR entworfen (Abbildung 9). Die Embleme der DDR (Hammer und Zirkel im Ährenkranz) spielten im Arbeitsbereich des Dekorativen Gestaltens eine wichtige Rolle. Aber auch veröffentlichte Schülerarbeiten mit reinen Landschaftsdarstellungen wiesen Bezüge zum politischen System auf, indem diese etwa als »Unsere schöne sozialistische Heimat« (Müller u.a. 1978, S. 54f.) betitelt wurden. Die bildnerischen Ergebnisse der Schülerinnen und Schüler enthalten in dieser Hinsicht Aspekte, die durchaus formale Ähnlichkeiten zur Musischen Bildung aufweisen (vgl. Kap. 2.7).

Eigenen Bekundungen gemäß richtete sich der sehr vereinzelt stattfindende und sich gegen die Dogmatisierung der Kunsterziehung auflehnende »kunstgemäße Unterricht« hingegen an der Kunst, und hier besonders an der Kunst der Klassischen Moderne der Zwanzigerjahre des 20. Jahrhunderts aus. Diese moderne Kunst war bis dahin aus dem Kunstunterricht in der DDR weitgehend ausgeschlossen. Die Wurzeln dieses in unbeobachteten ›Nischen‹ erteilten »kunstgemäßen Unterrichts« lassen sich jedoch noch weiter zurückverfolgen, und zwar bis zur Kunsterziehungsbewegung (vgl. Kap. 2.4) und zur Reformpädagogik. »Mit der starken Orientierung auf die ›Kunstgemäßheit‹ im rezeptiven und produktiven Bereich, was unter ostdeutschen Bedingungen eine hart erstrittene Errungenschaft der Fachwissenschaft bedeutete, sollte die ideologische Indienstnahme des Faches zurückgedrängt und Tendenzen oberflächlichen ›Bebilderns‹ von Themen vermieden werden« (Richter 2000, S. 257). Das Motto lautete hier: ›Erziehung zur Kunst und durch Kunst‹. Ziele, Inhalte, Methoden und Unterrichtsstrukturen sollten sich aus der Kunst her ergeben, nicht aus einer ideologisierten Pädagogik. Günther Regel, der in der DDR über Jahrzehnte das Dasein eines ›Abtrünnigen‹ führte und der z.T. mit Berufsverbot belegt war, gründete seinen kunstpädagogischen Ansatz auf »Erfahrungen und Einsichten« von künstlerisch Tätigen, »die ja die eigentlichen Fachleute in Kunstdingen sind« (Regel 1996b, S. 244). Die Setzung lautete hier zugleich, dass dieses Verständnis moderner Kunst im Pädagogischen zu einer Individualisierung führen müsse, einer Individualisierung des bildnerischen Erlebens, des Wahrnehmens, des Gestaltens und der Rezeption – dies obwohl die Künstler, auf die sich etwa Günther Regel bezog, wie Paul Klee, zum Teil gerade Gesetzmäßigkeiten aufzustellen trachteten (vgl. Kap. 2.5 und 3.2). Der Einfluss reformpädagogischer Ideen ist im Hinblick auf die Individualisierungs- und Subjektivierungstendenzen nicht zu unterschätzen. ›Kunstgemäßer Unterricht‹ wurde mit ›Kindgemäßheit‹ bzw. ›Schülergemäßheit‹ kombiniert. (Vermeintliche) Intentionen moderner Kunst und Kunsttheorie wurden hier entweder additiv zueinander gefügt, manchmal aber auch komplex mit pädagogischen Absichten verwoben, wie bei Günther Regel. Sein Buch »Medium Bildende Kunst« ist mit ca. zehnjähriger Verspätung in einer so geringen Auflage in den Achtzigerjahren gedruckt worden, dass kaum jemand ein Original besaß. Die Ausrichtung des Kunstunterrichts an bestimmten Spielarten der Kunst des 20. Jahrhunderts ist keinesfalls eine ostdeutsche Erscheinung (vgl. Kap. 2.8). So setzte sich Günther Regels Maxime der ›Kunstgemäßheit‹ nach der ›Wende‹ in den Neunzigerjahren fort, indem er die Orientierung des Kunstunterrichts am künstlerischen Werk von Joseph Beuys vertrat (vgl. Kap. 2.13, 2.15 und 3.2).

Im Gegensatz hierzu stand die staatlich verordnete Kunstbetrachtung: »Die Schüler müssen einige wesentliche, für die marxistisch-leninistische Kunstwissenschaft und Ästhetik unveräußerliche Grundbegriffe« (Müller u.a. 1978, S. 120) erlernen. Zu beantworten sind Fragen nach den politisch-sozialen Produktionsverhältnissen von Kunst. Sind im Werk gesellschaftliche Situationen von Klassen und Schichten reflektiert? »Welche Klassenkräfte stehen hinter dem Kunstwerk, haben Interesse an seiner Existenz und an der Wirkung?« (ebd.). Eine Kunstbetrachtung, die sich mit solchen Fragen auseinandersetzte, war nicht ›kunstgemäß‹, sondern von politischen Intentionen geleitet.

Die Grundauffassungen des kunstgemäßen Unterrichts wurden bereits in den Sechzigerjahren zaghaft entwickelt, jedoch in der Atmosphäre des damaligen ›kalten Krieges‹ wurden 1968 kunstpädagogische Bücher mit staatlich nicht akzeptierten Inhalten »auf Anweisung der Parteileitung der Universität verbrannt« (Regel 1996b, S. 245). Im Sommer des Jahres 1989 – kurz vor der rapiden Erosion der DDR – schrieb Günther Regel an Margot Honecker, die über drei Jahrzehnte amtierende Ministerin für Volksbildung war, einen ›offenen Brief‹, der jedoch im Osten erst im Nachhinein 1990 in der Zeitschrift »Kunsterziehung« veröffentlicht werden konnte. Regel bezog sich auf eine Grundsatzrede der Ministerin: »Meine Entrüstung gilt insbesondere jener Passage, mit der Sie sich so dezidiert zur künstlerisch-ästhetischen Erziehung äußern, in der es u.a. heißt: ›Wir halten nichts davon, den Unterricht in den künstlerischen Fächern in alle jene Irrungen und Wirrungen hineinziehen zu lassen, die von angeblich ›modernen‹ Konzeptionen ausgehen, die aber für die Jugenderziehung nicht hilfreich sind‹« (Regel 1989, S. 29). Honecker scheint also große Differenzen zwischen den Zielen der Erziehung und denen der ›modernen‹ Kunst zu sehen. Regel hält ihr – mutig – die Fachspezifik entgegen: »Nach meinem Dafürhalten ist diese Absicht nicht nur falsch, wissenschaftlich längst widerlegt, sondern auch wirklichkeitsfern, kulturpolitisch höchst fragwürdig und zudem in ihren Auswirkungen der Erziehung und Bildung der Heranwachsenden zu selbstbewußten und zu geistiger Auseinandersetzung fähigen sozialistischen Persönlichkeiten abträglich, ganz abgesehen davon, dass ich die Art und Weise ihrer Verkündung als selbstherrlich und anmaßend empfinde« (Regel 1989, S. 29). Regel argumentiert von der Kunst her gegen die Ausgrenzung großer Teile der modernen Kunst aus der Schule: Wenn es stimme, dass die Kunst die jeweilige Zeit- und Weltbefindlichkeit der Menschen sichtbar mache, dann könne die moderne Kunst ›unseres‹ Jahrhunderts und insbesondere der Gegenwart den Menschen nicht nur helfen, ihre Identität zu finden, sondern auch den Charakter ihrer Epoche zu empfinden (ebd., S. 31).

Regel spricht Kunstschaffenden Eigenschaften zu, durch welche diese ›vorbildlich‹ für Kunstpädagogik sind. Zwar instrumentalisiert er Kunst in seiner Argumentation für Bildungsprozesse nicht, aber er führt Kunstpädagogik eng. Dass sich Kunstpädagogik auf andere visuelle Phänomene als auf Kunst beziehen sollte, wird von ihm und den Verfechtern des ›kunstgemäßen Unterrichts‹ nicht in Betracht gezogen. Die Auseinandersetzung mit der Obrigkeit spielte sich also vor allem in Bezug auf das Kunstverständnis ab. Doch haben Kunsterziehende im Osten nach der ›Wende‹ 1989/1990 empfunden, dass ein Unterricht mit der ausschließlichen Fokussierung auf Kunst dem rapiden gesellschaftlichen Wandel und den veränderten fachbezogenen Ansprüchen nicht mehr gerecht werden konnte. Man öffnete sich dem weiten Feld der ›ästhetischen Erziehung‹ der Bundesrepublik Deutschland (vgl. Kap. 2.11). Diese Öffnung fand zu einem großen Teil jedoch zunächst lediglich in wissenschaftlichen Bereichen, an den Hochschulen statt. Der Kunstunterricht in den Schulen blieb hiervon weitgehend unberührt, weil das Konzept der ›ästhetischen Erziehung‹ – im Westen das Resultat einer jahrelangen Entwicklung – im Osten nicht von heute auf morgen angenommen und umgesetzt werden konnte.

2.10 Visuelle Kommunikation/ Ästhetische Erziehung

Im Zuge der Studentenbewegung und vor allem vor dem geistigen Hintergrund der ›Kritischen Theorie‹ der ›Frankfurter Schule‹ versuchten Ende der 1960er-Jahre junge Kunstpädagoginnen und Kunstpädagogen, die ihrer Ansicht nach zu starke Betonung des Formalen im Kunstunterricht zu Gunsten der Inhalte auszugleichen. So sah der Kunstpädagoge Gunter Otto nicht nur die von ihm bisher betonten formalen Seiten der künstlerischen Produktion (»Kunst als Struktur«), sondern auch die inhaltlichen, vor allem sozialen Bezüge und gesellschaftlichen Bedingungen, unter denen künstlerische Praxis vollzogen wird (»Kunst als sozialer Prozess«). Unter »Kunst als sozialem Prozess« verstand er einerseits, dass Kunst Menschen mit anderen Menschen in Kontakt bringt. Zum anderen lenkte Otto mit dem Begriff ›sozial‹ aber auch die Aufmerksamkeit auf den Umstand, dass Kunst unter gesellschaftlichen Bedingungen entsteht und in der Gesellschaft Folgen hat bzw. haben kann (Otto 1970, S. 11). Ein aus der Entwicklung des erweiterten Kunstbegriffs Ende der Sechzigerjahre hervorgegangener, innovativer Ansatz – eine neue Sicht bildnerischer Praxis – war der, dass Otto alle Produkte der ästhetischen Produktion miteinander auf eine Stufe stellte. Als ästhetische Objekte bezeichnete er qualitätsunabhängig und wertneutral alle Resultate bildnerischer Prozesse. Ästhetische Objekte konnten demnach von Kindern, Jugendlichen, Künstlerinnen und Künstlern sowie Laien stammen (Otto ^{2}1969, S. 190) (vgl. Kap. 4).

Die jahrhundetelange Tradition, die Welt im Kunstwerk überhöht und oft naturalistisch darzustellen, werde in der Gegenwart von anderen Bereichen der ästhetischen Produktion, z.B. der Werbung, übernommen, und so bot Gunter Otto den Schülerinnen und Schülern an, die zeitgenössische Kunst und deren Ausdrucksmittel als ihr Experimentierfeld zu nutzen, um hierdurch diese Kunst nachvollziehen und verstehen zu können. Wolle man also Kunst ›verstehen‹, dann müsse man ansatzweise wie ein Künstler gestalten. Zentrale Begriffe waren für Otto hierbei: Experiment, Material und Montage. Hermann K. Ehmer machte jedoch früh darauf aufmerksam, dass auf die Reflexionsstufe des Künstlers zu treten – eine Methode, die bereits Pfennig und Röttger argumentativ vertraten –, wohl nur auf bestimmte Strömungen der damaligen Gegenwartskunst der Fünfziger- und Sechzigerjahre anwendbar sei (vgl. Kap. 2.8). Außerdem würden wichtige inhaltlich-rational aufzuschließende Bereiche von Kunstwerken sowie deren dahinterstehende Theorien durch bildnerische Eigentätigkeit überhaupt nicht berührt (Ehmer 1967, S. 25).

Nachdem alle kunstpädagogischen Konzepte und deren praktische Umsetzung in ihren Idealen nicht erreicht wurden, nämlich einen Großteil der Menschen an der Kunst teilhaben zu lassen, trat ab 1967 ein Wandel in der Anschauung ein, der sich auch in bereits zitierten Aussagen Ottos ansatzweise niederschlug. Die Kunstpädagogik bezog die visuellen, meist massenmedialen Phänomene des Alltags der Heranwachsenden und deren Wirkung in den Mittelpunkt ihrer Überlegungen. Der Kunst wurde eine marginale Rolle zugewiesen. Wie grundlegend akzeptiert dieser Wandel war, gab Gunter Otto, einst zum ›Formalen Kunstunterricht‹ (vgl. Kap. 2.8) gehörend, zu, indem er »sich von seinen eben erst veröffentlichten Aussagen lossagte« (Richter 1981, S. 135) und bald darauf die neuen Ideen in seine »Didaktik der Ästhetischen Erziehung« einarbeitete. Von Kunst war dann konsequenterweise in diesem Buchtitel keine Rede mehr.

Die neue Alternative hieß um 1970 »Visuelle Kommunikation« oder »Ästhetische Erziehung«. Zu Beginn der Siebzigerjahre existierten in Hessen für einige Jahre lehrplanähnliche ›Rahmenrichtlinien‹ mit der Fachbezeichnung ›Kunst/Visuelle Kommunikation‹. (Heute wird die Bezeichnung ›Visuelle Kommunikation‹ allerdings vorwiegend für Designbereiche und -studiengänge verwendet.) Die traditionelle Kunst wurde als ›historisches Fossil‹ angesehen; die Kunst wirke nicht mehr innovativ auf die Gesellschaft und diene nur der Stabilisierung der politischen Machtverhältnisse. Durch ihren Warencharakter sei sie unglaubwürdig geworden, weil sie vom Kunstmarkt und somit von reichen Käufern und Sammlern bestimmt werde. Das Nachvollziehen von Kunst, wofür u.a. Gunter Otto plädiert hatte, stabilisiere lediglich die bestehenden gesellschaftlichen Verhältnisse. Denn die Sensibilisierung für die ästhetischen Reize der Umwelt galt als Verzicht auf deren mögliche Veränderung. Also wurden die visuellen Medien und Informationen ohne Rücksicht auf deren künstlerische Relevanz zum Unterrichtsgegenstand: »Umwelt erkennen und als ästhetisches Objekt benennen« (Möller ^{3}1974, S. 81).

Man ging davon aus, dass sich zum Konsum der Produkte der ›Kultur- und Bewusstseinsindustrie‹ jeder einen bestimmten

Kommunikationscode aneigne, welcher auch die kognitiven Fähigkeiten und sozialen Interaktionsformen beeinflusse – also die Persönlichkeit insgesamt. Diesen Code und die unterschwelligen Manipulationen, die von ihm ausgehen, mittels inhaltlicher und politischer Reflexion bewusst zu machen, war selbstgestellte Aufgabe der Visuellen Kommunikation bzw. Ästhetischen Erziehung. Eine wichtige Zielsetzung lautete: Befähigung zum kritischen Medienkonsum und emanzipatorischer Mediengebrauch. Im Kunstunterricht wurden nun Werbeanzeigen aus Illustrierten ebenso analysiert wie Comics oder bei Heranwachsenden beliebte Fernsehsendungen und Kinofilme (Ehmer 1971). Weitere behandelte, weil optisch wahrnehmbare Kulturprodukte waren z.B. Werbefilme, Familienfotos, Jugendzeitschriften, Architektur, Wohnungseinrichtungen, Kleidung oder Schulhöfe bis hin zu Menschen und deren Verhalten.

Mit der Analyse solcher visuellen Phänomene ging es gezielt um verändernde Alltagspraxis von Schülerinnen und Schülern. Sie sollten Gerät und Technik der visuellen Medien beherrschen, weshalb Fotoapparat und Videokamera mit Videorecorder selbstverständliche Utensilien wurden (Abbildung 10). Durch

Abb. 10: Kameraeinsatz im Kunstunterricht, der sich am Konzept der »Visuellen Kommunikation/Ästhetischen Erziehung« zu Beginn der 1970er-Jahre orientierte.

den Umgang mit diesen damals ›neuen‹ Medien sollten zum einen diese technischen Kommunikationsmöglichkeiten in den Dienst eigener Bedürfnisse gestellt werden. Zum anderen sollten »aus hilflosen Rezipienten und Konsumenten des Angebots der Bewußtseinsindustrie« »potentielle Mitproduzenten, aus Manipulierten sollten Manipulateure werden« (Ruhloff 1975, S. 111). Den Ansatz, dass das Wissen um die Manipulation der Menschen durch die Medien schon eine Befreiung aus diesem Manipulationszusammenhang und ›Emanzipation‹ – damals allgemeines fortschrittlich linkes Leitziel – bewirkte, war rückblickend betrachtet sowohl sozialisationspsychologisch als auch sozialisationstheoretisch naiv. Bereits im Unterricht selbst protestierten die Kinder lautstark dagegen, dass ihnen beispielsweise der Spaß an Cartoon-Sendungen genommen werden sollte. Ein Grund für die weitgehende Wirkungslosigkeit dieses Unterrichtskonzepts liegt wohl darin, dass zwar in den Unterrichtsinhalten, seltener aber in den Vermittlungsmethoden eine Orientierung an den Bedürfnissen der Schülerinnen und Schüler erfolgte. Die Dominanz von Sprache und Theorie wird unabhängig von ihren Inhalten entweder als Bevormundung durch Erwachsene erfahren oder ist für die sich nach bildnerischer Praxis Sehnenden nicht attraktiv.

Der Kunstpädagoge Helmut Hartwig ging mit der »Weiterarbeit am Konzept Visuelle Kommunikation« auf die seiner Meinung nach »wirklichen Bedürfnisse« (Hartwig 1976, S. 84) der Heranwachsenden ein. Er thematisierte in Unterrichtseinheiten z.B. den Wunsch, naturalistisch und perspektivisch ›richtige‹ Darstellungen selber zeichnen zu können. Hierbei war für Hartwig und für viele andere Kunstlehrende zentral, dass die inhaltliche Komponente etwa beim Zeichnen von Gesichtern und Menschen für die Zeichnenden nicht zu kurz kam, denn sie beschäftigten sich ja längere Zeit mit dem Motiv und der Bedeutung dieses Motivs für sie selbst. Das Wahrnehmen ist nicht passives Aufnehmen, sondern »Teilmoment umfassender Tätigkeitsvollzüge« (Holzkamp ^{4}1978, S. 266). Als entscheidend wurde angesehen, die Aufgabenstellung für ästhetisch-bildnerische Tätigkeiten nicht in Widerspruch zum Alltagsverhalten der Kinder und Jugendlichen zu stellen, da ja der Alltag ganz grundsätzlich die Voraussetzung für jede Art ästhetischer Erfahrungen sei (vgl. Kap. 1.3). Durch diese Einengung von Zeichnen auf gegenständliches Zeichnen wurden jedoch wichtige Aspekte dieser künstlerischen Ausdrucksweise nicht berücksichtigt. So vernachlässigte man, dass Zeichnen als Aneignungsprozess und Erfahrung selbst ein sinnlicher Vorgang ist (vgl. Kap. 4.1). In dem Maße, in dem der ›Formale Kunstunterricht‹ (vgl. Kap. 2.8) das Abstrakt-Bildnerische bevorzugte, favorisierte die ›Visuelle Kommunikation‹ den anderen Pol: die Gegenständlichkeit und die Inhalte. Beiden Konzepten ließ sich somit Einseitigkeit vorwerfen.

2.11 Ästhetische Erziehung in den 1980er-Jahren

Als Reaktion auf sinnzerstörende Formalisierungen und tief greifende Enttraditionalisierungen in der Gesellschaft fand eine Subjektivierung im Lebensgefühl und in der Lebensweise vieler gesellschaftlicher Gruppen statt. Diese Subjektivierung wurde kulturtheoretisch und kunstpädagogisch vor allem auf der Ebene verschiedener Sub-, Situativ- und Alternativkulturen zuerst wahrgenommen. Der Kulturbegriff wurde seit Anfang der 1970er-Jahre immer weiter differenziert (z.B. Frauen-, Jugend-, Stadtteil-, Sozio-, Alternativ-, Randgruppen-, Migrantenkulturen), womit sich die wertfreie Sicht verschiedener Kulturen innerhalb einer Gesellschaft durchsetzte (»Multi-Kulti«). Parallel hierzu entwickelten sich im Bereich der Hochkultur mediengerechte Ereigniskulturen, Spektakel und Prestigeprojekte wie postmoderne Museumsbauten.

Zugleich stieg die Beachtung sinnlicher Elemente des Lebens und Lernens unaufhaltsam. Eine kritische Haltung gegenüber dem Rationalismus war Hintergrundmotiv vieler Protestbewegungen. Die die Sinnlichkeit thematisierenden Handlungen und Verhaltensweisen sind nach Meinung des Kulturtheoretikers und Philosophen Rudolf zur Lippe als Gegenbewegung zu der systematisierten und quantitativ fast totalen Naturbeherrschung der Menschen zu verstehen (Lippe 1987, S. 69). Als Folge der starken Versachlichung des Kunstunterrichts durch die Nachfolger der Bauhauslehren (vgl. Kap. 2.8) und durch die ›Visuelle Kommunikation‹ (vgl. Kap. 2.10) ging das Engagement hin zu einer stärker lustbetonten, alle Sinne ansprechenden ästhetischen Erziehung. Auf dem Weg zu einer möglichen Gesellschaftsveränderung spielten auch ›Befriedigung, Spaß und Unterhaltung‹ eine wichtige Rolle. Die Ästhetische Erziehung griff den Trend nach Subjektivierung, Emotionalität, Expressivität und nach ganzheitlichen Handlungsvollzügen des ›Sich-wieder-Erlebens‹ und ›Wiederfindens‹ in den verschiedenen Kulturformen auf und forderte den strukturellen Umgang mit diesen Bedürfnissen, die in der Rezeption der Massenmedien oft unterdrückt wurden. Nach der Technologisierung und Versachlichung vieler Lebensbereiche sollten Kinder und Jugendliche wenigstens im Kunstunterricht authentisch sinnliche Erfahrungen machen dürfen: »Mit allen Sinnen lernen« (Staudte 1984). Wenn es beispielsweise hieß »Heute streicheln wir den Baum« (Hoenisch/Niggemeyer 1981) (Abbildung 11), dann ging es um emotionale Bezüge zur »Mit-Welt« statt zur Umwelt, die nicht nur über Aufklärung und Wissen, sondern gerade über ästhetische Zugänge wie sinnliche Nähe zu haben sind. Von Lehrenden wurde hierbei die Hoffnung gehegt, dass solche Handlungen der Kinder ästhetische Erfahrungen (vgl. Kap. 1.3) auslösten, durch die sie sich solidarisch und eins mit der Natur fühlten. Dieser Ansatz wurde in der Schulpraxis allerdings zugleich nicht selten naiv als vordergründiger Sensualismus fehlinterpretiert.

Ästhetische Erfahrungssituationen zu schaffen, wurde damit begründet, dass Kinder heute oft nur Sekundärinformationen, mittelbare Erfahrungen aus ›zweiter Hand‹ erhielten, z.B. durch die Medien oder auch in den Schulbüchern, was unsinnlich sei und ohne Bezug zur eigenen Existenz (Zacharias 1985, S. 181). Solche kunstpädagogischen Überlegungen waren in der Regel auf Kinder bezogen, weil Kinder noch offener für neue unmittelbare Erfahrungen seien und weil sie in eine Lebenswelt hineinlernen. Hingegen richteten sich Rudolf zur Lippes und Hugo Kükelhaus »Erfahrungsfelder zur Bewegung und Besinnung« (Kükelhaus/Lippe ²1984) auch an Erwachsene. Bereits früh waren aber Warnungen zu vernehmen, vor einer Fetischisierung des bloßen bildnerischen Tuns, dem allzu voreilig Lernprozesse, die Ausbildung kreativer Fähigkeiten und Ich-Identität, die Freisetzung von Fantasietätigkeit sowie therapeutische Wirkungen

Abb. 11: Unter dem Motto »Heute streicheln wir den Baum« (Hoenisch/Niggemeyer 1981) stand zu Anfang der 1980er-Jahre eine ökologische ausgerichtete ästhetische Erziehung im Mittelpunkt, mit der eine Sensibilisierung und größere emotionale Nähe der Kinder zur Natur bewirkt werden sollte.

nachgesagt wurden, ohne diese empirisch zu belegen (vgl. Kap. 7.7). Johannes Eucker sprach sich für die Stärkung der sozialen und kooperativen Anteile des Kunstunterrichts aus: das Analysieren von Bildern in der Gruppe und das Sprechen hierüber, das gemeinsame Ausstellen bis hin zum Mitplanen von Unterricht durch die Schülerinnen und Schüler (Eucker 1980, S. 18f.).

Waren die selbst gesteckten Ziele in den früheren kunstpädagogischen Konzepten und Phasen stets sehr hoch angesetzt, so wurde nun ernüchternd festgestellt, dass Ästhetische Erziehung weder Schule noch Gesellschaft verändern könne und werde. Und Plädoyers zu ›kunstpädagogischer Bescheidenheit‹ waren zu vernehmen. Kunstlehrende sollten erst wahrnehmen, was die

Schülerinnen und Schüler wirklich in ihrem Leben bewege, sie sollten die Allgemeingültigkeit von Didaktiken bezweifeln, so »dass Didaktik gerade in den ästhetischen Erziehungsfeldern mehr als bisher Auto-Didaktik werden muss« (Selle 1988, S. 328) (vgl. Kap. 2.13). In ähnlicher Weise äußerte sich Irmgard Zepf, dass sie keine Ansprüche erhebe, für andere »Rezepte entwickeln zu wollen oder zu können« (Zepf 1991, S. 164). Sie wollte andere Lehrende lediglich an ihren »Reflexionen teilnehmen lassen, d.h. ich stelle meinen eigenen Lernprozess im ›Auf-Merken‹ und meine ›Übungen‹ zur Erweiterung von Verstehenshorizonten zur Diskussion« (ebd.). Doch zugleich waren auch weiterhin euphorische Stimmen über die Einflussmöglichkeiten der Ästhetischen Erziehung – zuständig für den Gegenstandsbereich ›Sinnlichkeit‹ – zu vernehmen. So sah Wolfgang Zacharias für die Ästhetische Erziehung in der Verbindung von Produktion und Erfahrungsverarbeitung eine »zweite Jahrhundertchance im Konzept pädagogischer Disziplinen« (Zacharias 1985, S. 185); womit er auf die Kunsterziehungsbewegung anspielte (vgl. Kap. 2.4). Rudolf zur Lippe sprach davon, »den eigenen Lebenskräften mehr Wirkungsmöglichkeiten gegen Schädigungen« geben zu wollen (Kükelhaus/Lippe ²1984, S. 15). Zudem benannte er die »ästhetisch-politische Erziehung« »Leibpädagogik«, »Gesundheitserziehung im positivsten und grundlegendsten Sinne« und sprach in diesem Zusammenhang von »Heilen« (ebd., S. 60); ein Anspruch, der über kompensatorische Ansprüche und Intentionen (vgl. Kap. 3.1) weit hinausgeht.

2.12 Ästhetische Erziehung – Gunter Ottos didaktische Konzepte des Kunstunterrichts

Die komplexen und vielfältigen Sinngehalte der Bezeichnung »Ästhetische Erziehung« können anhand traditionsreicher Argumentationsstränge zurückverfolgt werden. Spätestens seit Friedrich Schillers »Briefen über die ästhetische Erziehung des Menschen« aus dem Jahre 1795 gehört »Ästhetische Erziehung« – mal mit großem »Ä«, mal mit kleinem »ä« geschrieben – zum festen Vokabular einer Erziehung mit und durch Kunst (vgl. Kap. 2.2).

Viele kunstpädagogische Konzepte seit den Siebzigerjahren des 20. Jahrhunderts summieren sich und differenzieren sich zugleich unter diesem Namen aus. Im Gegensatz zur »Ästhetischen Bildung«, die die autonome Aneignung von Weltaspekten durch die Menschen, also die Selbstbildung, betont (vgl. Kap. 2.13), zielen Konzepte der »Ästhetischen Erziehung« auf geplante Einwirkungen vor allem auf Kinder und Jugendliche. Sie thematisieren die didaktisch zu begründenden, absichtsvollen Handlungen von Lehrenden, das Unterrichten oder das Arrangieren von Erfahrungs- und Lernsituationen.

Dass Kunst in der Schule unterrichtet werden kann und muss, das war und blieb über Jahrzehnte hinweg eine der zentralen Auffassungen von Gunter Otto (vgl. Kap. 2.8 und 5.1). »Bildende Kunst« als Schulfach zu legitimieren, innovativ weiterzuentwickeln und hierdurch zugleich zu stärken, war stets sein Ziel. An diesem Ziel arbeitete Gunter Otto sowohl als kunstpädagogischer Fachdidaktiker wie auch als Allgemeindidaktiker. In dem Moment, wo diese Perspektive von anderen im Fach – beispielsweise Gert Selle – grundsätzlich in Frage gestellt wurde (vgl. Kap. 2.13), schienen für ihn die Gemeinsamkeiten unter den Kunstpädagoginnen und Kunstpädagogen aufgekündigt zu werden. Auf den schulischen Kunstunterricht und dessen Bedingungen bezieht sich die ab 1968 von Otto herausgegebene größte deutschsprachige Fachzeitschrift »Kunst+Unterricht« (vgl. Kap. 9.2) fast ausschließlich.

»Ästhetische Erziehung als Praxis des Auslegens in Bildern und des Auslegens von Bildern« lautete der programmatische Untertitel seines mit Maria Otto gemeinsam verfassten Buchs unter dem Haupttitel »Auslegen« (Otto/Otto 1987). Erstens benennt Otto das von ihm behandelte Fachgebiet »Ästhetische Erziehung« in diesem Buchtitel genauer: »Ästhetische Erziehung als Praxis des Auslegens«. Zweitens macht dieser Untertitel die durch ästhetische Erziehung zu fördernde Art und Weise der Auseinandersetzung mit den zu behandelnden Gegenstandsbereichen deutlich: nämlich das Auslegen, also die Deutung und Interpretation. Diese Tätigkeiten des Auslegens sind für Gunter und Maria Otto zweifellos »lehrbar« (ebd., S. 10) und durch Sehen, Sprechen, Sammeln, Machen und Verstehen erlernbar (Abbildung 12). »Ästhetische Erziehung« wird von ihm mit großer

Werbung, Martinique, in: Aventue, September 1984

Luis Trenker im »Heiligen Berg«, Leni Riefenstahl, Leipzig 1933

Werbung, Martinique, in: Avenue, September 1984

Bildmaterial zu: Das Programm der NSDAP wird erfüllt, 1939

Teil einer Skulptur von Arno Breker, aus: Die Kunst im Dritten Reich, 1939

W. Willrich, Deutscher Jungbauernführer aus dem Baltenland, 1939

Abb. 12: Maria und Gunter Otto veröffentlichen im Jahre 1985 beispielhaft, was sie unter »Auslegen« verstanden: In der Gegenüberstellung von heroisierenden Fotos aus der Nazi-Zeit mit zeitgenössischen Fotos aus Mode-Magazinen werden ähnliche ästhetische Ideale ersichtlich.

Selbstverständlichkeit als »Lernbereich« (ebd., S. 15) bezeichnet. Drittens werden im Buchtitel zwei Verfahren des Auslegens benannt: das »Auslegen in Bildern« und das »Auslegen von Bildern«. Gemeint sind hiermit »Prozesse des Bildermachens« – die bildnerische Praxis von Kindern und Jugendlichen, wie diese ihre Erfahrungswelt und die Bilderwelt, in der sie leben, in eigenen Bildern deuten – sowie Prozesse des Bilderverstehens – die kognitive Verarbeitung der Bildphänomene. Viertens taucht das Wort »Kunst« weder im Titel noch im Untertitel auf, es geht um »Bilder«. Hierdurch wird zum einen der erweiterte Gegenstandsbereich der Ästhetischen Erziehung formuliert: Alle visuellen, bildhaften Phänomene der Lebenswelt haben Anrecht, im Kunstunterricht behandelt zu werden, nicht nur die Kunst. Zum anderen enthält der explizite Bezug auf das »Bild« eine Einschränkung: Dreidimensionales, wie beispielsweise Skulptur und Plastik, Architektur, Design, Performance, um nur Weniges zu nennen, wird im Buch nur am Rande thematisiert, obwohl von einem erweiterten Bildbegriff ausgegangen wird. Ferner wird bei den Bildern fast ausschließlich die naturalistische Darstellung, etwa gegenüber ungegenständlicher oder gestischer Grafik und Malerei bevorzugt. Auch synästhetische (unterschiedliche, zeitlich parallel wahrnehmbare), kinästhetische (bewegungsbezogene) oder poetische Aspekte kommen in Ottos Konzept Ästhetischer Erziehung kaum vor.

So wie in jeder programmatischen kunstpädagogischen Veröffentlichung handelt es sich hier um eine einseitige Akzentuierung, bei der bestimmte Bereiche kaum oder gar nicht ausgeleuchtet werden. Ottos ›blinder Fleck‹ (vgl. Kap. 1.2) und der Vorwurf, der ihm gemacht wurde, ist die (Be-)Nutzung der Kunst für Lehr- und Lernprozesse, ohne die Kunst autonom als Kunst anzuerkennen, die in ihren zentralen Anteilen in Auslegungsprozessen weder gelehrt noch verstanden werden kann. Dieser ›blinde Fleck‹ hat wiederum mit dem prägenden Bezug Ottos zur allgemein bildenden Schule zu tun: Die gesellschaftliche Aufgabe der Schule ist es, ihre Inhalte so zu lehren, dass sie verstanden werden können (vgl. Kap. 5.1). Die Herausforderung, die von Gunter Otto in »Auslegen« nicht problematisiert wird, der er sich jedoch einige Jahre später in der Fachdiskussion ausgesetzt sieht, formuliert er als Frage: »Entsteht durch die pädagogische Praxis, durch Unterricht und seine Begründungsmuster eine Art von Umgang mit Kunst, der als künstlerische Praxis nicht mehr begründbar ist?« (Otto 1995, S. 16). Gemeint ist eine Art von Umgang mit Kunst in der Schule, die mit aktuellen Theorien zu Ästhetik und Kunst nicht mehr vereinbar ist. Hiermit ist das dissonante Verhältnis zwischen Pädagogik und Kunst angesprochen. Und die Grundsatzfrage ist gestellt, ob sich angesichts dieses Verhältnisses überhaupt ein kongruentes Fachprofil konturieren lässt.

Experiment, Überraschung und Zufall stellen für Otto die seit 1995 immer wieder betonten Gemeinsamkeiten zwischen Pädagogik und dem Ästhetischen her. Denn ästhetische und pädagogische Prozesse zeichneten sich gleichermaßen durch ein hohes Maß an Nichtvorhersehbarkeit, von nicht festgelegten Verlaufsfiguren, von Unbestimmtheitsgraden hinsichtlich ihrer Ergebnisse aus. Mit dem Anerkennen dieser strukturellen Ähnlichkeit weicht Otto zugleich jedoch der Grundsatzfrage aus, ob Kunst lehrbar und vermittelbar ist, und er hält weiter deutlich an dem aufklärerischen Anspruch von Auslegungsprozessen fest. Nicht alles – so Otto – sei in der Schule möglich. »Aber alles, was geht, wird noch gar nicht versucht. Was in der Schule geht, hängt auch von dem Verständnis von Schule und Unterricht ab, das die handelnden Personen haben« (Otto 1995, S. 18). Als primär didaktisch Denkender ist Otto bestrebt, die ästhetiktheoretisch orientierte Diskussion – durchaus mit aufklärerischem und reformerischem Anspruch – auf die institutionell-didaktische und auf die personal-didaktische Ebene zu verlagern.

Exemplarisch deutlich wird, dass das Gesamtwerk Gunter Ottos (vgl. u.a. Kap. 2.8 und 2.10), das über einen Zeitraum von fast 50 Jahren hinweg die Entwicklung der Kunstpädagogik prägte (bis 1997 dokumentiert in Grünewald/Legler/Pazzini 1997, S. 471ff.), neben sehr konstanten Elementen auch viele Wendungen und Brüche aufweist, die Otto durchaus bewusst unternahm. Er verstand es häufig, jeweils Positionen anderer aus den aktuellen Fachdiskursen, aus der Philosophie oder Kunsttheorie aufzugreifen und flexibel in seine eigenen fachdidaktischen Konzeptionen zu integrieren (vgl. z.B. Kap. 2.10 und 3.3).

2.13 Ästhetische Bildung – Gert Selles kunstnahe ästhetische Projekte

Wichtigster ›Gegenspieler‹ Gunter Ottos im kunstpädagogischen Diskurs der Neunzigerjahre des 20. Jahrhunderts war Gert Selle. Ihre kontrastierenden Positionen prallten 1995 in einem argumentativen Schlagabtausch aufeinander (Selle 1995; Otto 1995). Die inhaltliche Brisanz dieses Meinungsstreits hat seitdem nichts an ihrer allgemeinen Bedeutung für das Fach eingebüßt, denn die Fronten sind weiterhin kaum überbrückbar: Gert Selle fordert die Kunstnähe kunstpädagogischer Projekte ein und kritisiert scharf die didaktische und auf aufklärerisches Verstehen ausgelegte Gewichtung von Kunstpädagogik durch Gunter Otto: Kunst, vor allem viele Formen der Gegenwartskunst, entzögen, ja widersetzten sich den Prozeduren des ›Auslegens‹. Deshalb sei Ottos fachdidaktischer Ansatz nicht der angemessene und genuin kunstpädagogische Zugang zur Kunst. Auslegen bliebe letztlich »nur Herumgerede«, »so schlau es auf den ersten Blick erscheinen und so geordnet das systematische Vorgehen gewesen sein mag« (Selle 1995, S. 17).

Die Inkompatibilität von herkömmlicher Pädagogik bzw. Didaktik und Kunst macht Selle anhand eines Beispiels deutlich: Der Künstler Joseph Beuys, dessen Kopf mit einer Mischung aus Honig und Gold – einer organischen und einer anorganischen Edelform der Natur – bedeckt war, hielt in seiner Kunstaktion »Wie man dem toten Hasen die Bilder erklärt« im Jahre 1965 einen toten Hasen in der Armbeuge, mit dem Kopf des Hasen auf der Höhe von Beuys' Herzen (Abbildung 13). Durch die Verbindung von Herz- und Verstandeskräften werde eine ›Wärmequalität‹ des Denkens geschaffen. In tierischen Lauten erklärte Beuys dem Hasen seine Zeichnungen in einer Ausstellung. Tod und Leben waren in dieser Aktion gegenwärtig. Selle fordert eine solche vorbildlich kunstähnliche – nicht pädagogisch-didaktische – Haltung auch von kunstpädagogisch Tätigen, indem er schreibt, dass Beuys mit der Art und Weise, wie er dem toten Hasen die Bilder erklärte, bei jeder Lehramtsprüfung sicher durchgefallen wäre (Selle 1995, S. 18). Obwohl eigentlich von einer Handlung innerhalb des Kunstsystems nicht automatisch Anerkennung in

Abb. 13: Joseph Beuys (1921–1986) in seiner Kunstaktion »Wie man dem toten Hasen die Bilder erklärt«, 1965. © VG Bild-Kunst, Bonn 2002.

pädagogischen Kontexten erwartet werden kann, da in beiden Bereichen unterschiedliche Kriterien für angemessene Kommunikation und Handlungen gelten, so wird doch die Position Selles an diesem Beispiel augenscheinlich: Kunstpädagogik enthält sowohl Elemente der Kunst als auch der Pädagogik, und sie sollte sich laut Selle verstärkt an der Kunst orientieren.

Während Gunter Otto sich auf Ästhetische Erziehung bezieht, plädiert Gert Selle für »pädagogische Bescheidenheit« (Selle 1990, S. 23), denn »der Erziehungsbegriff zielt zu direkt auf ein fremdvorgestelltes Lernergebnis, das unbedingt beschreibbar sein muss, damit die erzieherische Maßnahme planbar und kontrollierbar wird« (ebd., S. 22). Hingegen ist laut Selle der Bildungsbegriff eine angemessenere Bezugsgröße für Kunstpädagogik, weil darin die selbstbestimmten Suchbewegungen und die ›Mitarbeit‹ des Einzelnen sowie das Anarchisch-Unkontrollierte ästhetischer Erfahrungsprozesse besser aufgehoben sei. Durch die Bevorzugung des Bildungsbegriffs stellt Selle eindeutig die Aneignungsformen in den Mittelpunkt seiner fachdidaktischen Überlegungen und Handlungen. Er geht soweit, dass er bei dieser Form kunstpädagogischer Arbeit einen Verzicht auf Lernziele für denkbar hält (ebd., S. 26).

Doch hegt Selle auch Zweifel gegenüber dem Bildungsbegriff, der an ein traditionelles Bildungsgut eines Bildungsbürgertums erinnere. Deshalb nutzt er häufig Formulierungen, die die ästhetische Erfahrung thematisieren (vgl. Kap. 1.3). Selle selbst sieht sich als ›Künstler-Didaktiker‹, der sein Denken und Handeln als ›kunstanalog‹ begreift (vgl. Kap. 2.15) und »nach angemessenen Beschreibungen ästhetischer Erfahrungsarbeit in Vermittlungsprozessen« sucht (Selle 1998, S. 103). Im Gegensatz zu primär pädagogisch Denkenden und Handelnden gibt er den assoziativ aneinander gefügten Theoriefragmenten, den »flüchtigen, liquiden Konstrukten« den Vorzug, welche »weich, flüssig, gleichsam auf Körpertemperatur der Erfahrung und des aktuellen Denkens gehalten werden« (Selle 1998, S. 103). Die bewusste Nähe zu Beuys'schen Metaphern wird auch deutlich, wenn Selle sagt, der »erfahrungsnahe, offene Begriff« sei für ihn ein »plastisches Instrument« (ebd.).

In den Argumentationen und Praxisdokumentationen Selles kommen Kinder und Jugendliche selten vor. Seine Aufmerksamkeit richtet sich vornehmlich auf junge Erwachsene, häufig Studierende der Kunstpädagogik. Durch eine kunstnahe bildnerische Tätgkeit entstehe bei ihnen eine angemessene Haltung zu ihrem Studienfach (vgl. Kap. 8) und späteren Berufsbild (vgl. Kap. 5) nur dann, wenn sie selbst einmal künstlerisch tätig gewesen seien. Ein Beispiel für dieses Vorgehen: In seinem Buch »Gebrauch der Sinne. Eine kunstpädagogische Praxis« schildert Selle exemplarische elementarpraktische Übungen von Studierenden, bei denen meist der eigensinnige, experimentelle und langsam gestaltende Zugriff auf Materialien am Anfang steht; sei es, dass traditionelles bildnerisches Material, wie Ton, Aquarellfarbe und Zeichenkohle, oder dass ungewöhnlicheres bildnerisches Material, wie Plastikfolie, Einmachgläser oder Torf, neu erkundet werden. In den Ergebnissen solch experimenteller Zugänge artikuliert sich allmählich eine ausdrucksstarke Form, ein bildnerisches Objekt. Es – so Selle – »begann das Bewegt-Getane wie von selbst wie ›Kunst‹ zu wirken« (Selle 1988, S. 52), und man werde »unversehens zum ›Künstler‹« (ebd., S. 87). Mit »Kunst« sind hier materialerkundende experimentelle, oft environment- und raumbezogene Spielarten der Gegenwartskunst gemeint. Ein integraler Teil im Konzept Selles ist stets die in ihrer Form selbstgewählte, teils poetische, teils berichtende, teils autobiografisch-tagebuchähnliche (vgl. Kap. 2.4), teils selbstanalysierende schriftliche Reflexion der Studierenden zu ihrem Tun und zu ihren Werken während des Arbeitsprozesses sowie im Nachhinein. Die komplexen, kaum mitteilbaren künstlerischen Verfahrensprozesse finden hier eine selbstbestimmte, selbstbeobachtende und rekonstruierende Artikulation jenseits erziehungswissenschaftlich strukturierter Reflexion; eine bewusst geforderte Anstrengung zur Entwicklung von Formen subjektiver kunstpädagogischer Auto-Didaktik.

Selles Ansatz scheint sich nicht explizit als pädagogisch erkennen geben zu wollen. Aber vielleicht liegt gerade in einer solchen Haltung »ein Merkmal einer moderneren, reflexiv gewordenen Pädagogik« (Kade/Nolda 2001, S. 65). Selles Ansatz geht weit über den Bezug Gunter Ottos von ›Kunst‹ als Schulfach hinaus, er berührt grundsätzlich das professionelle Selbstverständnis von Kunstpädagoginnen und Kunstpädagogen, gleich in welchen Feldern sie arbeiten (vgl. Kap. 5). Es blieb bisher jedoch weitgehend unbeachtet, dass trotz des dargestellten Grundsatzdissens' der Streit um die Gewichtung künstlerischer und pädagogisch-didaktischer Elemente die Kunstpädagogik zugleich eint – so paradox dies klingen mag. Denn erst durch diesen Dissenz gilt es, ein gemeinsames Thema im fachlichen Diskurs zu bearbeiten. Hieraus entwickelte sich eine sowohl verbindende wie auch verbindliche fachliche Identität.

2.14 Bildorientierung

Zu Beginn des ersten Jahrzehnts des 21. Jahrhunderts verlagert sich die Kontroverse um die Standpunkte Gunter Ottos und Gert Selles (vgl. Kap. 2.12 u. 2.13) auf die zugespitzte Frage, ob sich die Kunstpädagogik an der Kunst oder an Bildern im Allgemeinen orientieren solle (Billmayer 2003). Hierbei lässt sich eine Weiterentwicklung der Positionen Gunter Ottos (vgl. Kap. 2.12) im Zeitalter digitaler Medien in der Weise nachzeichnen, dass eine Öffnung des Faches für alle Bilder letztlich nicht mehr zurückgedreht werden könne und solle. Ästhetische Erziehung zielt demnach auf eine »visual literacy«, auf die Förderung der Bildlese-Kompetenz, mit der vor allem auch die Notwendigkeit der Kunstpädagogik im Fächerkanon der Schule (vgl. Kap. 5.1 und 6.4) zentral begründet wird (Busse 2004, S. 16ff.; Bering u.a. [2]2006).

Bereits Mitte der 1990er-Jahre erklärte Henning Freiberg, die Kunstpädagoginnen und Kunstpädagogen seien die »Experten für das Bild und die damit verbundenen Ästhetisierungsprozesse« (Freiberg 1995, S. 22; vgl. Kap. 3.5). Angesichts der explosionsartigen Entwicklung der Bildkommunikation gewinne die Kunstpädagogik zukünftig für die allgemeine Bildung an Bedeutung. Der Kunsterzieher Martin Zülch argumentiert mit Kolleginnen und Kollegen zusätzlich bildungshumanistisch: Durch stetige Stundenreduzierungen in den Klassenstufen 5 bis 10 sowie in der gymnasialen Oberstufe sei das Fach in seiner Existenz gefährdet. Um diese Bedrohung abzuwenden und um die »Notwendigkeit des Schulfaches Kunst« (Zülch 2000, S. 4) gegenüber der Öffentlichkeit zu begründen, geht Zülchs Argumentation von der Beziehung zwischen dem Bild, der hierdurch geforderten Bildkompetenz einerseits und der Bildung im Sinne einer Allgemeinbildung andererseits aus: »Bild« und »Bildung« seien immer schon aufeinander angewiesen. Bildung ohne Bilder sei nicht möglich, »denn in Bildern machen Menschen etwas anwesend oder lassen etwas anwesend erscheinen, um sich Bestimmbares oder Unbestimmbares im doppelten Wortsinn ›vorzustellen‹.« (Zülch 2000, S. 4) Umgekehrt setze Bildung deshalb das Bild voraus, die visuelle Präsenz als anschaulich einprägsames Moment menschlichen Denkens und Handelns. Sowohl die Zeitschrift »Kunst+Unterricht« wie auch der »Fachverband für Kunstpädagogik, BDK« machten sich diese Thesen zur Bildorientierung des Faches zueigen; letzterer 2001 in einem Positionspapier. Die Resolution eines großen kunstpädagogischen Kongresses titelte ähnlich: »Bildung ohne Bilder bildet nicht« (Kirschenmann/Wenrich/Zacharias 2004, S. 448). Auch die Kongressresolution geht von dem inflationären Gebrauch der Bilder in der medial bestimmten Gegenwart aus. Vom Bildgebrauch werden zweifellos Weltaneignung und Persönlichkeitsentwicklung der Kinder und Jugendlichen maßgeblich geprägt. Hierdurch ergebe sich ein ständig wachsender Bedarf an »Bildkompetenz«. »Visuelle Kompetenz« meint eher die rezeptive, analysierende Auseinandersetzung mit visuellen Gestaltungen (vgl. Kap. 4.3), während der Begriff »Bildkompetenz« auch den produktiv-gestalterischen Aspekt einbezieht (vgl. Kap. 4.1 u. 4.2) (Bering u. a. ^{2}2006, S. 9). Hier zeigt sich tendenziell eine Veränderung in der Begründung des Faches: weg von der (schwer nachprüfbaren) ästhetischen Erfahrung (vgl. Kap. 1.3) hin zum (leichter überprüfbaren) Kompetenzbegriff. Ästhetisches Lernen müsste als unverzichtbares Element allgemeiner Bildung inzwischen eigentlich zu den Basisqualifikationen neben Lesen, Schreiben und Rechnen gezählt werden. Hierbei sitzt durchaus die Angst im Nacken, dass das Schulfach »Kunst« angesichts internationaler Vergleichsstudien von Schülerleistungen (z.B. PISA) an Bedeutung verliert. Gelänge es wirklich, die »Bildkompetenz« als Basisqualifikation zu verankern, müsste sich jedoch – etwas weiter gedacht – auch das Schulfach »Kunst« solchen internationalen standardisierten Wirkungsforschungen (vgl. Kap. 7.7) stellen.

Da der Bezug auf das »Bild« freilich schon bei Gunter Otto zu kurz griff (Otto/Otto 1987; vgl. Kap. 2.12) und deshalb von einem erweiterten Bildbegriff ausgegangen werden sollte, spricht man jetzt pluraler von einer »Bild- und Darstellungskompetenz (produktiv und rezeptiv, kontemplativ und aktiv)« (Kunst+Unterricht 279/2004, S. 45; Kirschenmann/Wenrich/Zacharias 2004, S. 448). Damit die Kunst, vor allem die Gegenwartskunst, nicht argumentativ aus dem Blick der Kunstpädagogik gerät, wird sie der Kategorie »Bild« zugeordnet: In der Kunst werde der Umgang mit bildnerischen Mitteln versiert eingeübt. Die bildende Kunst sei deshalb »Grundlage künstlerischer Bildgestaltung« sowie Basis für reflexive wie praktische »Bildrezeption« (Kirschenmann 2002, S. 37). Letztlich sei die Markierung »Kunst« lediglich eine Zuschreibung für einige Bilder. Diese kulturelle Zuschreibung könne sich historisch oder unter wechselnden Kriterien und Umgangsformen ändern, weshalb das »Bild« die Leitkategorie für die Kunstpädagogik sein müsse. »Es gibt viele Bilder; ein verschwindend kleiner Teil davon sind Kunstwerke.« (Billmayer 2003, S. 2)

2.15 Künstlerische Bildung

Gegen diese ›Unterordnung‹ der Kunst unter den Begriff der Bilder wenden sich die Anhänger der so genannten Künstlerischen Bildung. Ihr Ansatz besticht mit Konsequenz durch eine ›Abkehr‹ (Buschkühle 2003, S. 19) von der bisherigen Mainstream-Fachdidaktik. Bereits das Konzept Gert Selles in den 1990er-Jahren zeichnete sich durch die Ablehnung der Fachdidaktik aus (vgl. Kap. 2.13). Mit der »Begründung der Kunstdidaktik aus der Kunst heraus« wird es Ziel, »künstlerische Formen des Denkens in kunstdidaktischen Prozessen auszubilden, die künstlerische Handlungsweisen praktizieren« (ebd., S. 19). Bereits an diesem kurzen Zitat wird deutlich, welch zentrale Rolle die Kunst in dieser Argumentation spielt. Durch die Öffnung und Erweiterung des Kunstbegriffs verschließt sich die Künstlerische Bildung zugleich nicht dem weiten Feld des Ästhetischen, nicht den pluralen Gegenstandsbereichen des Faches

Kunst. Denn unter dem erweiterten Kunstbegriff kann man sich auf praktisch ›alles‹ beziehen. Kunstpädagogik, auch als Schulfach, solle deshalb nicht vom Bild, den bildgenerierenden Medien oder vom Ästhetischen her gedacht werden, so wichtig diese Aspekte sein mögen. Sondern Künstlerische Bildung meint die Etablierung von Theorie und Praxis künstlerischer Denk- und Handlungsweisen im Bildungsgeschehen (ebd., S. 25). Genau diese Form der Erweiterung des Kunstbegriffs in andere gesellschaftliche Bereiche hinein war Leitmotiv von Joseph Beuys (vgl. Kap. 2.6; Buschkühle 1997). Die Bildungschancen, die die unterschiedlichsten Formen der Auseinandersetzung mit Kunst gegenwartsorientiert bieten, sollen genutzt werden. Kunstdidaktik ist als Kunst bzw. als »kunstanaloger Prozess« (Regel 2004, S. 42) zu denken und zu betreiben (Kettel 2004).

Der Mensch steht hierbei im Mittelpunkt aller Bemühungen – sowohl schulisch als auch außerschulisch –, nicht die Kunst selbst; denn der Mensch ist »die entscheidende Gelenkstelle für den Übergang von der Kunst zum Leben« (Buschkühle 2003, S. 24). Ziel ist somit eine plural konturierte »Lebenskunst«. Letztlich geht es um humanistische Perspektiven, um die Entwicklung der Persönlichkeit, die neben der kognitiven Intelligenz auch Anspruch erhebt auf die Ausbildung ihrer ethisch-moralischen und ästhetischen Anteile. Die starke Akzentuierung der aus dem Künstlerischen her gedachten Andersartigkeit gegenüber den übrigen Schulfächern kann zugleich aber auch zur Folge haben, hierdurch im Kanon der Schulfächer noch weniger beachtet zu werden und damit beispielsweise aus dem Vormittag der Schule – unbeabsichtigt, aber unter eigener Mitwirkung – in das Nachmittagsangebot verschoben zu werden.

In den kunstpädagogischen Hochschulstudiengängen (vgl. Kap. 8) hatte sich diese Perspektive durch den Einfluss Gert Selles (vgl. Kap. 2.13) bereits lange vor den Ansätzen der Künstlerischen Bildung vielfach, ja fast flächendeckend ausgewirkt: Kunstpädagogik-Studierende sollen selbst Künstlerinnen und Künstler sein, um eine kunstgemäße Bildung am eigenen Leibe zu erfahren und dementsprechend später vermitteln zu können. Mit analytischer Schärfe und in polemischer Überspitzung teilte Peter Rech die kunstpädagogisch Tätigen ganz grundsätzlich in zwei Lager auf: einerseits die, die vorgeben zu ergründen, was das Wesen der Kunst ausmache (u.a. Gert Selle und die Vertreter der Künstlerischen Bildung) und andererseits diejenigen, die meinen zu wissen, was im Fach gelernt werden muss (u.a. Gunter Otto und die Anhänger der Bildorientierung) (Rech 1994, S. 17).

Systemisch gedacht können Kunst und Pädagogik jedoch nie ineinander aufgehen, weil sie nach unterschiedlichen gesellschaftlichen Regeln und völlig differenten Zielen ausgerichtet sind. Ganzheitlich gedacht können Kunst und Pädagogik durchaus zueinander finden, vielleicht sogar punktuell miteinander verschmelzen.

Als eine Vermittlung zwischen beiden Positionen mag die Argumentation von Johannes Kirschenmann – einem ›Bild-Orientierten‹ – angesehen werden: Der eine Pol der Kunstpädagogik ist von der Klärung und Sicherheit in den bildnerischen Mitteln, vom bildsystematischen Denken und den Methoden der Bildanalyse gekennzeichnet. Dieser Pol bezieht sich also primär auf die »Bildkompetenz«. Der andere Pol der Kunstpädagogik ist geprägt von »Irritation«, dem Erkennen von Neuem »durch ein Verrücken des Bekannten zum Unbekannten« sowie vom künstlerischen Prozess (Kirschenmann 2002, S. 37 f.). Hier wird der Kunstbezug deutlich, der Widerständiges, konstruktive und dekonstruktive Verfahren (vgl. Kap. 6.4) sowie unkonventionelles Denken in den Blick nimmt.

2.16 Ästhetische Forschung und Biografie-Orientierung

Aufgrund des erweiterten Kunstbegriffs und der Orientierung am einzelnen handelnden Subjekt findet innerhalb der gegenwärtigen Kunstpädagogik eine Öffnung auf alle Fragestellungen hin statt, die für die einzelne Schülerin, den einzelnen Schüler relevant sind. ›Alles‹ kann in diesem Sinne bildnerisch untersucht und bearbeitet werden. Auf diesen Punkt macht dezidiert das Konzept der »Ästhetischen Forschung« von Helga Kämpf-Jansen aufmerksam (Kämpf-Jansen 2001). Ästhetische Forschung bezieht sich auf alle real gegebenen wie fiktiv entworfenen Dinge,

Objekte, Menschen und Situationen. Sie bedient sich aller zur Verfügung stehender Verfahren, Handlungsweisen und Erkenntnismöglichkeiten aus den Bereichen der Alltagserfahrung, der Kunst und der Wissenschaft.

Ästhetische Bildung als wahrnehmende und erkundende Zuwendung zur Welt und zum Selbst lässt sich zweifellos nicht auf Kunstunterricht begrenzen, sondern durchdringt alle Lebensbereiche. Ästhetische und kulturelle Selbstbildungsprozesse können jedoch kunstpädagogisch angeregt und gefördert werden. Weil sich ästhetische Bildung durch das Merkmal des Erkundens einer selbst gewählten Thematik auszeichnet, nutzt Helga Kämpf-Jansen den Begriff der »Ästhetischen Forschung«, um ihre innovative kunstpädagogische Konzeption zu benennen. Die anthropologisch fast selbstverständliche Nähe der Ästhetischen Forschung zu menschlicher Welt- und Selbsterkundung wird deutlich. Denn der Ansatz fügt sich nahtlos in bisherige alltägliche Praxis der Menschen ein, die bewusst, teils experimentell wahrnehmen und erkunden. Kinder tun dies z.B. tagtäglich, Künstlerinnen und Künstler der Gegenwart ebenfalls (vgl. Kap. 7.1). Im Mittelpunkt dieses Ansatzes steht die Perspektive, ästhetische Erfahrungen (vgl. Kap. 1.3) (Kämpf-Jansen 2001, S. 157f.) zu ermöglichen (nicht Kunst zu machen), und zwar mithilfe künstlerischer Strategien und aktueller Kunst als Anregungspotenzial.

Der Ästhetischen Forschung gelingt es, zwei sich fast polar gegenüberstehende Ansätze im Bereich der Kunstpädagogik miteinander zu verbinden, indem sie die innovativen Potenziale aus beiden Ansätzen nutzt. Zum einen bezieht sich Ästhetische Forschung auf Elemente von so genannten kunstnahen, ästhetischen Projekten, die vor allem von Gert Selle entwickelt wurden (vgl. Kap. 2.13). Und zum anderen gibt sie den aufklärerischen Anspruch ästhetischer Bildung nicht auf, wie er insbesondere von Gunter Otto immer wieder betont wurde (vgl. Kap. 2.12) und wie er auch Kämpf-Jansens frühere Tätigkeiten prägte. Dieser Anspruch manifestiert sich im Begriff »Forschung«. In dieser Verbindung liegt die Bedeutung der Ästhetischen Forschung für die Kunstpädagogik in Theorie und Praxis (Kämpf-Jansen/Neuhaus 2004; Nitsch 2007).

Ästhetische Forschung kann nur mit einem Anschluss an die Biografie des jeweils ästhetisch tätigen Menschen gelingen

(Kämpf-Jansen 2001, S. 169). Es geht im Kunstunterricht demnach nicht um die Erfüllung von Aufgaben, die sich Lehrende – meist in sicherlich guter erzieherischer Absicht – ausdachten. Sondern jede Schülerin/jeder Schüler sollte seine Aufgabenstellung als Grundlage seiner ästhetischen Forschung selbst finden. In dieser Linie mit der Subjektivierungstendenz gegenwärtiger Kunstpädagogik steht die Beachtung biografischer Prozesse im Kunstunterricht. Jede Form ästhetischer Erfahrungsarbeit, so Manfred Blohm, sei biografisch verankert, es gäbe keine ernst zu nehmende ästhetische Praxis ohne biografische Anteile (Blohm 2002). Dem Ansatz der Ästhetischen Forschung gleich gerät im Rahmen der Biografieorientierung die Kunst erst in einem zweiten Schritt in den Blick, und zwar dort, wo nach Verfahren und Strategien Ausschau gehalten wird, wie ein Biografiebezug bildnerisch-ästhetisch be- und verarbeitet werden kann; etwa mittels Spurensicherung, seriellem Arbeiten, Verfremdung von Alltäglichem. Die Unterrichtsmethoden hierfür sind meist projekt- oder werkstattorientiert (vgl. Kap. 6.2, 6.3 und 6.5).

Biografie meint in diesem Kontext wesentlich mehr als die tagebuchähnliche Rekonstruktion oder Dokumentation von Lebensläufen mit bildnerischen Mitteln. Biografiearbeit ist als eine prozesshafte lebenslange Aufschichtung und Verschiebung von Erfahrungen zu verstehen. Sie schließt fiktive und fantastische Entwürfe ebenso ein, wie die selbstbezügliche Auseinandersetzung mit Lebensgeschichten anderer, also auch mit historischen Fragestellungen (Neisemeier 2004). Durch die Thematisierung und Bearbeitung von Erfahrungen lassen sich zweifellos Lernbezüge herstellen, eine wichtige Legitimation zur Verortung der Biografieorientierung im schulischen Kunstunterricht: Übergeordnete (Lern-)Ziele der Biografieorientierung sind, biografische Strömungen zu erkennen, diese beeinflussen zu können und soweit wie möglich selbst zu bestimmen (Sabisch/Seydel 2004, S. 4). Der Kunstpädagoge Hubert Sowa vertritt jedoch die Meinung, dass die Potenziale des Kunstunterrichts nicht ausgeschöpft werden, wenn er sich unter dem anmaßendem Namen »ästhetische Forschung« primär als biografisch motivierte, empfindende, selbstreflektierende und erspürende Annäherung an Dinge versteht. Auch eine sich auf das Künstlerische zurückziehende Bildungskonzeption gebe integrale kunstpädagogische

Lernziele wie die Aneignung gestalterischer Basiskompetenzen etwa im Zeichnen sowie die Schulung visueller Kompetenzen leichtfertig auf (Sowa 2006, S. 44). Zudem besteht die Gefahr des Aufbaus eines Weltbildes, das stark subjektzentriert ist. Dies könnte zur Konsequenz haben, dass vorwiegend eigene Lieblingsthemen und Hobbys im Kunstunterricht behandelt werden. Die Konfrontation mit fremden Sichtweisen käme zu kurz.

Künstlerische Bildung, Bild- oder Biografieorientierung, oder ästhetische Forschung (vgl. Kap. 2.14 bis 2.16): Woran soll man sich heute halten? Auch für Insider erscheinen die fixierten Grenzen oft fließend. Und nicht selten sind sie in der Unterrichtspraxis, in der bildnerischen Auseinandersetzung mit kunst- und lebensrelevanten Themen, kaum mehr festzustellen. Denn in dem, was als »guter«, innovativer und zeitgemäßer Kunstunterricht zu bewerten wäre, sind sich viele Vertreterinnen und Vertreter der umrissenen aktuellen Richtungen meist ziemlich einig. Was bleibt für Insider und Outsider, um eine Unterscheidung treffen zu können? Essenziell ist jeweils der theoretische Standpunkt, von dem aus ein kunstpädagogischer (Unterrichts-) Entwurf begründet wird. Und weiter gedacht: von dem aus das Fach selbst gegenüber der Öffentlichkeit legitimiert wird. Geht die Begründung von der Bedeutung des Bildes für die Bildung aus (Bildorientierung)? Basiert die Legitimation auf dem erweiterten Kunstbegriff und beruft sich auf Ideen der Lebenskunst (Künstlerische Bildung)? Steht zu Beginn der kunstpädagogischen und -didaktischen Überlegungen der Bezug zur Biografie und Subjektivität der einzelnen Schülerin, des Schülers im Mittelpunkt (Biografieorientierung)? Oder wird die bildnerische Auseinandersetzung, künstlerisch-ästhetischen Strategien gleich, als eine forschende Annäherung an das biografisch Relevante betrachtet (Ästhetische Forschung)?

3 Kunstpädagogik – im Kontext eines pluralen Fachverständnisses

3.1 Kompensatorische und therapeutische Bedeutungen ästhetisch-bildnerischer Praxis

Eine wichtige Bestimmung für die Kunstpädagogik liegt in der Berufung auf deren ausgleichende Wirkungen in Bezug auf gesellschaftliche Defizite. Fachhistorisch wurde beispielsweise die schulische Kunsterziehung innerhalb der »Musischen Bildung« in den Fünfziger- und Sechzigerjahren des 20. Jahrhunderts dadurch legitimiert, dass das Schulfach ein kompensatorisches Gegengewicht zum technik- und kognitiv orientierten Leistungsdenken in anderen, vornehmlich den mathematisch-naturwissenschaftlichen Schulfächern bilde (vgl. Kap. 2.7). Dieser Begründungsstrang für Kunstpädagogik ist gesellschaftlich immer noch weit verbreitet, er wird als Erholung und Entspannung missverstanden, und seine Wurzeln lassen sich in die Fachgeschichte hinein bis zur Prinzenerziehung in der Renaissance verfolgen (vgl. Kap. 2.1). Zugleich bedingt diese Begründung, dass Kunstunterricht jenseits der anderen Fächer situiert und hierdurch auch oft ›nicht ganz ernst genommen‹ wird, was nicht selten als Anlass für die Reduzierung von Unterrichtsstunden in der schulischen Stundentafel gilt.

Trotz dieser Gefahr kann eine kompensatorische Bedeutung ästhetisch-bildnerischer Praxis kaum ernsthaft bezweifelt werden (vgl. das Themenheft »Fördern« der Zeitschrift »Kunst+Unterricht« 307/308/2006). Die Frage wäre in einem zweiten Schritt nur, wie hiermit legitimatorisch oder bildungspolitisch umzugehen ist. Zunächst soll die kompensatorische Funktion anhand der drei Gegenstandsbereiche ›Materialerfahrungen‹, ›Prozesse der Selbst- und Weltwahrnehmung sowie -darstellung‹ und ›Bildende Kunst‹ differenzierter dargestellt werden.

Materialerfahrungen

Der den Kunstunterricht auszeichnende Kontakt zu den unterschiedlichsten Materialien ermöglicht immer wieder Materialerfahrungen, die durchaus die Qualität der Anregung von ästhetischen Erfahrungen (vgl. Kap. 1.3) enthalten können. Matschen, Sudeln (Abbildung 14), Kritzeln, Fingerpainting, Schmieren mit Kleister, aber auch das Behauen von Stein oder das Bearbeiten splitternden Holzes sind bildnerische Verfahren und Handlungsformen, die Materialien im sensomotorischen Tun tastend erlebbar machen. Für viele Kinder in unserer Gesellschaft bleiben diese Handlungsweisen aber weitgehend ausgeklammert; die Kleidung könnte schmutzig, der Teppichboden könnte bekleckert werden. Solche Materialerfahrungen sind in kompensatorischer Hinsicht hier zunächst als ein Ausgleich und eine Entlastung für gesellschaftlich erzeugte Defizite anzusehen (Wichelhaus 1995, S. 35). Denn in der Medienkultur geht es seltener um Tastwahrnehmungen mit verschiedenen Materialien als um visuelle Wahrnehmungen. Haptische Anteile (Anteile des Tastens) sind vor dem Bildschirm oft nur noch minimal auf die Fin-

Abb. 14: Sudeln im Matsch als unmittelbar ästhetische Materialerkundung kann die Grundlage für wichtige bildnerische Gestaltungserfahrungen sein (Foto: Georg Peez).

gerspitzen beschränkt. Die glatte Kunststoffoberfläche der ›Maus‹ dient als ›Gleitmedium‹ in die virtuelle 3D-Welt von teils hochkomplexen Materialstrukturen, verbunden mit raffinierten Licht- und Schatteneffekten, die allerdings eben nur visuell wahrnehmbar sind. So genannte ›regressive Verfahren‹, also Verfahren, die in bestimmten kindlichen Entwicklungsphasen nicht genug ausgelebt und deshalb später nachgeholt werden müssen, haben in der Kunstpädagogik ihren Platz. Sie enthalten das bewusste Paradoxon des voranschreitenden Zurückschreitens. Diese triebdynamischen, emotionalen, sinnlichen und oft als lustvoll erlebten Erfahrungen sind – hierüber ist sich die Entwicklungspsychologie einig – die Basisfunktionen für den Aufbau von höher strukturierten Wahrnehmungs- und Erkenntnisprozessen (Wichelhaus 1995, S. 35f.), wie z.B. der Sprachentwicklung. Zugleich wird bei Kindern, Jugendlichen und auch bei Erwachsenen ein »ganzheitliches Erleben« (Wichelhaus 1995, S. 35f.) in Bezug auf mehrere gleichzeitige Sinneserfahrungen im Umgang mit Materialien gefördert; man spricht hier auch von polyästhetischen Sinneserfahrungen. Werden solche Verfahren im Kunstunterricht eingesetzt, dann mit der Absicht, dass emotionale Befindlichkeiten erzeugt werden sowie dass an verdrängte und verschüttete Bedürfnisse angeknüpft wird. Im Ausagieren solcher verdrängten Bedürfnisse – so die Hoffnung – kann dann eine labile Verhaltensbasis stabilisiert werden. Die Kinder werden insgesamt gestärkt, weil eben Entwicklungsdefizite kompensiert wurden.

Auch in der zeitgenössischen Kunst ist einerseits die Tendenz zur Immaterialität festzustellen, beispielsweise im Bereich der computergenerierten Bildkunst oder der Kunst im Internet. Kunstproduktion und -rezeption kommen hier weitgehend ohne Materialerfahrungen aus. Gegenläufig entwickeln sich Kunststile und es werden Kunstwerke geschaffen, die die Präsenz von Materialien zu einem Hauptthema ihrer Arbeiten machen. Im skulpturalen Bereich erfuhr beispielsweise das Material Blei eine Renaissance. Als legendär und exemplarisch können in diesem Kontext schon die Fettecke oder der Fettstuhl von Joseph Beuys gelten, selbstverständlich auch die Naturmaterialien in der Land-Art. Diese Formen verstärkter Präsenz von Materialien in der aktuellen Kunst sind Indizien für eine Neubewertung authentischer physischer Materialqualitäten, die im kulturellen Gesamtkontext durchaus auch von kompensatorischen Beweggründen motiviert sind.

Prozesse der Selbst- und Weltwahrnehmung sowie Selbst- und Weltdarstellung

Ein zweiter Bereich der kompensatorischen Bedeutung ästhetisch-bildnerischer Praxis bezieht sich auf die individuelle Persönlichkeit, auf die Prozesse der Selbstwahrnehmung und Selbstdarstellung. Statt eine abbildhafte äußerliche Ähnlichkeit anzustreben, malen sich beispielsweise Kinder in ›Selbstporträts‹ expressiv und ausdrucksstark oder phantastisch-utopisch. Hierbei werden dann Anteile gefördert, die eine innere Selbstwahrnehmung ermöglichen und die solche Prozesse sowohl für andere Menschen als auch für das Kind selbst in einem bildnerischen Produkt manifest und mitteilsam machen. Das kann eine spontane Entlastung und Erleichterung bedingen, da Aspekte ›innerer Bilder‹ in Objekte überführt werden. Weil dieses bildnerische Objekt greifbar ist, besteht die Chance, dass die inneren, psychischen Anteile nun auch ein Stück weit ›begreifbarer‹ werden. Die Öffnung nach außen zur Mitwelt ist hierin enthalten, denn die Kommunikation über die Selbstdarstellung ist anhand des Objekts möglich; wie etwa im Werk von Christine und Irene Hohenbüchler (vgl. Kap. 1.1). Kunstpädagogik kann diese Prozesse – freilich behutsam – unterstützen. Die Kunstpädagogin und Kunsttherapeutin Barbara Wichelhaus spricht von »Selbstthematisierung«: »Über die ästhetische Darstellung soll eine spezifische Form des ›Ich-Erlebens‹ vermittelt, ein Selbstkonzept aufgebaut werden, das zur Identitätsfindung und -entwicklung führt« (Wichelhaus 1995, S. 36).

Über die direkte biografische Selbstthematisierung hinaus (vgl. Kap. 2.16) fließen in bildnerische Tätigkeiten u.a. Erfahrungen, persönliche Befindlichkeiten, kulturelle und gesellschaftliche Normen, auch psychische Probleme und Schwierigkeiten ein, die durch bildnerische Praxis strukturiert und geklärt werden können, sodass man über das selbstgestaltete Werk und dessen Inhalte sowie über die spezifischen bildnerischen Tätigkeitsvollzüge in eine neue Beziehung zur Umwelt und zu sich selbst treten kann (Stielow 1977, S. 184). Deutlich wird, dass eine ganze Palette von unterschiedlichen kompensatorischen Wirkungen eine Rolle spielt, auf die in diesem Kontext nur in Hinblick auf weiterführende Literatur verwiesen werden kann. Beschränkte Ausdrucksmittel können durch nonverbale, bildnerische Mittel erweitert werden. Bildnerische Prozesse können zur Konfliktlösung und zur Entwicklung neuer Bewältigungsmodi dienen. Stereotype Verhaltensweisen werden durch bildnerische Praxis wieder flexibler, weil Erfahrungen durch bildnerische Auseinandersetzung neu strukturiert werden. So können Beziehungen zwischen Erfahrungen hergestellt werden, ohne dass gleich eine eventuell sehr schmerzhafte verbale Interaktion und Deutung bestimmter konfliktreicher Erfahrungen geleistet werden muss. Die Form des bildnerischen Ausdrucks entgeht der rationalen Kontrolle leichter. Bildnerische Praxis ermöglicht den Abbau von starrem, die eigene Persönlichkeit einschränkendem Rollenverhalten; sie ermöglicht das Ausleben von Wünschen, Emotionen, Fantasien, auch Aggressionen und kann somit als Ventil zur psychischen Spannungsregulation, als »Gegenpol zu funktionalisierten Leistungssystemen« (Schottenloher 1983, S. 8) entdeckt werden. Bildnerische Prozesse und Produkte können insofern das Selbstwertgefühl heben, als jeder Tätige über gewisse bildnerische Fähigkeiten verfügt, die gesteigert, erweitert und ausgebaut werden können. Kann zum einen ein bildnerisches Produkt als Mittel dienen, einen Kontakt, eine Brücke zu Mitmenschen herzustellen – wie oben dargelegt –, so kann es zum anderen aber auch gegenteilig genutzt werden, um sich mit dem eigenen Objekt ›zu verbünden‹ und sich vor den Mitmenschen abzuschotten. Teile der eigenen Innenwelt werden im selbst geschaffenen Objekt Teil der neuen Außenwelt. In der Reflexion über solche als kompensatorisch zu verstehenden Prozesse wird vorher kaum Fassbares nun fassbarer, Distanz ist möglich.

Bildende Kunst

Laut der von Sigmund Freud begründeten Psychoanalyse wird unbewusstes psychisches Material abgewehrt und erst durch kulturelle, künstlerische bzw. bildnerische Produktion in eine sichtbare, gesellschaftlich höher bewertete, aber verschlüsselte Form überführt (Freud 1910, S. 104; Freud 1914, S. 60f.). Ein Verständnis von Kunst ist auf psychobiografischem Wege möglich, d.h. die Lebensgeschichte eines künstlerisch tätigen Menschen ist der zentrale Zugang zu seinen künstlerischen Werken. In seiner ersten umfassenden Arbeit zu diesem Themenkreis »Eine Kindheitserinnerung des Leonardo da Vinci« (Freud 1910) entwarf Freud eine psychoanalytische Rekonstruktion des Seelenlebens von Leonardo da Vinci ab seiner frühesten Kindheit sowie eine Theorie zur Entstehung von Homosexualität. Ziel dieser psychobiografischen Arbeit war die Aufdeckung bislang verdrängter Bewusstseinsinhalte. 1914 folgte die Studie »Der Moses des Michelangelo«. Beiden Studien wurde später vorgeworfen, Freud habe keineswegs objektive und distanzierte Analysen vorgelegt, sondern vor allem die Moses-Statue von Michelangelo habe Freud gewissermaßen als Fläche genutzt, auf die er seine eigenen Ängste und Wünsche projiziert habe (Kraft 1984, S. 20).

Sigmund Freud versuchte im Jahre 1915 die kompensatorische Wirkung von Kunstschaffen zu erklären, indem er den Künstler als einen »Introvertierten« benennt, der es nicht weit zur Neurose habe. »Er wird von überstarken Triebbedürfnissen gedrängt, möchte Ehre, Macht, Reichtum, Ruhm und die Liebe der Frauen erwerben; es fehlen ihm aber die Mittel, um diese Befriedigungen zu erreichen. Darum wendet er sich wie ein Unbefriedigter von der Wirklichkeit ab und überträgt all sein Interesse (…) auf die Wunschbildungen seines Phantasielebens, von denen aus der Weg zur Neurose führen könnte« (Freud 1915 nach Kraft 1984, S. 21f.). Der Künstler besäße ferner das rätselhafte Vermögen, ein bestimmtes Material zu formen, bis es zum getreuen Ebenbilde seiner Phantasievorstellungen geworden sei. Daraufhin vermag er »an diese Darstellung seiner unbewussten Phantasie soviel Lustgewinn zu knüpfen, dass durch sie die Verdrängungen wenigstens zeitweilig überwogen und aufgehoben werden. Kann er das alles leisten, so ermöglicht er es den anderen, aus den eigenen unzugänglich gewordenen Lustquellen ihres Unbewußten wiederum Trost und Linderung zu schöpfen, gewinnt ihre Dankbarkeit und Bewunderung und hat nun – durch seine Phantasie – erreicht, was er vorerst nur in seiner Phantasie erreicht hatte: Ehre, Macht und Liebe der Frauen« (ebd.).

Zu der Frage nach den eigentlichen Ursachen menschlicher bildnerischer Gestaltungskraft dringt Freud mit dieser Begründung allerdings nicht vor. Diese Frage versuchte die Psychoanalyse nach Freud zu beantworten. Donald W. Winnicott entwickelte eine 1971 erstmals veröffentlichte Theorie über die Ursachen menschlicher Schöpferkraft, auf die in der Kunstpädagogik oft zurückgegriffen wird, u.a. weil sie an kunstpädagogische Themen und Handlungsbezüge anschließt. Ausdrücklich setzt Winnicott nicht an großen künstlerischen Leistungen an, sondern er bezieht sich bei der Öffnung des Fokus' auf Kreativität, auf Merkmale des Individuums in Bezug zu seiner Umwelt. Im Mittelpunkt steht hier die Erfahrung des Säuglings innerhalb der Mutter-Kind-Beziehung, auf welche Weise das Kind die zeitweise Trennung von seiner Mutter wahrnimmt und verarbeitet. Die schmerzliche Trennungserfahrung sublimiert, d.h. steigert und verfeinert, das Kind zwischen dem dritten und sechsten Lebensmonat durch einen Ersatz für die Nähe der Mutter, es schafft sich so genannte »Übergangsobjekte« (Winnicott 1984, S. 65). Solche typischen Übergangsobjekte sind der Teddybär oder der Zipfel einer Decke. Durch sie befähigt sich das Kind selbst und vermag hierdurch, langsam zur Symbolbildung (vgl. Kap. 4.1) zu gelangen. Winnicott schrieb, er habe den Begriff Übergangsobjekt eingeführt, »um einen ›intermediären Raum‹ zu kennzeichnen, den Erlebnis- und Erfahrungsbereich, der zwischen dem Daumenlutschen und der Liebe zum Teddybär liegt, zwischen der oralen Autoerotik und der echten Objektbeziehung«. Denn »die Übergangsphänomene repräsentieren die frühen Stadien des Gebrauchs der Illusion, ohne den ein menschliches Wesen keinen Sinn in der Beziehung zu einem Objekt finden kann« (Winnicott 1984, S. 65, 67). Der Autor geht davon aus, dass diese Prozesse der Akzeptanz von Realität nie ganz abgeschlossen sind. Immer müssen wir innere und äußere Realität miteinander in Beziehung setzen. Wollen wir uns zumindest zeitweise von diesem Druck befreien, müssen wir wieder in diesen intermediären Erfahrungsbereich eintauchen, der auch gesellschaftlich akzeptiert ist. Ein solcher Bereich sei die Kunst. »Dieser intermediäre Bereich entwickelt sich direkt aus dem Spielbereich kleiner Kinder, die in ihr Spiel ›verloren‹ sind« (Winnicott 1984, S. 65, 67). Ein Kunstwerk – oder ein bildnerisch gestaltetes Werk – kann in diesem Sinne als ein Übergangsobjekt aufgefasst werden, das eng mit den Wünschen und Phantasien seiner Urheberin bzw. seines Urhebers verbunden ist. Mehr als gefundene Objekte sind somit selbst kreierte ästhetische Objekte dazu geeignet, diesen intermediären Raum entwerfen zu helfen. Dieser Umstand wird in der Kunsttherapie genutzt, um ›Ich-Stärke‹ aufzubauen und um die Psyche auf dem Weg über die Symbolbildung zu beeinflussen.

Kunstpädagogik enthält zwar therapeutische Momente – u.a. durch die kompensatorische Wirkung ästhetischer Praxis (s. oben) –, und umgekehrt enthält Therapie pädagogische Elemente. Aber Kunstpädagogik ist nicht Kunsttherapie (zur Kunsttherapie vgl. Menzen ²2004). Eine definitive Grenzziehung zwischen Therapie und Pädagogik scheint nicht möglich. Solche Unterscheidungen hängen immer von zu vielen unterschiedlichen Variablen ab. Eine durchaus zutreffende Eingrenzung – freilich mit fließenden Übergängen – ist jedoch insofern möglich, als Therapie primär heilen, die Pädagogik erziehen bzw. zur Selbstbildung anregen will (vgl. 2.12 und 2.13). Kunstunterrichtende können es nicht leisten, die individuellen Quellen möglicher Spannungen und Probleme aufzudecken, geschweige denn sie zu analysieren und aufzuheben, hierfür sind schon die Gruppen mit ca. 30 Schülerinnen und Schülern zu groß, und auch die Unterrichtszeit ist zu knapp. Aber sie können die ihnen anvertrauten Heranwachsenden im Sinne einer speziellen Förderung dabei unterstützen, möglichst selbstbestimmtes Erfahren und Wahrnehmen zu üben und sich Verhaltensweisen anzueignen, die ihnen helfen, diese Spannungen, Krisen und Probleme etwa in Prozessen der Selbst- und Weltwahrnehmung zu verarbeiten und zu bewältigen.

Dass die Berufung auf die kompensatorische Bedeutung bildnerischer Praxis zur Abschaffung des Kunstunterrichts in der Schule führen kann, davor warnten bereits diejenigen, die sich gegen Absichten des Heilens von Zivilisationsschäden durch musische Erziehung aussprachen (vgl. Kap. 2.6 und 2.10). Solche Warnungen beziehen sich weniger auf die Skepsis gegen planbare Veränderungswirkungen, die von Kunstunterricht ausgehen könnten. Prozesse der individuellen Aneignung (vgl. Kap. 7.4) sind immer noch häufig große weiße Flecken auf der ›Landkarte der Pädagogik‹. Sondern ein wichtiges Argument ist, dass ein kompensatorisches Verständnis von Kunstpädagogik eine Auseinandersetzung mit allem jenseits der kompensatorischen Funktion verhindere. Produktive Auseinandersetzungen mit den digitalen Anteilen der heutigen und zukünftigen Lebenswelten von Jugendlichen oder der bildenden Kunst lassen sich auf der Basis von Kompensation nicht führen (Maset 1995, S. 18), denn diese virtuellen Anteile werden hier grundsätzlich als negativ, weil als auszugleichen verstanden. Eine solche Kritik an den kompensatorischen Anteilen der Kunstpädagogik verengt den Blick jedoch auf den Bereich der Materialerfahrungen. Wer allerdings beispielsweise die Aspekte der Selbstdarstellungen im Blick hat, für den läuft die Kritik ins Leere, da solche Darstellungen mit kompensatorischen Wirkungen durchaus mittels digitaler Medien zu gestalten sind.

3.2 Künstlerlehren und ihr Einfluss auf das kunstpädagogische Engagement von Künstlerinnen und Künstlern

Künstlerinnen und Künstler erläutern häufig ihre Kunstwerke, beispielsweise in Interviews, sie lehren Kunst oder sie entwickelten Künstlerlehren. In Künstlerlehren ging man in aller Regel bis etwa zum Ende des 18. Jahrhunderts davon aus, dass die Lehre der Handhabung der künstlerischen Mittel zugleich das Erlernen des spezifisch Künstlerischen automatisch beinhalte. Denn wer mit künstlerischen Materialien wie Ölfarbe oder Marmor gestaltend umging, war meist ganz selbstverständlich zugleich künstlerisch tätig. Bestimmend war das didaktische Prinzip des Vormachens und Nachmachens (vgl. Kap. 6.1). Herausforderung heutiger Lehren, die von Künstlerinnen und Künstlern entwickelt und vertreten werden, ist, dass prinzipiell mit allen Materialien Kunst gemacht werden kann und dass andererseits mit einstmals ›künstlerischen‹ Materialien, die heute beispielsweise im Versandkatalog für alle Bevölkerungskreise angeboten werden, auch viele Objekte erstellt werden können, die nicht automatisch Kunst sind. Es gibt also keine künstlerischen Mittel an sich mehr, sondern nur noch bildnerische (vgl. Kap. 4).

Eine meist vage Idee, eine konzeptionelle Aussage steht am Anfang des künstlerischen Prozesses, für die dann die adäquaten bildnerischen Erarbeitungs- und Ausdrucksmittel erkundet werden. Aus diesem Grunde enthalten zeitgenössische Künstlerlehren kaum oder gar keine handwerklich-technischen Anleitungen, praxisorientierten Erfahrungsberichte, Kniffs und Tricks, wie einstmals die Lehren von Leonardo da Vinci (vgl. Kap. 6.1) oder Albrecht Dürer, sondern sie sind vorwiegend »Theoriearbeit« (Lehnerer 1994, S. 7). Denn »was nicht selbstverständlich ist, bedarf im Umgang der Klärung. Theoriearbeit gehört daher zur künstlerischen Arbeit. Wo der Künstler in seiner Arbeit keine allgemeinverbindliche Rückbindung, keine ›Religion‹ mehr hat, da muss er versuchen, sie – durch Selbstdenken – neu zu schaffen« (ebd.), so der Künstler und Kunstpädagoge Thomas Lehnerer. Erkennt man diese Umstände an, dann ergibt sich aber hieraus die Problematik, dass das Künstlerische, das, was die Kunst zur Kunst macht, durch ›Theoriearbeit‹ zu vermitteln wäre; was wiederum voraussetzt, dass es hierfür erfassbar, lehr- und erlernbar sein muss. Doch gilt zugleich in der Kunstpädagogik als weitgehend anerkannt, dass Vermittlung nicht mehr selbstverständlich als eine der Kunst angemessene Kategorie angesehen werden kann, weil der Inhalt möglicher Kunstvermittlung nicht reflexiv verfügbar ist (vgl. Kap. 1.2 und 4.3). Wodurch die Frage virulent wird: Wie kann ich das Nicht-Vermittelbare an der Kunst vermitteln?

Die Künstler, von denen zwischen 1919 und 1933 Lehren am »Bauhaus« in Weimar und Dessau (vgl. Kap. 2.5) entwickelt und unterrichtet wurden, verfuhren meist zweigleisig: Auf der einen Seite stand jeweils ihr eigenes künstlerisches Werk, auf der anderen Seite stand die Lehre, die früher oder später in eine Buchveröffentlichung mündete (s. nächster Absatz). Joseph Beuys nahm seit den Sechzigerjahren des 20. Jahrhunderts die oben umrissene

Herausforderung in der Weise innovativ an, indem er seine Lehrbemühungen als künstlerische Tätigkeit in sein Lebenswerk integrierte. Kunstpraxis und Kunstlehre sind bei ihm nicht zu trennen. Die Lehre wird ästhetisiert (vgl. Kap. 2.13).

Die Auffassung, dass Kunstrezeption sowie Kunstpraxis Impulse beinhalten, die Bildung, d.h. Selbstbildung, in allen Menschen anregen, teilweise initiieren können, entspricht einer langen abendländischen Tradition. Bekanntermaßen entwickelten im vergangenen Jahrhundert viele bildende Künstler Lehren, mit denen sie Kunst und Pädagogik zu verbinden versuchten; besonders am Bauhaus, z.B. Paul Klee: »Pädagogisches Skizzenbuch«, 1925; Wassily Kandinsky: »Punkt und Linie zur Fläche«, 1926; Johannes Itten: »Mein Vorkurs am Bauhaus«, 1963; Josef Albers: »Interaction of Colour. Grundlegung einer Didaktik des Sehens«, 1970. Auch Max Burchartz: »Gestaltungslehre«, 1953, und Willi Baumeister: »Das Unbekannte in der Kunst«, 1947, stehen in der Bauhaustradition. Zweifellos hatte der Bauhaus-Gründer Walter Gropius Erziehungsabsichten, die sich in die beiden Ansprüche einer Gesellschaftsreform und einer Individualerziehung gliedern lassen, welche in ihrem Gelingen in der Weise voneinander abhängig waren, dass die Erziehung des Individuums den Ausgangspunkt bildete (Wünsche 1990, S. 50f.).

Theorieansprüche und Lehrpraxis klaffen allerdings in vielen dieser Lehren auseinander, z.B. im Formulieren von Gestaltungsaufgaben. Der Erziehungswissenschaftler Konrad Wünsche unternahm den Versuch, etwa die Lehre Wassily Kandinskys zu überprüfen, und zwar auf deren inhaltliche Übereinstimmung der theoretischen Aussagen – für die er Stringenz fordert – mit den Praxisanregungen. Doch ein solcher Versuch muss scheitern. Will man eine durchgehende Logik in Kandinskys Aussagen und Maßnahmen bringen, so findet man »sich in einem Dschungel aus ›rational‹ und ›irrational‹ empfundenen Äußerungen« wieder, »von denen man am Ende nicht einmal sagen konnte, ob sie ganz ernst gemeint gewesen waren« (Wünsche 1990, S. 55). Künstlerlehren am Bauhaus sind neben ihrer individualistischen Ausprägung u.a. von esoterischen, mystischen und theosophischen Elementen sowie Aspekten asiatischer Religionen durchzogen. Ohne die entsprechenden Zusatzinformationen, die auch Rainer K. Wick in seinem Standardwerk »Bauhaus-Pädagogik« nur selten gibt (Wick ⁴1994), sind sie häufig in ihren Grundlegungen nur schwer verständlich.

In der Bundesrepublik Deutschland fanden 40 Jahre später weniger individuell, sondern stärker gesellschaftlich-politisch-institutionell geprägte Einflussversuche statt. Auf dem großen Künstlerkongress 1971 in der Frankfurter Paulskirche stellten sich die bildenden Künstlerinnen und Künstler die Aufgabe der »Erweiterung des pädagogischen Auftrags« und der »Mitwirkung an der Volksbildung« (Geschäftsführung des Kongresses der Künstler 1971, o.P.). Die Standesvertretung des Bundesverbandes Bildender Künstler, BBK, fördert Verbindungen von Kunst, Pädagogik und Bildung. Bereits Ende der Siebzigerjahre des 20. Jahrhunderts zeigte eine Untersuchung des Instituts für Projektstudien in Hamburg zur Situation künstlerischer Berufe, dass in einigen, meist großstädtischen Regionen die Künstlerinnen und Künstler, die pädagogisch tätig waren, sich mit dieser kunstpädagogischen Tätigkeit »oft stärker identifizierten, als z.B. mit ihrer (...) Arbeit als Maler oder graphischer Künstler« (Wiesand 1978, S. 168, S. 186f.; vgl. Bundesregierung 1990, S. 20). Eine Verknüpfung künstlerischer mit pädagogischen Tätigkeiten durch Künstlerinnen und Künstler wird seit fast 20 Jahren vom Gesetzgeber als selbstverständlich angesehen; so z.B. in der Künstlersozialversicherung, im Ergänzungsplan zum Bildungsgesamtplan »Musisch-kulturelle Bildung« oder in Modellversuchen des Bundesministeriums für Bildung und Wissenschaft.

Die Aufgabe ästhetischer Erziehung und Bildung war für Joseph Beuys zentral und wird in seinen Werken, Reden und Schriften deutlich; etwa wenn er sagte, alles menschliche Wissen stamme aus der Kunst. Jede Fähigkeit stamme aus der Kunstfähigkeit des Menschen, das hieß für Beuys, kreativ tätig zu sein. »Der Wissenschaftsbegriff ist erst eine Abgabelung von dem allgemeinen Kreativen. Aus diesem Grunde muss man auch eine künstlerische Erziehung für den Menschen fordern« (Beuys 1975, S. 73). Vielen Aspekten im Beuys'schen Werk können bereits in den Sechzigerjahren des 20. Jahrhunderts erziehende Intentionen einer ästhetischen Vermittlung auf der Grundlage des Selbstbildungsgedankens zugesprochen werden. Und häufiger als auf irgendeinen anderen Künstler bezogen sich kunstpädagogisch Tätige in den letzten Jahren auf Joseph Beuys' ästhetisch-künstlerische Integration von Theorie und Praxis; ein Trend, der erst nach Beuys' Tod im Jahre 1986 einsetzte. Ziel von Beuys' Lehre war eine völlig neue Vorstellung von Kunst, die »soziale Plastik«, die er als Gesamtkunstwerk verstand, in dem »jeder Mensch ein Künstler ist« (Regel 1996, S. 37). »Und Künstler in seinem Sinne ist einer, der alles, was er tut, sei es praktische oder geistige Tätigkeit – gemessen an den wahren Grundbedürfnissen der Menschen heute –, sinnvoll tut und der das, was er hervorbringt, dabei in eine gestaltete Form zu bringen vermag« (ebd.). Hier ist die Theorie- und Handlungsabsicht zentral, aus dem künstlerischen Denken und Arbeiten kunstdidaktische Strukturen direkt abzuleiten (Abbildung 15). In dieses erweiterte Kunstverständnis fließt die Kunstpädagogik mit ein. Wie Kunstunterricht unter diesen Vorzeichen aussehen könnte, findet sich u.a. in den zwei Themenheften »Herausforderung Beuys« der Zeitschrift »Kunst+Unterricht« aus dem Jahre 1992. Der Anregungscharakter von Beuys hat seitdem an Wirkung zugenommen. Zwar ist der weitgehend kompromisslose Transfer seiner teils anarchischen Ideen in der Schule (vgl. Kap. 5.1) nur schwer zu leisten, aber dies war auch nie das Ziel. Statt dessen geht es darum, das Künstlerische im größtmöglichen, erweiterten Sinne als eine ganz bestimmte »Art zu sein«, als Lebensweise zu initiieren und hierdurch alle Menschen im Blick zu haben. Dies sollte sich auf die Ausbildung profesionell Kunstschaffender auswirken, aber keineswegs auf diese Gruppe alleine. Mit anderen Worten: Der erweiterte Kunstbegriff hat auch die Kunstpädagogik verändert (vgl. Kap. 2.13, 2.15 und 3.3).

Der direkte Anregungscharakter von Künstlerlehren auf die Kunstpädagogik ist durchaus vorhanden, schon deshalb, weil viele Kunstpädagoginnen und Kunstpädagogen vor allem für den Gymnasialbereich an Akademien von Künstlerinnen und Künstlern mit ausgebildet werden (vgl. Kap. 8.3). Zwischen den Polen der praktischen Nachahmung einerseits (vgl. Kap. 6.1) und der Entwicklung von Theorien andererseits tut sich heute ein weites Feld von Möglichkeiten auf, das aus kunstpädagogischer Sicht nicht kategorisch und grundsätzlich einzugrenzen ist, sondern in dem pädagogisch-didaktische Grenzziehungen eigentlich nur situativ begründet vorgenommen werden können. Die Begrün-

94 Kunstpädagogik – im Kontext eines pluralen Fachverständnisses

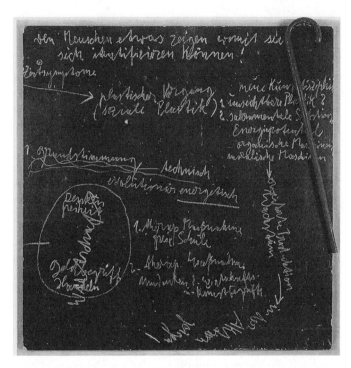

Abb. 15: Joseph Beuys (1921–1986): Aktion Dritter Weg II, 1978, Schiefertafel, Kreise, Spazierstock, 133 x 133 cm; Tafeltexte u.a.: »Den Menschen etwas zeigen damit sie sich identifizieren können!« »Zeitsymptome → plastischer Vorgang (soziale Plastik).« © VG Bild-Kunst, Bonn 2002.

dung dieser situativen Grenzziehungen bildet den Kern professioneller kunstpädagogischer Kompetenz. Künstlerinnen und Künstler können es sich aus ihrem Kunstanspruch abgeleitet ›leisten‹, kategorisch und manchmal auch kompromisslos zu sein. Kunstpädagogisch Tätige hingegen sollten die von ihnen anzukennenden vielfältigen Ansprüche und Facetten der Adressatinnen und Adressaten – seien es Kinder, Jugendliche oder Erwachsene – situativ und zielgruppengerecht nutzen können.

3.3 Aspekte und Verfahren der Performance in der Kunstpädagogik

In der Kunst des 20. Jahrhunderts lassen sich vielfältige Entwicklungsstränge hin zu prozesshaften Verfahren und prozessorientierten Kategorien in Praxis und Theorie nachweisen; Beispiele hierfür werden u.a. in den Kap. 1.1, 3.2 und 7.1 dargestellt. Zwar sind Prozess- und Produktorientierung gerade in der bildenden Kunst zwei Seiten ein und derselben Medaille – es lassen sich z.B. im Bereich des Kunstmarktes und der populären Ausstellungsevents stark produktorientierte Rezeptionsformen erkennen –, doch steht die Entwicklung der Kunst unter dem Eindruck eines sich verstärkt ausbildenden Prozessbewusstseins. Ein Beispiel hierfür ist die Netzkunst, spezifische Kunstformen im Internet (http://www.thing.de; http://adaweb.walkerart.org; http://www.rhizome.org). Ein zweiter Trend ist das Cross-over der Stile und Verfahren in der Kunst der Moderne, althergebrachte Grenzen – z.B. zwischen bildender Kunst, darstellender Kunst und Musik – werden gesprengt (Kap. 1.1, 2.13 und 3.2), Ausdrucksmedien werden kombiniert, der Kunstbegriff wird immer noch erweitert und erweist sich als überaus flexibel nutzbar und dehnbar.

Neben oder anstelle des Prozessbegriffs wird in kunstpädagogischen Diskussionen seit wenigen Jahren immer öfter von ›Performance‹ oder ›performativen Verfahren‹ gesprochen. Obwohl viele Autorinnen und Autoren themenimmanent eine Definition von ›Performance‹ scheuen, lässt sich eine begriffliche Eingrenzung treffen, dass performative Akte Handlungen sind, »die etwas in einer Situation ›vorführen‹, ›bewirken‹ und ›leisten‹, Handlungen, deren essentielle Wirklichkeit in ihrem hier und jetzt wirksamen Vollzug liegt (per-formare = durch-kneten, durch-formen), Handlungen, die insofern ›unübersetzbar‹ in ein anderes Medium sind und auch nicht als Text oder Bild fixierbar sind, weil es gerade ihr wirklicher situativer Akt-Charakter ist, der ihr Wesen ausmacht« (Sowa 2000, S. 29). Performative Akte sind ferner mit der agierenden Person verbunden, sie sind wegen ihrer Authentizität keine schauspielerischen Darstellungen oder das Nachahmen einer Rolle.

›Performance‹ im engeren Sinne als körper- und aktionsbezogene Performancearbeit in kunstpädagogischen Kontexten und Tätigkeitsfeldern ausgelegt, hat das Ziel, die individuellen, konzeptbildenden Aktionsfähigkeiten der agierenden Person zu fördern und zu entwickeln, sich also im Gebrauch der Mittel der Performance-Art zu üben. Für die Zuschauenden einer Performance bedeutet dies im übertragenen Sinne, an diesen künstlerischen Verfahren teilzuhaben. Weit ausgelegt geht es bei ›performativen Verfahren‹ um das prozesshafte Ferment von ästhetischer Bildung ganz allgemein, denn performative Prozesse sind nicht die Vorstufe von kognitiven Abstraktionsleistungen, sondern ein Kern des Lernens überhaupt. Sie machen auf die produktiven ästhetischen Anteile von Lernprozessen aufmerksam und stellen alle routinierten Organisationsformen von Lernen auf die Probe, sie hinterfragen diese mit ästhetischen Mitteln. Ergebnis kann ein Ausleben des eigenen Selbst in Beziehung zur Mit- und Umwelt sein – kurz: Selbstbildung. Beispielhafte performative Ansätze in der Kunstpädagogik finden sich u.a. in den beiden Tagungsbänden zur »FrauenKunstPädagogik« (vgl. Kap. 3.4) und in den Themenheften »Aktionskunst« (225/1998) und »Performance« (273/2003) der Zeitschrift »Kunst+Unterricht«.

Die Rede über ›Performance‹ nährt sich also aus zwei Quellen: zum einen aus der Kunst, aus der Aktionskunst, der »Performance-Art« als intermedialer künstlerischer Ausdrucksform zwischen gestisch-situativer Ereignishaftigkeit und inszeniertem Eventcharakter. Hierbei spielt vor allem Joseph Beuys eine nicht nur wegweisende, sondern häufig vorbildhafte Rolle (Lange 1999, S. 168; vgl. Kap. 2.13, 3.2). Zum anderen wird durch die Begrifflichkeit der ›performativen Verfahren‹ ein allgemeines (Lebens-) Prinzip betont. Beispielhaft für diese offene Verwendung sind die Aussagen von Gunter Otto aus einem seiner letzten veröffentlichten Texte, dass wir auf den performativen Aspekt immer dann treffen, »wenn Handlungen und Situationen nicht oder nicht nur vom Produkt, Objekt oder Ergebnis her thematisiert werden, sondern als Prozesse ihrer Entstehung und Wirkung« (Otto 1999, S. 197). Otto – selbst stark pädagogisch-didaktisch geprägt – zieht Verbindungen zu »Formen performativen Lernens« (ebd.) und zu einer entsprechenden pädagogischen Einstellung: Die Präsentation von Unterrichtsinhalten nach der performativen Sichtweise ziele nicht auf die »Ansammlung von Wissen« (ebd.), sondern auf die »Auslösung von Erfahrungsprozessen sowohl des Lehrenden wie des Lernenden« (ebd.) (vgl. Kap. 1.3). Das Gespräch »mit den Schülern und Schülerinnen über deren Gefühle und Befindlichkeit« sei hier »richtiger«, »als vorschnell das Objekt zu deuten« (ebd., S. 200). Im Zuge des performativen Ansatzes scheint Otto seine zentralen Auffassungen (vgl. Kap. 2.12) zu revidieren bzw. zu relativieren. Marie-Luise Lange zeigt Bezüge zwischen ›Performance‹ und Kunstpädagogik insofern auf, als sie sich nicht wie Otto primär auf die Pädagogik, sondern vor allem auf die ästhetischen Praxen der Jugendkulturen bezieht, anhand deren Analyse sie performative Aspekte herausarbeitet (z.B. im ästhetisch inszenierten Körperausdruck), die freilich stark von den Ver- und Entschlüsselungen medialer Zeichen und Codes geprägt sind (Lange 1998, S. 177ff.).

Zusammengefasst steht ›Performance‹ – wie so viele pädagogische Trends – durch ihren derzeit inflationären Gebrauch in der Gefahr, schnell verbraucht zu sein, denn ihre Attraktivität und ihr anregender Charakter speisen sich zunächst zwar aus ihrer Offenheit. Hält aber diese Phase der Unklarheit zu lange an, so wird der Begriff mit fast allem beliebig gefüllt und seine Unschärfe wird ihm zum Verhängnis; in der fachlichen Auseinandersetzung kann ›Performance‹ dann nicht mehr als anregend und klärend wirken.

3.4 Kunstpädagogik und die Genderthematik

Über 80 Prozent der Studierenden im Fach sind Frauen. Die Kunstpädagogik ist weiblich. Kunsterziehung ist ein ›Frauenberuf‹. Die Diskussion um die weiblichen Anteile der Kunstpädagogik wurde bundesweit zwischen 1990 und 2003 auf ca. im zwei- bis dreijährigen Intervall stattfindenden »FrauenKunstPädagogik-Tagungen« geführt. Frauen verschafften sich hiermit in der (veröffentlichten) Fachdiskussion, die immer noch zu größeren Anteilen von Männern betrieben wird, verstärkt Gehör.

Eines ihrer wichtigsten Foren waren diese Tagungen sowie die hierzu gehörenden Buchpublikationen (Staudte/Vogt 1991; Richter/Sievert-Staudte 1998; Ziesche/Marr 2000).

Bei dem Versuch, sich als männlicher Autor zu diesem Thema zu äußern, stellt sich unmittelbar Befangenheit und auch Betroffenheit ein. Es werden mir die Anteile der Geschlechtsbezüge ›meines‹ Faches deutlich, die ich meist nicht beachte. Über meine Eindrücke zur ersten FrauenKunstPädagogik-Tagung schrieb ich vor vielen Jahren: »Auf der Tagung wurde mir erschreckend bewusst, dass gerade Männer wie ich, welche mit den rigiden gesellschaftlich erwarteten Männerrollen nicht zurechtkommen und diese ablehnen (also vielleicht auch deswegen Kunstpädagogik studieren), dann in der Minderheit gegenüber Frauen viele männliche Verhaltensmuster wieder einnehmen« (Peez 1991, S. 317); z.B. in der Konkurrenz zu Frauen in Bezug auf berufliche Karrieren oder in der Tendenz, sich mit seiner Meinung laut Gehör verschaffen zu wollen. Trotz dieser Befangenheit sollen im Folgenden wesentliche Strömungen zur Diskussion um die Genderfrage in der Kunstpädagogik dargestellt werden. Hierbei kommen viele wichtige Themen nicht zu Wort, wie beispielsweise das kritische Hinterfragen der Koedukation im Bereich der ästhetischen Erziehung. Vielmehr werden vorzugsweise solche Themen erörtert, die dem Schwerpunkt dieser Einführung gemäß das Spannungsfeld zwischen Pädagogik und Kunst behandeln.

Bezogen auf die Auseinandersetzung mit Kunst innerhalb der Pädagogik sollen im Folgenden drei zeitlich nacheinander liegende Strömungen gegenübergestellt werden. Im Zentrum des Interesses steht die Frage: Wie werden welche Kunstformen unter geschlechtsspezifischen Aspekten vermittelt? Kunst – ob von Frauen oder Männern – wurde vor allem in den Siebziger- und Achtzigerjahren des 20. Jahrhunderts nach biografischen und geschlechtssozialisatorischen Aspekten neu betrachtet, was zu revidierten Einsichten gegenüber Künstlerinnen und Künstlern führte.

(1) In den Siebzigerjahren stand zunächst die (Wieder-)Entdeckung von Künstlerinnen wie der italienischen Malerin Artemisia Gentileschi (1593–1653), der Bildhauerin Camille Claudel (1864–1943) oder der Mexikanerin Frida Kahlo (1907–1954) im

Vordergrund. In Museum oder Schule sollten Künstlerinnen und ihre Werke einem breiteren Publikum und den Heranwachsenden als bedeutend vermittelt werden. Denn die Kunstpädagogik orientierte sich lange Zeit mit großer Ausschließlichkeit an der Vorstellung vom Künstler als weißem heterosexuellen Mann.

(2) In den Achtzigerjahren wurden diese Künstlerinnen verstärkt als weibliche Identifikationsfiguren genutzt und kurze Zeit darauf nicht nur in den Massenmedien, sondern oft auch von Kunstpädagoginnen trivialisiert. Die Dominanz des biografischen Zugangs überlagerte häufig in den Darstellungen der sozial-empathisch eingestellten Vermittlerinnen die künstlerischen Leistungen. Ein anschauliches Beispiel einer emotionalen Auseinandersetzung mit Kunst unter geschlechtsspezifischem Blickwinkel bietet der Text »Wie brüchig sind unsere Helden? Gedanken zu Beckmanns Tagebüchern« (Hajnal-Neukäter 1991, S. 151ff.). Die Autorin Ildiko Hajnal-Neukäter analysierte kriegsverherrlichende Texte aus Max Beckmanns Tagebüchern, die er im Ersten Weltkrieg schrieb; eine beispielhafte Tagebuchtextstelle lautet: »Draußen das wunderbar großartige Geräusch der Schlacht. Ich ging hinaus durch Scharen verwundeter und maroder Soldaten, die vom Schlachtfeld kamen und hörte diese eigenartige schaurig großartige Musik. ... Ich möchte, ich könnte dieses Geräusch malen« (Beckmann 1914 nach Hajnal-Neukäter 1991, S. 152). Diese kriegsverherrlichenden Tendenzen kombiniert die Autorin mit dem biografischen Detail aus Beckmanns Leben, dass der Künstler seine Frau zwang, ihm und seinem Lebenswerk zu dienen und sich nicht selbst beruflich als Musikerin zu verwirklichen. Die Autorin bezeichnet Beckmann als den »Prototyp des Künstlers als gefühlloses, inhumanes Auge« (ebd., S. 152). Wie nahe bei ihr Hass und Liebe mit ihren geschlechtlichen Anteilen beieinander liegen, wird in ihren Aussagen deutlich: »Ich hatte Beckmann geliebt, und nicht umsonst hatte ich in seinen Tagebüchern gestöbert.« »... er war ein genialer Maler, aber im Grunde genommen war er als Mensch ein Schwein« (ebd., S. 162, 163). Eine solche emotionale, undistanzierte und weitgehend unwissenschaftliche Auseinandersetzung mit Kunst unter geschlechtsspezifischen Gesichtspunkten geriet jedoch unter Kritik: »Biografisches Material«, so Ellen Spicker-

nagel, werde »zum alleinigen Träger künstlerischer Form deklariert«. Das Ausschalten der historischen Bedingungen, die Fixierung auf die Persönlichkeit der Künstlerin bzw. des Künstlers, »die Lust an Stereotypen« wirft Spickernagel einer solchen geschlechtsspezifischen Kunstvermittlung vor, indem sie schreibt: »Trivialisierung stellt keinen gangbaren kunstpädagogischen Weg dar« (Spickernagel 2000, S. 47).

(3) Innerhalb einer weiteren Strömung setzen sich Kunstpädagoginnen heute weniger mit historischer Kunst auseinander, sondern verstärkt mit zeitgenössischer Kunst von Frauen. Vor allem werden hier Künstlerinnen behandelt, die mit performativen und multimedialen Mitteln (vgl. Kap. 3.3, 3.5) gestalten sowie Vermittlungsabsichten verfolgen; z.B. Pipilotti Rist, Rosemarie Trockel, Christine und Irene Hochenbüchler (vgl. Kap. 1.1), Valie Export oder Marina Abramovic. Biografische Aspekte treten hier hinter die werkkritische Analyse und die Situierung der Kunst im kunsttheoretischen Diskurs zurück. Das Interesse an den Werken dieser Künstlerinnen wird häufig dadurch erregt, dass sich diese künstlerischen Ausdrucksformen – wie etwa die Performance (vgl. Kap. 3.3) – noch in ihrer Etablierungsphase befinden, also meist von althergebrachten patriarchalischen Strukturen wenig geprägt sind. Eine inhaltliche Tendenz lässt sich in der ironischen Umspielung der Genderthematik erkennen und zwar besonders hinsichtlich der Einflüsse der Massenmedien auf die geschlechtsspezifische Sozialisation (Doing Gender). Als exemplarisch für diese Aussagen kann ein Text von Hanne Seitz über die Schweizer Künstlerin Pipilotti Rist gelten, die Ausstellungsmacherin, Performancekünstlerin, Drehbuchautorin, Regisseurin, Produzentin, Musikerin, Technikerin und Darstellerin ihrer Filme sowie Redakteurin ist. Seitz knüpft Beziehungen zwischen Pipilotti Rists Werk und ihrer eigenen Situation als Kunstvermittlerin. Rists Werk handele nicht vom ›Schicksal der Frau‹, sondern von einer unhintergehbaren Differenz, die sich in der Opposition männlich/weiblich bereits eingespielt habe. Dieser Differenz zwischen den Geschlechtern komme exemplarische Bedeutung zu für andere Differenzen, wie Vernunft und Sinnlichkeit, Geist und Körper, Kultur und Natur, Theorie und Kunst oder Mann und Frau; stets schwinge sich das Eine auf Kosten des Anderen auf und verweigere dessen

Anerkennung (Seitz 1998, S. 137). Kunstpädagogik dürfe solche Differenzen keinesfalls leugnen, was sie allzu häufig tue. »Die Tür zur Welt – mit der Ahnung der Differenz gerade erst geöffnet – ist verschlossen, der Blick verstellt« durch eine Kunstpädagogik, die ihren eigenen Mangel an einfachen Erklärungen durch die Leugnung von Differenzen zu verdecken versuche. Diese Problematik sieht Seitz »wie kaum jemals zuvor« durch Rist »ins Bild gesetzt« (ebd., S. 141).

Der Konsens gemeinsamer, an der Genderfrage ausgerichteter Themen – wie Koedukation, Mädchenästhetik und Beruf nach der ›Mutterphase‹ – hielt in den 1990er-Jahren, bis jüngere Kunstpädagoginnen ihre Zweifel äußerten, die die »Auflösung feministischer Fragen im ästhetischen Diskurs« (Peters 1996, S. 5) auszumachen glaubten. Nach Maria Peters' Auffassung »gilt es, sich als Frau aktiv einzumischen in allen Gebieten der Kunstvermittlung, der Kunstpraxis und ihrer Wissenschaft. Die bis dato frauentypischen Themen wie Mädchenästhetik, Koedukation oder eine feministische Wissenschaft werden dabei in ihrer Aktualität abgelöst von geschlechterübergreifenden Problemen, eher sachorientierten Fragen oder einem grundsätzlichen Nachdenken über veränderte Theorie-Praxis-Konstellationen in Schule und Hochschule. (…) Postmoderne Identitäts- und Differenztheorien überlagern feministische Fragen« (ebd.). Auch wenn dieses Statement unmittelbar »Widerspruch« erregte und Peters die Benutzung von »Worthülsen« (Kunst+Unterricht 200/1996, S. 9) vorgeworfen wurde, so widmete sich die folgende FrauenKunstPädagogik-Tagung 1997 mit dem Motto »Kunst und Neue Medien im kunstpädagogischen Diskurs« vor allem Themenbereichen, die zunächst nicht unmittelbar die Genderfrage betrafen.

Die »Auflösung feministischer Fragen im ästhetischen Diskurs« scheint inzwischen weit voran geschritten zu sein, obwohl die Geschlechtsunterschiede in praktisch allen kunstpädagogischen Tätigkeitsbereichen durchaus noch genauso virulent sind.

3.5 Kunstpädagogik im Zeichen der digitalen Medien

Durch die Verbreitung neuer Technologien kann die Kunstpädagogik unmittelbar beeinflusst werden. Historisch zeigte sich dies im Zuge des Konzepts ›Visuelle Kommunikation‹ zu Beginn der Siebzigerjahre des 20. Jahrhunderts (vgl. Kap. 2.10), als die damals ersten Videokameras und Videorecorder in den Kunstunterricht Einzug hielten. Fernsehen und Videotechnik waren die ›Neuen Medien‹, auch der Fotoapparat und die 8 mm-Schmalfilm-Kamera in Schülerinnen- und Schülerhänden gehörten hierzu. Heute bezeichnet man mit dem Schlagwort ›Neue Medien‹ den Computer und all die in ihn integrierte Hardware bzw. an ihn angeschlossenen Peripheriegeräte sowie die Programme, die die Aufnahme, Bearbeitung und Nutzung digitalisierter Informationen ermöglichen. Bilder, Texte, Töne, virtuelle Bewegungsdarstellungen basieren auf digitalen elektronischen Codes; sie werden erst in ihrer Erscheinung durch die Ausgabe, etwa auf dem Monitor, im Lautsprecher oder im Drucker, zu Bildern, Texten, Tönen oder Bewegungen. Dadurch, dass die digitale Information sehr kompakt gespeichert und in großen Mengen global transferiert, abgerufen sowie verändert werden kann, sind alle Kommunikations- und Gestaltungsbereiche von Umwälzungen geprägt, deren Auswirkungen auf ein Fach, das sich auf visuelle Phänomene bezieht, zentral sind.

Betrachtet man die Spezifik digitaler Medien genauer, dann wird schnell deutlich, dass es sich hier nicht lediglich um Mittel oder Werkzeuge handelt, die sich etwa an die Funktionen althergebrachter Kommunikations-, Gestaltungs- und Wissensmedien – etwa an die Schreibmaschine oder den Deckfarbkasten – anlehnen. Die Digitalität eröffnet völlig neue Kommunikations-, Gestaltungs- und Wissensformen. Ein Beispiel für die Charakteristik des Digitalen ist der rezeptive und produktive, der intuitive und reflektierte Umgang mit Hypertext. Eine neue Kulturtechnik wie der Hypertext verändert Wissensaneignung, Kommunikations- und Lernformen bis hin zu Denk- und Handlungsprozessen. Sie ist deshalb kunstpädagogisch zu beachten, sie ist einsetzbar und nutzbar zu machen.

Glaubten viele Kunstlehrende in der Schule vor wenigen Jahren noch, die Entwicklung verlaufe so langsam, dass sie sie selber nicht mehr betreffe, so ist ihnen inzwischen – da beispielsweise alle Schulen an das Internet angeschlossen sind – ihre Verpflichtung zur Erkundung des Digitalen einsichtig. Dies gilt insbesondere angesichts der Tatsache, dass die digitalen Medien die ästhetischen Erfahrungs- und Weltzugangsweisen der Schülerinnen und Schüler immer einschneidender prägen (Kirschenmann 2003, S. 73ff.).

Betrachtet man den Einsatz digitaler Medien aus Sicht der bildenden Kunst, dann wird ebenfalls deutlich, dass sich Kunstpädagogik mit diesem Phänomen beschäftigen muss, denn digitale Gestaltungsformen werden bereits vielfältig in der Gegenwartskunst genutzt. Nicht nur im Karlsruher ›Zentrum für Kunst und Medientechnologie‹ (http://www.zkm.de) sind Formen interaktiver Medieninstallationen kennen zu lernen, sondern inzwischen auch in fast allen Sammlungen und Ausstellungen zeitgenössischer Kunst. Angehörige der künstlerischen Avantgarde waren in der Moderne häufig bestrebt, die Integration von Kunst und Medien experimentell zu erforschen und sich an neuen medial-ästhetischen Ausdrucksformen und Wirklichkeitsaspekten zu versuchen. Der gesamte Bereich der künstlerischen Fotografie hat inzwischen durch die Digitalisierung der Bilder massive Umwälzungen erfahren – ganz abgesehen vom neuen Genre der elektronischen visuellen Kunst im Zeichen der Erweiterung des Kunstbegriffs, wie sie etwa alljährlich auf der ›ars electronica‹ (http://www.aec.at) präsentiert wird. Das neue Genre ›Netzkunst‹ ist entstanden (http://www.thing.net; http://adaweb.walkerart.org; http://www.rhizome.org); künstlerische Ausdrucksformen, die nur im Internet vorstellbar sind und funktionieren, in denen mit den Mitteln des Internet experimentiert wird und die den intermediären Raum zwischen Realität und Virtualität oft interaktiv und auch subversiv ausloten, häufig um Wahrnehmungsgewohnheiten zu stören und zu hinterfragen (Burkhardt 2007).

Kennzeichen vieler kunstpädagogischer Veröffentlichungen zum Thema ist der Versuch, digitale Technologie, Medientheorie, Kunstwissenschaft, Fachdidaktik und die Dokumentation kunstpädagogischer Praxisprojekte miteinander zu verknüpfen.

Abb. 16: Kinder am Computer (Foto: Georg Peez).

Einige der Ansätze beziehen sich in ihren Wurzeln auf die Spielpädagogik und die kulturelle Kinder- und Jugendarbeit (Zacharias 2000), andere setzen am schulischen Kunstunterricht an (Kunst+Unterricht 230/231 1999; Kunst+Unterricht 257/2001 und 262/2002; Kirschenmann/Peez 2004), oder sie beziehen sich auf außerschulische Felder (Institut für Bildung und Kultur: http://www.ibk-kultur.de; Kulturelle Erwachsenenbildung: Thiedeke 2000a und b; http://www.cyberscape.de). Wieder andere knüpfen vorwiegend an die ästhetiktheoretische Diskussion an (Maset 1999), oder sie basieren in ihren Ausführungen auf den spezifischen Merkmalen des hypertextuell strukturierten Mediums (http://mms.uni-hamburg.de/meyer/index.php; Meyer 2002). Ferner spielt der Ansatz in Bezug auf die digitale Kinderzeichnung eine wichtige Rolle in einem genuin kunstpädagogischen Forschungsfeld (Mohr 2005) (vgl. Kap. 7.4). Eine zentrale Stellung in diesem Prozess der innovativen und zugleich wissenschaftlich begleiteten Integration des Digitalen in die Kunstpädagogik nahm das Bund-Länder-Programm für Bildungsforschung und Forschungsförderung »Kulturelle Bildung im Medienzeitalter« ein (http://www.kubim.de). In vielen beachtenswerten Modellprojekten von der Primarstufe über die außerschulische Kulturpädagogik bis zur Hochschule wurden bundesweit Möglichkeiten erkundet, ästhetische Bildung mittels digitaler Medien zu fördern (http://www.netzspannung.org).

Viele Kunstpädagoginnen und Kunstpädagogen sahen ihr Fach lange Zeit als sinnlich-ästhetisches Refugium außerhalb des Technisch-Digitalen an und bauten zum großen Teil auf die auch kompensatorischen (vgl. Kap. 3.1) Primärerfahrungen aus erster Hand. Doch ein Rückzug auf die Primärerfahrungen ließe vor allem die Heranwachsenden mit ihrer Faszination für den Computer und die hiermit verbundenen Medienangebote alleine. Er würde kontraproduktiv wirken, weil er gerade jene Entwicklung ignoriert, auf die gestaltend Einfluss genommen werden könnte. Henning Freiberg spitzt zukünftigen Kunstunterricht auf eine ›Doppelstrategie‹ zu: Es komme darauf an, die kompensatorischen Anteile der Kunstpädagogik (vgl. Kap. 3.1) zu pflegen und zugleich eine aktive und kritische Praxis mit den digitalen Medien zu fördern. »Diese Doppelstrategie des Aufgreifens medial bedingter Defizite in der ästhetischen Sozialisation und der Entwicklung von Medienkompetenz schützt vor blindem Medienoptimismus ebenso wie vor nostalgisch gefärbter Bewahrpädagogik« (Freiberg 1998, S. 16). Bei dieser Zuspitzung der fachlichen Ziele auf die Kategorien ›Medienkompetenz‹ und ›Kompensation von Defiziten‹, wie Freiberg dies tut, drohen allerdings bisher wichtige Fachidentität stiftende Inhalte und Bezüge der Kunstpädagogik verloren zu gehen, z.B. die Behandlung des Gegenstandsbereichs traditioneller Kunst (vgl. Kap. 4.3 und 6.4). Hinter Freibergs Vorschlägen steht auch der Versuch, einem von Reduzierungen in der Stundentafel der Schule bedrohten Fach neue Legitimationsgrundlagen zu geben, denn für Bildungspolitik ist ›Medienkompetenz‹ derzeit ein zentrales Thema (vgl. Kap. 2.14).

In der vor allem schulischen Kunstunterrichtspraxis zeigen sich inzwischen zwei pragmatische Schwerpunktsetzungen in den Bereichen »Werkzeug« und »Medium«: (1) Wird der Werkzeugcharakter des Computers und seiner digitalen Peripheriegeräte, wie Scanner, Drucker, Beamer oder Digitalkamera in den Mittelpunkt gestellt, dann stehen Fragen der technischen Nutzung und unterrichtspraktischen Realisierung von Gestaltungsideen und -projekten im Vordergrund (zurzeit hauptsächlich in den Bereichen digitale Bildbearbeitung, Grafikerstellung, Computeranimation, Bild-Text-Verarbeitung (DTP), Darstellung von Körpern und Räumen (CAD-Simulationen) und interaktive multimediale Präsentation). (2) Wird der Computer bzw. werden die digitalen Medien mit ihren spezifisch medialen Charakteristika fokussiert, dann stehen Reflexionen über das Medium als Medium im Blickpunkt; im Sinne des anerkannten Diktums, dass das Medium nicht nur die Botschaften verändert, sondern die Botschaft ist (Kirschenmann/Peez 2004).

Das Spektrum des Faches erweitert sich, ohne dass zugleich bisherige Bereiche begründet ausgeblendet werden sollten. Wie allerdings ein solches Plädoyer für Vielfalt bei steter Reduktion der Unterrichtsstunden für das Schulfach ›Kunst‹ praktisch einzulösen ist, bleibt in der fachdidaktischen Diskussion offen. Eine teilweise Verlagerung von Aufgaben in außer- und nachschulische Bereiche ist kaum zu umgehen. Sicher ist, dass sich die Anforderungen an die Kompetenzen der Kunstlehrenden im theoretischen und praktischen Umgang mit dem Digitalen weiter erhöhen. Auch wenn der Computer zukünftig keinesfalls in jeder Kunstunterrichtseinheit eingesetzt wird – weil im Kontext von Kunstunterricht ästhetische Erfahrung (vgl. Kap. 1.3) und Wahrnehmung auf sehr unterschiedliche Weisen erkundet, eingeübt und geschult werden können –, so wird seine ›Hintergrundpräsenz‹ doch stets dominanter.

Aus Sicht der Kunstpädagogik ist ein adäquater Arbeitsraum zu schaffen, in dem die digitalen Medien und ihre Rolle, die sie in fast allen visuell wahrnehmbaren und gestaltbaren Lebensbereichen spielen, in Bezug auf Kunstunterricht wenigstens vorläufig positioniert werden können. Wie ein solcher Raum ganz praktisch aussehen kann, wurde in dem dreijährigen Modellversuch »Multisensueller Kunstunterricht unter Einbeziehung der Computertechnologie« (2000–2003) (http://www.muse-computer.de oder http://www.muse-forschung.de) im Rahmen des Bund-Länder-Programmes »Kulturelle Bildung im Medienzeitalter« (http://www.kubim.de) erkundet. Hier wurde etwa das Setting eines ›kunstpraktischen Werkraums im digitalen Zeitalter‹ erprobt, in dem Computerarbeitsplätze Arbeitsplätzen für materialbezogenes bildnerisches Arbeiten zugeordnet sind. Den Schnittstellen zwischen Realität und Virtualität – also den Verbindungen zwischen Computer und Peripheriegeräten – kam innerhalb dieses Modellprojekts eine große Bedeutung zu; Absicht war, sie in diesem Raumsetting produktiv, kreativ und innovativ zu nutzen. Eine Vielfalt kunstpädagogischer Zugangsweisen bleibt gewahrt.

Als ein zentrales und das Fach verbindendes Merkmal ist in Kapitel 1.3 der Bezug auf die ästhetische Erfahrung herausgearbeitet. Zielperspektive der Kunstpädagogik sowie im engeren Verständnis des Unterrichtsfaches ›Kunst‹ ist die Ausbildung und Erweiterung der ästhetischer Erfahrungsmöglichkeiten – rezeptiv und produktiv, unmittelbar sinnlich und reflexiv –, und zwar vornehmlich mit künstlerischen bzw. bildnerisch-visuellen Mitteln. Demgemäß müsste innerhalb kunstpädagogischer Forschung und Praxis vor allem empirisch überprüft werden, inwieweit ästhetische Erfahrungen am Computer bzw. mit den digitalen Medien möglich sind. Hinweise dafür gibt die kunstpädagogische Literatur: **Ästhetische Erfahrungen im Umgang mit elektronischen (Bild-) Medien sind beobachtbar (Peez 2005).** Exemplarisch hierfür mögen zwei Phänomene angeführt werden: das Zapping und die Immersion.

Zapping ist nicht der zufällige, beiläufige Programmwechsel vor dem Fernseher mittels der Fernbedienung, sondern das intensive »Betreiben des Hin- und Herspringens auf den Programmtastaturen, so dass keine zusammenhängenden Bildsequenzen, keine Szenenabfolgen und sinnvolle Darbietungen mehr in das Auge gelangen. Lediglich: Splitter, Fetzen, Farbreize, Lichtblitze« (Zepf 1991, S. 166). Die Kunstpädagogin Irmgard Zepf beschreibt ein Phänomen jugendlichen Mediengebrauchs, das inzwischen nicht mehr nur für das Fernsehen gilt. Mit fast allen elektronischen Medien kann gezappt werden. Hier geht es um eine ganz andere ›Bilderpraktik‹, eine Befreiung von konventionellen Rezeptionsformen, um Subversivität, um Strategien eines autonomen Mediengebrauchs, die auch in der Kunst angewendet werden.

Mit Immersion bezeichnet man das Eintauchen in ein anderes Medium, das durch einen intensiven interaktiven Gebrauch des Computers ermöglicht werden kann. »Das Prinzip der Interaktion erlaubt unterschiedliche Stufen der Immersion des Betrachters. Man ist mit einem abgespaltenen Teil des Selbst, das sich in unterschiedlichen bildlichen Repräsentationen äußern kann, im Medium anwesend. Am spektakulärsten ist die totale Immersion im Cyberspace, der Eintritt in das Medium« (Richard 1998, S. 33). Kinder erleben das nicht zuletzt durch den ästhetischen Schein virtueller Welten ausgelöste Immersionsphänomen häufig bei Computerspielen am eigenen Leibe, sie sind im Spiel ›versunken‹ (Kirschenmann/Peez 2004, S. 159). Der Grad intrinsischen Versunkenseins in einer Tätigkeit kann zudem als ein Indiz für die Intensität einer ästhetischen Erfahrung (vgl. Kap. 1.3) gelten.

Ermöglicht der Gebrauch digitaler Medien ästhetische Erfahrungen, beispielsweise durch Zapping oder Immersion, dann ist mit dem Computer und seinen Peripheriegeräten fachdidaktisch entsprechend umzugehen wie mit anderen bildnerischen Mitteln und ästhetischen Lebensweltaspekten, die zum Repertoire des Kunstunterrichts gehören (vgl. Kap. 4).

Welche spezifischen Möglichkeiten und Verfahren Digitalisierung und Hypertext bzw. Hypermedia für Kunstpädagoginnen und Kunstpädagogen zur Verfügung stellen, um die Gegenstandsbereiche der Kunstpädagogik vermitteln zu können, ist hiermit lediglich unter einigen aktuellen Gesichtspunkten skizziert. Die didaktische Grundhaltung, mit der Kunstpädagogik an das Digitale herangehen sollte, ist eine fachspezifische (vgl. Kap. 1 und 2), aufgeschlossene, häufig spielerische, kritisch-hinterfragende und durchaus eine gegenüber der Technik wie auch der Kunst experimentelle und ›respektlose‹.

3.6 Mapping/Kartierung

Die Kunstpädagogik nutzt in den letzten Jahren verstärkt Verfahren, die unter den meist synonym verwendeten Bezeichnungen »Mapping« und/oder »Kartierung« diskutiert werden (»Kunst+Unterricht« 285 u. 286/2004; Busse 2007; zur Differenzierung: Heil 2007, S. 107ff.). Mapping und Kartierung werden als Methoden der Erkenntnisgewinnung, Gestaltung und Präsentation sowohl in der Kunst als auch in den Wissenschaften genutzt. Zugleich ist Mapping im weitesten Sinne ein Verfahren, das im Alltag (Aufzeichnung von Ideen im Mindmap oder im Tagebuch) wie auch als kreative Technik in der Pädagogik (Brainstorming oder Portfolio) eine Rolle spielt. Der zentrale Punkt des Mappings ist die Visualisierung von assoziativen Bezügen zwischen unterschiedlichsten Phänomenen – etwa Sachverhalten, Gedanken, Orten, Zitaten, Bildern – mit der Hoffnung, dass sich im Kartieren selbst diese Bezüge klären bzw. eine greifbare neue Form erhalten. Das Ergebnis eines solchen Mapping-Prozesses nennt man »Atlas«. Im herkömmlichen Atlas wird die Welt bzw. werden Ausschnitte von Welt mittels Landkarten dargestellt. Bei dieser Darstellung finden Transformationen der Weltaspekte statt, Reduzierungen und Veränderungen. Das, was wir beim Durchblättern in einem solchen Atlas sehen, ist selbstverständlich nicht die Welt an sich. Und doch ›erkennen‹ wir die Welt anhand dieser Karten wieder, wichtige Aspekte werden uns beim Betrachten klarer.

So verhält es sich auch mit Formen des Kartierens in der Kunst. Der Maler Gerhard Richter präsentierte beispielsweise auf der »documenta 10« 1997 in Kassel Teile seiner umfangreichen Sammlung an Bildvorlagen, Ideenskizzen, Zeitungsausschnitten, Farbstudien, Polaroid-Fotos usw. an den Wänden eines Raumes. Hierbei gewährte er Einblick in sein Ideen-Arsenal aus fast vier Jahrzehnten; er schuf eine große Collage, einen »Atlas«. Die Betrachter konnten unterschiedliche assoziative Verbindungen zwischen den Exponaten knüpfen. Viele Künstlerinnen und Künstler kartieren gegenwärtig, etwa mittels Fotografie, in der Landart, in Raum-Installationen, bei Formen der intermedialen Spurensuche, in der Performance-Art (vgl. Kap. 3.3) oder beim Erstellen von Hypertext-Strukturen im Internet (vgl. Kap. 3.5).

Aber auch Kindern ist das Mapping keinesfalls fremd. Jedes Kind hat alle möglichen kleineren oder größeren Sammlungen, z.B. von Stickern, Spielzeugautos, Dinos, Stofftieren, aber auch von besonderen Steinen, Muscheln, Schneckenhäusern und Kuriositäten. Kinder ordnen ihre Sammlungen auf dem Regal, in der Zimmerecke, im Album immer wieder neu um. Dies klärt die Bedeutung der meist stark emotional besetzten Dinge, deren

Verhältnis zueinander und auch die eigenen Beziehungen zu diesen.

In den Wissenschaften werden ebenfalls Methoden des Kartierens verwendet. Für die Geografie liegt dies auf der Hand. Und jedes Museum ist eigentlich ein großer Atlas. Neben den Natur-, Sozialwissenschaften und der Ethnologie (Völkerkunde) wird in der Kunstwissenschaft kartiert. Bahnbrechend sind die Forschungen des Hamburger Gelehrten Aby Warburg (1866–1929), der jahrelang an seinem Bilderatlas »Mnemosyne« arbeitete (Mnemosyne ist in der griech. Mythologie die Schutzgöttin des Gedächtnisses). Hierbei handelt es sich um die Zusammenstellung von Bild-Montagen aus einem Fundus von ca. 2000 unterschiedlichsten kunstgeschichtlichen Abbildungen mit dem Ziel, das soziale und kulturelle Gedächtnis der Menschheit über Zeit- und Kulturgrenzen hinweg zu erkunden. Das Besondere hieran war und ist, dass wissenschaftliche Erkenntnis primär mit visuellen Mitteln erzielt wird.

Was bedeutet dies konkret auf den Kunstunterricht bezogen? Die Beschäftigung mit einem Bild der Kunstgeschichte kann angelehnt an die Methode Warburgs erfolgen: Man klebt die Reproduktion eines Kunstwerks in die Mitte eines großen Papierbogens und sucht dann z.B. in Zeitschriften, Fotoalben oder im Internet nach Bildern, die assoziativ zum Kunstwerk passen. Nach dieser Sammelphase werden die gefundenen Ausschnitte sortiert (etwa thematisch, ikonografisch oder nach formalen Merkmalen). In dieser gruppierten Form werden die Ausschnitte dann um die Reproduktion des Kunstwerks herum aufgeklebt. Ein Bild wird mittels anderer Bilder ausgelegt. Bildung geschieht hier unmittelbar durch Bilder (vgl. Kap. 2.12 u. 2.14). Visuelle Kompetenz und ästhetische Literalität (Lesefähigkeit) können durch solche »Bildumgangsspiele« (Busse 2004) gefördert werden. Viele Schülerinnen und Schüler finden auf diesem Wege einen angemessenen Zugang zu Bildern der Kunstgeschichte (vgl. Kap. 4.3 u. 6.4). Die gesammelten Erfahrungen kann man dann in Worte fassen. Aber die Handlungsweisen des Kartierens und Mappings lassen sich keinesfalls nur auf die Bildrezeption anwenden, sondern auf alle Bereiche des Kunstunterrichts. Denn zu allen Themen des Kunstunterrichts lassen sich Sammlungen anlegen, diese lassen sich kartierend zusammenstellen;

über sie kann man auch schriftlich reflektieren. Alle gegenwärtigen kunstpädagogischen Strömungen bedienen sich dieser Methode (vgl. Kap. 2.14–2.16).

4 Bildnerisch-ästhetische Praxis und Rezeption

Fraglos schließt Kunstpädagogik Verfahren der Rezeption, d.h. des Betrachtens von ästhetischen Objekten, von bildnerischen Werken ein (vgl. Kap. 4.3), doch ist das eigene bildnerische Tun, das Machen und Herstellen für viele der zentrale und auch attraktivste Teil des Kunstunterrichts. Das eigene ›Machen aus Spaß an der Freude‹ kann jedoch keine Legitimation für kunstpädagogisches Handeln sein.

Um Missverständnisse zu vermeiden, besteht im Fach weitgehend Einigkeit darüber, dass die Bezeichnung ›künstlerische Praxis‹ für Aktivitäten der professionellen, spezialisierten Gruppe der Künstlerinnen und Künstler reserviert ist, während die Bezeichnung ›ästhetische Praxis‹ – noch genauer ›bildnerisch-ästhetische Praxis‹ – für Aktivitäten von Kindern, Heranwachsenden oder erwachsenen Laien benutzt wird. Bildnerisch-ästhetische Praxis enthält im Sinne von materiell-gegenständlicher Praxis weitergefasst auch Tätigkeiten, wie beispielsweise Spielaktionen, die Organisation von Ausstellungen, das Schminken oder das Anlegen von Sammlungen (real oder virtuell), Schmieren, Malen, Modellieren, Zeichnen, Bauen, Drucken, Sprayen, Sammeln, Zappen, Fotografieren und das Zerstören bzw. Löschen. Diese Praxisformen sind kein Ausnahmeverhalten, sondern sie gehören zum allgemeinen Aktionspotenzial in unserer Gesellschaft. Gerade Kinder und Jugendliche schöpfen diese Potenziale spielerisch und neugierig aus, denn mit ihnen kann die Welt entdeckt und das Ich erprobt werden.

Von speziell kunstpädagogischem Interesse ist die bildnerisch-ästhetische Praxis dann, wenn sie sich in Erfahrungs-, Lern-, Erkenntnis- und Vermittlungsprozesse einbinden lässt, was in der Regel ein bewusstes, reflektiertes Gestalten ästhetischer Objekte und Prozesse beinhaltet. Kunstpädagogisch Tätige machen sich Gedanken darüber, wie eine solche Einbindung vonstatten gehen kann, wie sie zu fördern und wie sie zu begründen ist (Grünewald 1998). In der Fachgeschichte wurden auf der Basis von verschiedenen Begründungsansätzen für ästhetisch-bildnerische Praxis extrem konträre Positionen vertreten: von einem freien, uneingeschränkten Wachsenlassen, über die Konzentration auf technisch-handwerkliche Fertigkeiten bis hin zur Überfrachtung mit Inhalten bei der Vernachlässigung bildnerisch-formaler Aspekte (vgl. Kap. 2).

Nicht auf jede bildnerisch-ästhetische Praxis kann in diesem Kapitel eingegangen werden; lediglich das Zeichnen sowie das Arbeiten mit Ton werden in ihren verschiedenen Facetten exemplarisch eingegrenzt und in ihrer kunstpädagogischen Bedeutung besprochen. An anderer Stelle ist die ästhetisch-bildnerische Praxis mit dem Computer behandelt (vgl. Kap. 3.5).

4.1 Von der Bewegungsspur zum Zeichnen

Die bildnerisch-ästhetische Praxis des Zeichnens und ihr verwandte (Früh-) Formen sind eine anthropologische Konstante. Zeichnen mit einem verkohlten Stöckchen auf einer Oberfläche wie Holz oder Stein oder das Ritzen von Formen und Mustern in weiches Material und in Sand wurden von Menschen wohl stets betrieben. Vorstufe hiervon könnte das Fühlen und Betasten mit einem oder mehreren Fingern über eine interessante Oberfläche sein (Abbildung 17). Nach Untersuchungen von Verhaltensforschern wenden auch Menschenaffen und Schimpansen diese rudimentären zeichnerischen Grundtätigkeiten an. Die Übergänge von zufälligen und vorbewussten zu bewussten und geplanten Zeichenvorgängen sind beim Menschen als fließend anzusehen; wie etwa bei »Telefonkritzeleien«, Zeichnungen, die beim Telefonieren nebenbei entstehen. Freilich können nur Menschen ihre Erfahrungen gegenständlich oder ungegenständlich symbolisieren. Solche Symbole beruhen auf der Umsetzung und Übertragung, also auf der Reflexion von Wahrgenommenem und Erfahrenem, »sodass eine gewisse Abstraktion im Vergleich zum einfachen biologischen Akt als solchem durchaus vollzogen wird« (Lippe 1987, S. 164), so der Philosoph Rudolf zur Lippe, der sich eingehend mit Phänomenen des ›leibsinn-

Abb. 17: Rembrandt Harmensz van Rijn (1606–1669): Christus lehrend, um 1652, Radierung. Rembrandt stellte auf dieser Radierung ein Christus abgewandtes Kind dar, wie es mit dem Zeigefinger – ähnlich dem Zeichnen – den Boden abtastet.

lichen Ausdrucks« beschäftigte. Im Symbol werden geschichtliche, kulturelle und biografische Erfahrungen und Erkenntnisse umgesetzt und vermittelt. Symbole transzendieren so den Umgang der Menschen mit Materie in ethnische Ordnungen und geschichtliches Wissen (Lippe 1987, S. 170).

Der Beginn der menschlichen Frühformen des Zeichnens liegt im Zusammentreffen einer Bewegungsdynamik mit einer Oberfläche, die diese Dynamik festhält (Widlöcher 1965, S. 30; Lippe 1987, S. 223). Beim Schmieren mit Brei (Peez 2006, S. 69ff.), im Sand oder Staub, in dem man durch Kratzen seine Spuren hinterlässt, bilden sich im »fundamentalen graphischen Akt« (Gibson 1973, S. 285) »die ersten Urbilder« (Widlöcher 1965, S. 31). Das Hinterlassen von Spuren auf einer Oberfläche wird ebenfalls in der Erzählung des italienischen Künstlerbiografen Giorgio Vasari (1511–1574) über den Maler Giotto di Bondone (1266–1337) geschildert: »Als er zehn Jahre alt wurde, gab ihm sein Vater einige Schafe zu hüten, die er auf seinem Grundbesitze da und dort weiden ließ, und weil ihn die Neigung seines Herzens zur Zeichenkunst trieb, vergnügte er sich dabei, auf Steine, Erde und Sand immer etwas nach der Natur, oder was ihm sonst in den Sinn kam, zu zeichnen (...), was ihn niemand gelehrt, sondern, was er nur von der Natur gelernt hatte« (Kemp 1979, S. 24). Diese Schilderung ist wohl weniger eine Erzählung realer historischer Ereignisse als eine Umschreibung des Konflikts zwischen Kunst und Pädagogik: Wahre Kunst braucht die Lehre nicht, sie entwickelt sich zumindest in ihren Anfängen autonom. Für diese Autonomie steht als Metapher die Ritzzeichnung eines Kindes mittels Naturmaterialien.

Der Kunsthistoriker Wolfgang Kemp nennt das Zeichnen die »vielleicht freieste, unbestimmteste Tätigkeit, die der Mensch mit der Hand ausübt« (Kemp 1979, S. 7). Und er stellt fest, dass von allen bildkünstlerischen Praktiken das »Zeichnen am weitesten der Auseinandersetzung mit der Materie enthoben ist« (Kemp 1979, S. 7). Zeichnen ist zweifellos eine sehr universelle Tätigkeit: Bewegt ein Kleinkind etwa eine Wachsmalkreide auf Papier bzw. auf einer Fläche, so wird eine Bewegungsspur, eine Zeichnung sichtbar. Gleiches gilt für andere Zeichenmaterialien, auch beispielsweise für die Maus eines Computers, in dem ein Zeichenprogramm aufgerufen ist: Auf dem Monitor erscheint die Bewegungsspur. Diese Charakteristika können als Indizien dafür gelten, dass alle Menschen vielleicht schon immer zeichneten. Zeichnen im engeren Sinne ist freilich an Zeichenmaterialien wie Tintenfeder oder Bleistift gebunden, deren Verfügbarkeit für viele Menschen in unserem Kulturkreis erst seit wesentlich weniger als zwei Jahrhunderten gegeben ist. Diese Zeichenmaterialien wurden zudem primär für das Schreiben genutzt und erst in zweiter Linie für den grafisch-bildlichen Ausdruck (vgl. Kap. 2.1). Doch Kinder zeichnen lange, bevor sie Schreiben lernen. Ritzen, Schreiben und Gravieren liegen nahe beieinander. Der griechische Wortstamm des Begriffs ›Grafik‹ bedeutet in erste Linie ›ritzen, eingraben‹, aber auch ›schreiben‹. (Der Entwicklung zeichnerischen Ausdrucks wird in Kap. 7.4 nachgegangen.)

Zwar wird hier das ›Zeichnen‹ exemplarisch und separat erörtert, aus anthropologischer Sicht ist jedoch nicht von streng getrennten bildnerischen Verfahren auszugehen. Wie fließend die Verbindungen zwischen beispielsweise dem Zeichnen, dem Malen und dem plastischen Arbeiten sind, belegen nicht nur moderne und aktuelle künstlerische Ausdrucksweisen – z.b. des Expressionisten Ernst Ludwig Kirchner (1880–1938), des Pop-Art-Künstlers Robert Rauschenberg (*1925) oder der Zeitgenossin Rosemarie Trockel (*1952) –, sondern auch die Erscheinungsformen der so genannten Höhlenmalerei: Oft sind die dargestellten Tiere mit einer Kontur gezeichnet. Natürliche Vorsprünge im Felsen, die bei den Menschen des späten Paläolithikums vor ca. 17 000 Jahren Assoziationen zu Tierkörpern hervorriefen, wurden genutzt, um die Tiere der Höhlenmalerei reliefartig darzustellen. Aus Schlamm und Lehm auf dem Höhlenboden wurden plastische Tierdarstellungen geformt, in die wiederum hineingeritzt wurde. Enge Beziehungen zwischen plastischem Arbeiten, Ritzzeichnungen und Malen lassen sich auch bei der griechisch-antiken Vasengestaltung nachweisen. Dies führt zur zweiten, hier kurz exemplarisch behandelten ästhetisch-bildnerischen Praxis, dem Formen und Gestalten mit Ton.

4.2 Formen und Gestalten mit Ton

Im Gegensatz zum Zeichnen als einer von den benutzten Materialien her gesehen sehr vielfältigen, offenen ästhetisch-bildnerischen Praxis ist das Arbeiten mit Ton vom Material her festgelegt – sieht man einmal ab von den unterschiedlichen Tonsorten und -farben, wie beispielsweise rotem Ton oder magerem Ton mit Schamottanteil. Trotzdem ist das Formen mit Ton ebenfalls im oben umrissenen Sinne als eine freie, wenig festgelegte bildnerische Tätigkeit anzusehen. Hierfür sind mehrere Faktoren maßgeblich.

Ton ist ein amorphe Masse, die unterschiedlichste Verarbeitungsweisen erlaubt. Dies führt aber auch dazu, dass Ton vieles mit sich machen lässt, »was die Produkte seines Genres oft bis zum Überdruß beweisen« (Selle 1988, S. 108). Ton setzt im Vergleich zu anderen Materialien im plastischen Bereich den formenden Händen wenig Widerstand entgegen, er ist von jedem leicht zu bearbeiten. Nicht zuletzt hierdurch ist Ton zum Teil ›in Verruf‹ gekommen, er wird in der zeitgenössischen, avantgardistischen Kunst nur selten verwendet. Von diesem Umstand ist sein Stellenwert für den Kunstunterricht allerdings ungetrübt (vgl. »Kunst+Unterricht« Themenhefte »Plastisches Gestalten« 248 u. 249/2000; »Ton« 300 u. 301/2006). Hier mag das Legitimationsprimat für den Einsatz von Ton stärker auf der pädagogisch-anthropologischen Seite liegen als im künstlerischen Bereich, obwohl Ton kunst- und kulturgeschichtlich zweifellos von zentraler Bedeutung ist und auch obwohl sich innovative kunstpädagogische Projekte im Umgang mit Ton und mit künstlerischem Anspruch durchaus finden lassen (z.B. Selle 1988, S. 108ff.).

Fiel oben beim Kratzen in Sand oder Staub der Begriff der ›ersten Urbilder‹, so spricht der Kunstpädagoge Gert Selle von »kleinen ›Urplastiken‹« (Selle 1988, S. 109), die durch den zur Faust ausgeführten Pressgriff auf eine Hand voll Ton entstehen. Hierdurch ist die Grunderfahrung gemacht, dass Pressen als körperlicher Kraftaufwand im Rahmen einer bestimmten Geste in Bezug zu einem bestimmten Material schon im Keim einen rudimentären Gestaltungsakt enthält. Ähnlich wie beim Zeichnen hinterlässt dieser erkundende und tastende Zugriff bereits eine Veränderung in der plastischen Form. Doch im Gegensatz zum Zeichnen, bei dem sich ein Werkzeug zwischen Hand und Zeichnung befindet, wird durch die sensitive Unmittelbarkeit in der Handhabung von Ton häufig auch in diesem Zusammenhang vom ›Denken mit der Hand‹ gesprochen. Die instrumentelle sowie die fühlend-tastende Verwendung der Hände sind im Bearbeiten von Ton kaum zu trennen; die Hände sind Ausdrucksorgan und zugleich ›selbstständiges Erkenntnisorgan‹.

Auf die spezifische Bedeutung des Tastsinns für die Ausbildung der menschlichen kognitiven Entwicklung wurde innerhalb der Kunstpädagogik vielfach eingegangen, meist auf Untersuchungen des Entwicklungspsychologen Jean Piaget beruhend (vgl. Kap. 3.1). Indizien für diese Wechselbeziehungen zwischen Machen und Denken finden sich nicht nur in psychologischen Untersuchungen, sondern auch in unserer Sprache. Denn viele Verben für kognitive Vorgänge sind metaphorischen Ursprungs und verweisen auf die Bezüge zwischen der Hand als ›Erkenntnisorgan‹ und dem Denken: erfassen, begreifen, verknüpfen, behandeln, behalten – um nur einige zu nennen.

Die Beweglichkeit der Hand, ihre Handlungsfähigkeit im wörtlichen Sinne sowie ihr Differenzierungsvermögen im Tasten und Formen entwickeln sich beim Kind zwar von selbst, diese Faktoren lassen sich jedoch innerhalb der individuellen kognitiven und sensitiven Entwicklung auch fördern und verfeinern. Hier setzt Kunstpädagogik an, und hier werden Bezüge zum Kunsttherapeutischen, zumindest zu kompensatorischen Aspekten ästhetisch-bildnerischer Praxis, offenbar. Kompensation ist in diesem Zusammenhang als Ausgleich oder Entlastung zu verstehen, indem Materialien eingesetzt werden, die ›regressive Verfahren‹, wie Matschen oder Schmieren ermöglichen, die Teil einer frühkindlichen Entwicklungsstufe sind, dort aber in unserer Gesellschaft häufig nicht in ausreichendem Maße angewendet werden. Solche triebdynamischen, emotionalen und sinnlichen Erfahrungsanteile können und sollten in späteren Entwicklungsphasen zumindest teilweise nachvollzogen werden, da sie ja die Basis für höher strukturierte Wahrnehmungs- und Erkenntnisprozesse bilden (vgl. Kap. 3.1; Wichelhaus 2006).

In Zeiten der vermehrten Virtualisierung vieler Handlungsvollzüge im heutigen Alltag und angesichts vielfältiger digitaler Kommunikationsoptionen (vgl. Kap. 3.5) bleibt die Hand – zumindest bislang – auch in Bezug auf die elektronischen Medien Bedingung unseres Handelns. Trotz der fortschreitenden Spracherkennung durch Computer werden Finger und Hände weiterhin die Maus und die Tastatur des Rechners bedienen oder Funktionstasten der Videokamera drücken. Fühlen und Begreifen stehen für die Eigensinnigkeit und Souveränität unseres Leibes und für unsere Individualität. Inmitten einer elektronisch beeinflussten Welt lässt sich diese Souveränität gerade mit Materialien wie Ton neu entdecken. Freilich bleibt selbst diese Wiederentdeckung und Neubewertung nicht unbeeinflusst durch die elektronischen Medien. Die Hand verbindet beide ›Weltaspekte‹ – Leiblichkeit und Virtualität – komplementär. Dies zeigt sich beispielhaft in der Entwicklung des Datenhandschuhs, welcher, einmal angezogen und mit dem Computer verbunden, die Bewegungen der menschlichen Hand in digitale Daten umwandelt und dann auf dem Bildschirm in Form eines computergenerierten Greifwerkzeugs wiedergibt. So werden virtuelle Gegenstände auf dem Monitor in spezifischer Weise an-fassbar und be-greifbar.

==Ästhetisch-bildnerische Praxis verbindet über die Hand eine Idee mit dem zu gestaltenden Material.== Durch die Tätigkeit der Hand wird die Idee allerdings nicht einfach auf das Material übertragen. Erst im ›Dialog‹ mit dem Material kann eine Intention mittels des ›Werkzeugs‹ Hand im Prozess der Vergegenständlichung variiert werden. Im Ton und im Umgang mit diesem berührungsintensiven, stark ›dialogischen‹ Werkstoff verbinden sich die vier Elemente Erde, Wasser, Luft und Feuer wie bei keinem anderen bildnerischen Material: Der Ton besteht aus Erde und Wasser, er wird an der Luft getrocknet und im Feuer gebrannt (Abbildung 18). Angesichts dieser ›elementaren‹ Bedeutung des Tons ist es nachvollziehbar, dass in vielen Schöpfungsmythen ganz unterschiedlicher Kulturkreise der Mensch aus Ton-Erde vom ›mit der Hand denkenden Schöpfer‹ geformt wurde. Die Erde und das Werkmaterial Ton werden eng mit den Lebenselementen verknüpft. Doch führen diese Aspekte nicht selten dazu, dass wissenschaftlich unhaltbare Aussagen über dieses Material geäußert werden, die ganzheitlich-mystische Anteile enthalten und die an die nebulöse Sprache der ›Musischen Erziehung‹ erinnern (vgl. Kap. 2.7); etwa, dass »Tonformen« »in natürlicher Weise alle Menschen zur schöpferischen Bildekraft« führe, »die in geheimnisvoller Weise im tiefen Seelengrunde ruht« (Hils [5]2000, S. 7).

Ton ist zwar pragmatisch gesehen ein recht preiswertes Material, aber in ungebranntem, getrocknetem Zustand zu brüchig, um über längere Zeit aufbewahrt oder benutzt zu werden. Nur im Brennvorgang findet bei ausreichend hohem Hitzegrad eine chemische, nicht wieder umkehrbare Veränderung in eine gesteinsartige Härtung statt. Durch diese Umwandlung kann das Objekt Jahrtausende hinweg überdauern, wie wir an kulturhistorischen Gegenständen sehen.

Einführungen in das schulische und außerschulische Arbeiten mit Ton finden sich u.a. in Leber 1979 und in den Themenheften »Plastisches Gestalten« der Zeitschrift »Kunst+Unterricht« 248 u. 249/2000 sowie »Ton« 300 u. 301/2006. Die im Gegensatz zur Kinderzeichnung (vgl. Kap. 7.4) sehr vernachlässigte indivi-

Abb. 18: Im Holzbrandofen werden die gut sichtbaren Tonobjekte im hinteren Ofenteil durch die Hitzeentwicklung des Holzfeuers im vorderen Teil des Ofens gebrannt (Foto: Michael Schacht).

dualgeschichtliche Entwicklung bildnerischen Arbeitens mit Ton ist in der Studie »Plastisches Gestalten von Kindern und Jugendlichen« beschrieben (Becker 2003).

4.3 Kunstrezeption/ Begegnung mit Kunstwerken

Kunstwerke der Vergangenheit und Gegenwart sind sehr häufig Bezugspunkte für den Kunstunterricht. Diese äußerst unterschiedlichen Bezugnahmen ziehen sich wie ein roter Faden durch die vorliegende Einführung. Fast in jedem Kapitel geht es auch um die Wahrnehmung von Kunst und das Wissen über diese. Die Bezeichnung ›Kunst‹ ist nicht im engeren Sinne einer traditionell anerkannten Hochkunst auszulegen, sondern unter den Vorzeichen des erweiterten Kunstbegriffs (vgl. Kap. 3.2) sowie selbstverständlich unter der Berücksichtigung der angewandten Bereiche der bildenden Kunst; dies sind u.a. Design, Werbung, Comics, auch Fotos, Musikvideos und Filme, also visuell wahrnehmbare Gestaltung im weitesten Sinne. Dies alles wird in der Kunstpädagogik seit Beginn der 1970er-Jahre unter der Bezeichnung »ästhetische Objekte« (vgl. Kap. 2.10) oder »materielle Kultur« summiert.

Im gerade abgesteckten Sinne lässt sich der Umgang mit Kunst innerhalb der Kunstpädagogik grob in zwei Formen differenzieren: (1) Da ist auf der einen Seite die historische und gegenwärtige Kunst als ›Steinbruch‹. In ihm lassen sich vielfältige Anregungen, Materialbezüge, Techniken und bildnerische Strategien für die eigene bildnerische Tätigkeit finden. Impulse und interessante Ideen können aus diesem Fundus heraus entwickelt werden (vgl. Kap. 6.4). (2) Auf der anderen Seite tut sich das wissenschaftliche Feld der Kunstgeschichte, Kunsttheorie und philosophischen Ästhetik auf. In ihm lernt man die kulturgeschichtlichen Strömungen kennen, die Ideen und Einstellungen hinter den visuell wahrnehmbaren Objekten, die als Kunst firmieren. Hier geht es ferner um Methoden kunst- und bildwissenschaftlicher Forschung (Kirschenmann/Schulz 1999), um Wahrnehmungsverhalten und zugehörige Theorien, wie etwa Farbenlehren. Die Kunstpädagogik gibt auf diese Frage sehr vielfältige Antworten. Sie nutzt kunsthistorische Methoden (ikonologische und ikonografische Analysen), formal-analytische Farb-, Kompositions- und Materialanalysen, hermeneutische (z.B. semiotische oder biografisch-psychologische) Verfahren und auch sozial-historische sowie rezeptionsästhetische Zugänge. Ernst zu nehmende Beiträge zum Diskurs über Kunst können nur auf der Grundlage kunstwissenschaftlich fundierter Inhalte und Methoden erfolgen.

Der erstgenannte, praxisbezogene Bereich dominiert den Kunstunterricht stärker in den Schuljahrgängen bis zur 10. Klassenstufe. Danach werden zunehmend wissenschaftspropädeutische Aspekte eingeübt, nicht zuletzt, weil Kunst mancherorts Abiturfach ist, und in den zugeordneten Prüfungen zählen diese theoretischen, schriftlich fixier- und abfragbaren Aspekte stärker bei der Leistungsbewertung als die praxisorientierten. Dies gilt vor allem auf dem Weg zum Zentralabitur. Aus diesem bild- und kunsttheoretischen, in den Lehrplänen fixierten Anspruch heraus legitimiert sich das Fach stark innerhalb des Fächerkanons der Schule (vgl. Kap. 2.14).

Die Kunstrezeption ist fachdidaktisch durch den ›blinden Fleck‹ der Kunstvermittlung gekennzeichnet: Das, was die Kunst zur Kunst macht, lässt sich zwar einkreisen, aber nicht benennen, es ist kaum reflexiv verfügbar, es muss immer wieder neu erfahren werden (vgl. Kap. 1.2). Hierin liegt eine zentrale Herausforderung, mit der in der Kunstpädagogik inzwischen zielgruppengerecht und kreativ umgegangen wird: Teils immer ausgefallenere Ideen und methodische Ansätze werden angewandt, um Kunst zu vermitteln. Der Dia-Vortrag und die traditionelle Museumsführung (Relikte der Kunstwissenschaft) sind schon lange out (vgl. Kap. 5.2). Es geht darum, mit kunstdidaktischen Anregungen und Impulsen, Kunst und Pädagogik in ein Spannungsverhältnis zueinander zu bringen, in dem den Beteiligten neue Wahrnehmungsweisen und Erfahrungen mit Kunstwerken und ihrer alltäglichen Umwelt ermöglicht werden. Die Kunstdidaktik tritt nicht selten mit einem Kunstanspruch auf. Durch die Vokabeln Irritation, De-Kontexualisierung, Dekonstruktion, Displacement (Brohl 2004), ästhetische Operation (Maset 2004) oder Differenz-Erfahrung lassen sich diese Verfahren allgemein charakterisieren, die nicht ein eingängiges Verstehen zum Ziel haben. Fachdidaktisch geht es um Zugänge, Begegnungen und Hinführungen, nicht um das Aufzeigen eines ›Königsweges der Kunstwerk-Erschließung‹ (vgl. die Themenhefte der Zeitschrift »Kunst+Unterricht« »Dialog mit Kunstwerken in der Primarstufe« 204/1996; »Historische Kunst« 233 und 234/1999; »Assoziative Methoden der Kunstrezeption« 351/2001; »Spielarten der Kunstrezeption« 352/2001; »Atlas« 285/2004). Den letzten entscheidenden Schritt muss immer die Schülerin bzw. der Schüler tun: »Schule und andere Vermittlungsorte können lediglich die Türen zu den Erfahrungsräumen der Kunst aufstoßen. Das Erleben von Kunst und die reflexive

Erkenntnis aus dem Erlebten wird zwar pädagogisch begleitet – letztlich ist die ästhetische Erfahrung jedoch in der subjektiven Nische des Einzelnen angesiedelt.« (Kirchner/Kirschenmann 2004, S. 5). Ziel dieser Form der genuin kunstpädagogischen Kunstbegegnung ist also nicht das Kopieren von Vorbildern, wie dies früher der Fall war (vgl. Kap. 2) und noch heute häufig von einschlägigen Unterrichtsentwürfen vorgeschlagen wird, die sich als Loseblatt-Sammlungen in vielen Lehrerzimmern befinden. Sondern es geht in Auseinandersetzung mit Kunst um die Förderung der ästhetischen Erfahrung, deren subjektiv-emotionale und kognitiv orientierte Strukturmerkmale in Kap. 1.3 zusammengetragen sind.

5 Kunstpädagogik als Beruf – Tätigkeitsbereiche, Praxisfelder, Zielgruppen und Perspektiven

5.1 Schule

Die Schule hat die institutionell gebundene und professionelle Organisation von Lernprozessen zur Aufgabe. Allgemein bildende Schulen und Berufsschulen können so wie alle Schulen – beispielsweise Jugendkunstschulen (vgl. Kap. 5.4) – als Einrichtungen verstanden werden, in denen Aufgaben aus dem alltäglichen Leben zum Zweck des Lernens ausdifferenziert werden. Lernen in Schulen passiert nicht automatisch und mitgängig im Alltag, sondern ist thematisch und zeitlich gebunden sowie pädagogisch-professionell initiiert und betreut. Dieses Lernen erfolgt individuell oder kollektiv. Prototyp von Schule ist die öffentliche, allgemein bildende, staatlich kontrollierte Pflichtschule. Zwar ist Schule für jeden durch die eigenen schulischen Erfahrungen sehr präsent, doch lohnt es sich – emotionale Betroffenheit zurückstellend –, gerade auch in Bezug zum Kunstunterricht über Schule nachzudenken.

Eine häufige Kritik an der allgemein bildenden Schule lautet, dass sie die Erarbeitung von Wissensmengen und -strukturen fördere und fordere, weitgehend fernab der alltäglichen Erfahrungswelt der Schülerinnen und Schüler sowie ohne Berücksichtigung ihrer lebenspraktischen Verwendbarkeit. Das so angeeignete Wissen werde nur oberflächlich ›abgelagert‹ und lasse sich meist nur kurzfristig für Tests und Prüfungen aktivieren. In alltagsnahen Problem- und Anwendungssituationen sei es jedoch kaum zu mobilisieren. Erst die Anwendungsbezogenheit von Problemlösungsprozessen sowie die Handlungsbezogenheit der Lernsituation führe zu größeren Auswirkungen als traditionell schulisches Lehren und Lernen es aufweise. U. a. mit zumindest zeitweiser Projekt- und Werkstattorientierung (vgl. Kap. 6.2 und 6.3) des Unterrichts versucht Schule dieser Kritik zu begegnen. Praxisnahe Modelle zur Änderung von Schule sind Kern eines seit den Zwanzigerjahren des 20. Jahrhunderts reformpädagogisch inspirierten erfahrungs- und handlungsnahen Unterrichts, der sich auch auf aktuelle Ergebnisse der Lern- und Unterrichtspsychologie stützt. Hiergegen wird wiederum argumentiert, dass Schule geradezu auf die Überwindung bloß situativen Lernens und subjektiver Erfahrungsbezüge ziele. »Denn vermittels Institutionalisierung, Methodisierung und letztlich durch gezielte, die Zufälligkeiten von Herkunft und gelebtem Erfahrungszusammenhang egalisierende, situationsenthobene Verkünstlichung des Lernens schottet sich die Schule bewusst ›vom Leben‹ ab und eröffnet sich genau dadurch die Möglichkeit, situatives, lokales, ›lebensnahes‹, alltagsverknüpftes, gebrauchsorientiertes Lernen zu übersteigen« (Terhart 1999, S. 643). Diese institutionelle Trennung vom ›Leben‹ – obwohl Schule ja wichtiger Teil des Lebens von Heranwachsenden ist – kann als eigentliche Stärke von Schule betrachtet werden. In der Schule kann Lernen demnach systematisch, kumulativ, langfristig, explizit und reflexiv erfolgen. In einer ausgleichenden Balance beider Sichtweisen ist die Herausforderung von Schule heute zu verorten. Eine »Didaktik der Vielfalt« thematisiert sowohl die subjektive Erfahrung, aber überschreitet diese auch zugunsten von mehrperspektivischen Rekonstruktionen.

Wenn man kompetentes ästhetisches Verhalten und ästhetische Bildung als gesellschaftlich und individuell bedeutend für Menschen auffasst, so muss eine sich demokratisch verstehende Gesellschaft, die auf dem Postulat des souveränen, mündigen Bürgers gründet, auch garantieren, dass alle ihre Mitglieder die Chance haben, bildnerisch-ästhetische Erfahrungs- und Lernprozesse innerhalb institutionalisierten Lernens zu machen. Flächendeckend kann dies nur das öffentliche, staatliche Schulsystem bieten; und zwar für die Zielgruppe der Kinder und Jugendlichen, die sich noch in der Phase des Aufbaus ihrer Erfahrungspotenziale und Handlungskompetenzen befinden. Die Herausforderung lautet, innerhalb der Schule unter der Wahrung der positiven Aspekte ›wilden‹, situationsbezogenen Lernens ästhetische (Selbst-) Bildungsprozesse anzuregen. In Bezug auf die ›Künstlichkeit‹ von Schule kann die »Anstiftung zu unkonventionellem Handeln, zur pluralen Welterschließung, letztlich zu Erfahrungsprozessen eines vieldimensionalen Ichs (...) nur in

Abb. 19: Digitale Bildbearbeitung am Computer, hier am eigenen Fotoporträt, ist Teil des Lehrplans für den schulischen Kunstunterricht (Foto: Georg Peez).

Situationen der Fremdaufforderung – wie sie z.B. in der Schule möglich sind – stattfinden« (Peters 1996, S. 160). Diese Fremdaufforderungen sind somit auch im Kunstunterricht produktiv nutzbar zu machen (Abbildung 19).

Ein zentrales Merkmal der Schule gegenüber kunstpädagogischen Lern- und Erfahrungsräumen außerhalb der Schule ist die Verpflichtung der Lehrenden zur Notengebung. Die Vergabe von Zensuren im Fach ›Kunst‹ wird in aktuellen Ausführungen zu diesem Problemfeld so begründet, dass niemand ohne Rückmeldung leben könne. Zu einem solchen Feedback gehörten »Stellungnahme, auch Begründung, oft Rückfrage und Kritik« (Kirschenmann/Otto 1998, S. 100f.); gemeint ist also nicht die bloße Zensurziffer. Allerdings eignet sich nicht jede praktisch-bildnerische Aufgabe für die Notengebung. Doch Arbeitsaufträge, bei denen Gelerntes sinnvoll angewendet werden kann und Problemlösungsmöglichkeiten einsichtig entwickelt werden können, sind in besonderer Weise zur Bewertung geeignet (vgl. das Themenheft »Beurteilen und Bewerten« der Zeitschrift »Kunst+Unterricht« 287/2004 sowie Peez 2008). Drei Einflussfaktoren aller Beurteilungen im Fach von der Primarstufe bis zum Leistungskurs in der Gymnasialstufe sind: (1) der individuelle Leistungsfortschritt, (2) die Qualität einer bildnerischen Lösung innerhalb einer altersgleichen Lerngruppe und (3) »das ästhetische Empfinden der Lehrerin und des Lehrers« (Kirschenmann/Otto 1998, S. 101), das einer steten Reflexion bedürfe. Gegenüber solchen fachdidaktischen Überlegungen lauten die Vorgaben etwa der Kultusbürokratien in Baden-Württemberg, Bayern oder Thüringen ganz anders. Mit Blick auf das Zentralabitur und die Verkürzung der Gymnasialzeit von neun auf acht Jahre müssen in Klasse 11 und 12 die Zensuren im Fach zu zwei Dritteln aus schriftlichen Äußerungen der Schülerin bzw. des Schülers hergeleitet sein; meist handelt es sich hierbei um kleinschrittig festgelegte Kunstwerkanalysen.

Kunstlehrerin bzw. Kunstlehrer in der Schule wird man nach dem erfolgreichen Durchlaufen von Studiengängen an Hochschulen: mit dem Abschluss des Ersten Staatsexamens bzw. des Master-Abschlusses sowie des Referendariats, zu beenden mit dem Zweiten Staatsexamen (vgl. Kap. 8.3). Die Studiengänge beziehen sich jeweils auf die angestrebten Schulstufen bzw. Schularten. Durch die in Hamburg bereits vollzogene Faktorisierung der Arbeitszeit von Lehrerinnen und Lehrern kommen auf Kunstlehrende in Zukunft voraussichtlich wesentlich höhere Belastungen zu. D.h. jedes Schulfach wird mit einem Zeitwert versehen, wodurch Kunstlehrende bis zu acht Unterrichtsstunden pro Woche Mehrarbeit leisten müssen. Zudem ist die Existenz des Kunstunterrichts angesichts fortschreitender Stundenreduzierungen stark gefährdet. Das Fach kämpft in der Institution Schule inzwischen um seine Eigenständigkeit und um sein Überleben. Seine teilweise schulstufenbezogene Abschaffung in manchen Bundesländern und in Stadtstaaten scheint bevorzustehen. Zudem zeichnet sich mit der flächendeckenden Einführung der Ganztagsschulen die Entwicklung ab, dass Kunst in den Nachmittagsbereich verlagert und z.T. von kurzzeitig beschäftigten Honorarkräften (z.B. Künstlerinnen und Künstlern) unterrichtet wird. Auch wenn Hoffnungen auf künstlerische Innovationen hiermit verbunden sind, so gerät das Fach hierdurch noch stärker in die Gefahr, in der Schule zum Randfach zu werden. Positionspapiere zur »Notwendigkeit des Schulfaches Kunst« (Zülch

2000) werden zwar als »Argumentationshilfe für die Öffentlichkeitsarbeit« (ebd.) erstellt, sie verhallen im Fach wie auch in der Öffentlichkeit jedoch weitgehend folgenlos.

Eine Thematik spaltet die schulische Kunstpädagogik seit kurzem: Sollen Bildungsstandards für das Fach formuliert werden oder nicht? Bildungsstandards sind normative Vorgaben für die Steuerung pädagogischer Prozesse. Leistungsstandards legen minimale oder maximale Kompetenzen und Wissensbestände fest, die bis zu einem gewissen Punkt der Schullaufbahn zu erreichen sind. Gegen eine Normierung sprechen sich die ›Kunst-Orientierten‹ aus (vgl. Kap. 2.15), denn künstlerische bzw. kunstnahe Prozesse lassen sich nicht normieren, vorher genau definieren oder planen. Diejenigen, die eher von der Pädagogik aus argumentieren, meinen, das Schulfach könne es sich nicht leisten, eine Sonderrolle im Fächerkanon zu spielen. Keine Bildungsstandards hieße gleichzeitig, die Anerkennung als vollwertiges Schulfach zu verlieren. Die Formulierung von Bildungsstandards enthalte die Chance, die Beliebigkeiten im oft fachfremd erteilten Kunstunterricht zu verringern, etwa durch Standards für Lehr- und Lernbedingungen. Eine Qualitätsoffensive in Bezug auf Unterrichtsplanung, Diagnostik und Evaluation könne ausgelöst werden. Die andere Seite entgegnet hierauf, es sei gefährlich, die hinter der Problematik stehende globale Ökonomisierung von Bildung zu ignorieren. Der Organisation für wirtschaftliche Zusammenarbeit und Entwicklung (OECD), die auch die PISA-Studien durchführt, gehe es mittels Normierung und Standardisierung darum, Bildung wirtschaftlichen Werten zu unterwerfen. Im Zuge dieser Entwicklung müsse sich die Kunstpädagogik gegen die Standardisierung von Erfahren und Lernen in und mit Kunst aussprechen (Kirschenmann/Sowa/Schulz 2006, S. 278ff.).

5.2 Museum

Seit der Öffnung der Schatz- und Wunderkammern, der adligen Privatsammlungen für die Öffentlichkeit zu Beginn des 19. Jahrhunderts werden Museen mit einem Bildungsanspruch verbunden. Hierbei ging man zunächst davon aus, dass Erwachsene – meist gut situierte Bürgerinnen und Bürger mit entsprechender Vorbildung – keiner besonderen Anleitung bedürften, um sich kontemplativ und mit Kunstsinn den Bildungsgehalt der Exponate zu erschließen. Bereits im 19. Jahrhundert wurden jedoch auch vereinzelt Führungen für Kinder in wenigen Museen angeboten. Zentraler Wendepunkt waren die innovativen museumspädagogischen Tätigkeiten des Leiters der Hamburger Kunsthalle, Alfred Lichtwark, im Zuge der Kunsterziehungsbewegung um 1900 (vgl. Kap. 2.4). Lichtwark führte mit Kindern u.a. am Dialog orientierte »Übungen in der Betrachtung von Kunstwerken« durch (Legler 1997, S. 320). Ohne im Weiteren auf die Geschichte der Museumspädagogik einzugehen, kann gesagt werden, dass sich innerhalb der Kunstpädagogik die Museumspädagogik ab 1970 als einer ihrer Wirkungsbereiche etablierte, der aber bis heute insbesondere auch von auf den Arbeitsmarkt drängenden Kunsthistorikerinnen und -historikern beansprucht wird. Wenn im Folgenden von »Museum« gesprochen wird, dann ist hier vornehmlich das Kunstmuseum gemeint; wohlwissend, dass sich in den letzten 20 Jahren im Bereich der inzwischen vielerorts etablierten Kindermuseumsinitiativen neue Arbeitsfelder für Kunstpädagoginnen und Kunstpädagogen auftun.

Am Beispiel der kunstpädagogisch orientierten Museumspädagogik lässt sich die dieses Buch prägende Beziehung zwischen Kunst und Pädagogik (vgl. Kap. 1) nochmals in der Weise beleuchten, als hier die professionelle Pädagogik mit ihren Ansprüchen und spezifischen Herangehensweisen in eine von der Kunst geprägte Domäne – in das Museum – eindringt, das seit dem Zeitalter der Aufklärung primär als Ort der Selbstbildung genutzt wurde. Die Pädagogik legitimiert ihren Eingriff dadurch, dass die das Museum Besuchenden nicht von sich aus am bloßen Objekt verstehen, genießen und lernen können, sondern hierfür der pädagogischen Vermittlung und Anregung bedürfen – wie etwa bei Erwin Wurm (vgl. Kap. 1.1). Die Vermittlungsbemühungen müssen – museumsspezifisch auf originale, authentische Objekte bezogen – auf bestimmte Zielgruppen abgestimmt werden. Das breite Spektrum der Zielgruppen umfasst u.a.:

- Kinder und Jugendliche, alleine, in Kindergruppen oder in Schulklassen, die unterschiedlich auf den Museumsbesuch vorbereitet und für diesen motiviert sind (Welck 2004);
- Erwachsene, einzeln oder in Gruppen;
- professionelle Multiplikatoren aus verschiedensten Bildungseinrichtungen, die selbst z.B. in der Lehrerfortbildung pädagogisch tätig sind.

Je nach Zielgruppe werden die Schwerpunkte des museumspädagogischen Angebots gewichtet. Aus didaktischem Blickwinkel kristallisieren sich vier museumsspezifische Merkmale heraus, deren Ziel nicht die Erstarrung und Bewunderung vor dem Exponat ist, sondern das Arbeiten mit dem Exponat – und zwar rezeptiv, kontemplativ bis produktiv gestaltend (vgl. Kap. 4.3):

(1) Die Kommunikation über kontroverse und kongruente Wahrnehmungen zu Exponaten kann durch Sprechen, Schreiben, Vergleichen, Begründen der eigenen Sicht angeregt werden. (2) Die Auseinandersetzung mit den ausgestellten Objekten kann durch den Vollzug ästhetisch-bildnerischer, auch experimenteller praktischer Prozesse mit Werkmaterialien intensiviert werden. Ein betrachtetes Objekt soll hierbei nicht kopiert werden (vgl. Kap. 6.1), sondern die eigene bildnerische Praxis eröffnet die ihr spezifischen, erfahrungsbezogenen Zugänge (vgl. Kap. 6.4). (3) Das Literaturstudium von Texten aus der Entstehungszeit des Objekts sowie die Arbeit mit kunsttheoretischen Texten zu ästhetischen Objekten regen das Nachdenken an und erweitern das Wissen. Sich widersprechende Deutungsansätze können auf diesem Wege zueinander in Beziehung gesetzt und diskutiert werden. (4) Für die Multiplikatoren ist ferner die Vermittlung der museumsdidaktischen Grundlagen eine Hilfe für deren pädagogische Weiterarbeit innerhalb und außerhalb des Museums. Didaktische Reflexionen können hier vor allem auch für die Museumspädagoginnen und -pädagogen wertvolle Rückkopplungen bereithalten.

Im Gegensatz zu den 1970er-Jahren, in denen das Museum als ›Lernort‹ angesehen und bezeichnet wurde, speist sich heute die Attraktivität eines Museums größtenteils durch seinen Erlebnis- und auch Unterhaltungscharakter. Sammeln, Forschen und Bewahren sind zwar immer noch die Kerntätigkeiten der Museumsarbeit, aber der attraktive Angebotscharakter der Vermittlungstätigkeiten tritt nach außen immer stärker hervor (Welck 2004, S. 166ff.). Die Bedeutung eines Museums misst sich bei privaten Sponsoren und öffentlichen Geldgebern in nicht unerheblichem Maße an den Besucherzahlen und der Öffentlichkeitsarbeit. Erstens gehören Museen zur Event-Kultur (vgl. Kap. 2.11). Sie müssen gesellschaftlich-kulturelle Ereignisse schaffen. Zweitens entwickeln sie Angebote der kreativen Freizeitgestaltung in ihren Mauern: Die Betrachtung der ausgestellten Objekte wird mit anschließendem manuellen Tun verbunden. Die Zeitschrift »Standbein-Spielbein« informiert umfassend über solche exemplarischen museumspädagogischen Aktivitäten (vgl. Kap. 9.2). Hier ist insbesondere die Kunstpädagogik gefragt, denn es gibt kaum ein Museum, das keine praxisorientierten Ferien-Workshops oder Mal- und Zeichenkurse für Kinder, Jugendliche und Erwachsene anbietet. Gerade solche Angebote ebnen bereits für Studierende in Bachelor- bzw. Master-Studiengängen über Praktika und Honorartätigkeiten den Weg in die Museen. Die Wahl des Studienfachs ›Kunstgeschichte‹ als Nebenfach oder zweites Hauptfach kann einen museumspädagogischen Schwerpunkt im eigenen Studium prägen (vgl. Kap. 8.2 und 8.3).

5.3 Erwachsenenbildung

Die Erwachsenenbildung gehört nicht zu den allein staatlich organisierten und gelenkten Bildungsbereichen, deshalb ist u.a. ihr Kennzeichen die Heterogenität und Vielfalt bereits in institutioneller Hinsicht. Anbieter kultureller und kunstpädagogischer Erwachsenenbildung sind neben den Volkshochschulen Einrichtungen konfessioneller Erwachsenenbildung, die Gewerkschaften, soziokulturelle Zentren (vgl. Kap. 5.4), Museen (vgl. Kap. 5.2) und vor allem private Anbietende, wie freiberuflich tätige Kunstpädagoginnen und -pädagogen sowie Künstlerinnen und Künstler.

Einrichtungen der kulturellen bzw. kunstpädagogischen Erwachsenenbildung sind eingebunden sowohl in den gesamten Bereich von Kunst und Kultur als auch in pädagogische Aufgaben und Traditionen sowie in das differenzierte Netz von politischen und verwaltungsbedingten Zuständigkeiten für die Kulturarbeit. Die Institutionen, die kulturelle bzw. kunstpädagogische Erwachsenenbildung anbieten, müssen sich in diesem Netz bewegen. So unterschiedlich diese Voraussetzungen sind, so heterogen sind die Konzepte, die zeit- und raumbezogenen Angebotsformen und die kunstpädagogische Praxis. Eine Definition von kunstpädagogischer Erwachsenenbildung innerhalb kultureller Bildung und die lückenlose Darstellung des gesamten Feldes sind deshalb nicht möglich. Das Spektrum der Angebote der unterschiedlichen Einrichtungen repräsentiert die Vielfalt kultureller Aktivitäten. Sowohl das eigene kreative Gestalten, etwa in den Bereichen Malen, Zeichnen, Drucken, Plastik/Skulptur, Textil, Fotografie, Aktion und Spiel und elektronische Medien, als auch die Reflexion über künstlerische Ausdrucksformen in den Bereichen Bildende Kunst, Kunstgeschichte und digitale Medien sind wichtige Elemente dieses Spektrums (Stang/Peez u.a. 2003, S. 10).

Allein die Angebote der Volkshochschulen im Bereich kulturelle Bildung werden laut Statistiken des Deutschen Instituts für Erwachsenenbildung jährlich von etwas über 1 Millionen Teilnehmenden besucht. Wobei für den Bereich der reflektierenden Auseinandersetzung mit Kunst (Kunstbetrachtung) ca. 125 000 Teilnehmende und für den Bereich des künstlerischen, handwerklichen Gestaltens ca. 900 000 Teilnehmende zu verzeichnen sind (Angaben von 2006). Die kulturelle Bildung macht insgesamt ca. 15,5 Prozent des Gesamtangebots von Volkshochschulen aus.

Wie in der gesamten Erwachsenenbildung, so fehlen auch für die kunstpädagogisch orientierte Erwachsenenbildung verbindliche berufsbezogene Qualifikationskriterien. Denn erwachsenenpädagogisch Tätige weisen sich in der Regel nicht, wie Lehrerinnen und Lehrer oder Sozialpädagoginnen und Sozialpädagogen, durch eine staatlich geregelte und vorgeschriebene Qualifikation aus. Mit anderen Worten: Im Feld unterrichten viele Personen, die keine – etwa durch Hochschulabschlüsse nachgewiesene – kunstpädagogische Qualifikation besitzen. Ihre speziellen Kompetenzen für die Übernahme einer Tätigkeit haben sie sich entweder intuitiv angeeignet, durch Praxiserfahrungen erworben oder in Fortbildungen vertieft. Hierdurch sind auch die Möglichkeiten des Eintritts in das Berufsfeld geprägt: Bereits Studierende können Kurse anbieten, in denen sie bildnerische Kompetenzen vermitteln; insbesondere wenn sie zuvor einen (kunst-) handwerklichen Beruf, wie Goldschmieden oder Töpfern, erlernt haben. Hauptberuflich Angestellte brauchen freilich in aller Regel einen Hochschulabschluss.

In der Erwachsenenbildung etablieren sich langfristig nur Angebote, die von den Zielgruppen und Teilnehmenden angenommen werden. Ein konstitutives Merkmal dieses Arbeitsbereichs ist die ›Abstimmung mit den Füßen‹. Mehr als jedes andere Feld der Kunstpädagogik ist die Erwachsenenbildung von ihren marktwirtschaftlichen Voraussetzungen geprägt. Dies muss in fast alle Überlegungen miteinbezogen werden, wenn aus Kursangeboten tatsächlich stattfindende Kurse werden sollen. Angebote der kunstpädagogischen Erwachsenenbildung sind im Gegensatz zur Schulpädagogik (vgl. Kap. 5.1) durch ihren Dienstleistungscharakter gekennzeichnet. Diese Rahmenbedingung wirkt sich in Richtung ›Kundenorientierung‹ sowohl auf die pädagogischen, sozialen Beziehungen der Beteiligten aus als auch auf die Inhalte der Veranstaltungen (Peez 1992). Hier ist ein Trend zu beobachten, der parallel zur Ausdifferenzierung der Lebenswelten und Alltagskulturen Erwachsener verläuft. Diese Unübersichtlichkeit steht im Gegensatz zur relativen institutionellen Geschlossenheit der Schulpädagogik.

In der kunstpädagogischen Erwachsenenbildung tritt eine Vermischung öffentlicher und privater Aspekte innerhalb von Kursen auf. Solche vielfältigen »Mischformen von Öffentlichkeit und Privatheit« (Kade/Nolda 2001, S. 67) geschehen in der kunstpädagogischen Erwachsenenbildung beispielsweise, indem sich eine ›private Öffentlichkeit‹ herstellt, die auf Individualität und Authentizität zu basieren scheint und sich somit unterscheidet von einer als tendenziell entfremdend und anonym empfundenen gesellschaftlichen Öffentlichkeit jenseits des Kurses.

Der Diffusität der teils widersprüchlichen und spannungsreichen Erwartungshaltungen, die Teilnehmende in einen Kurs mitbringen, muss von in der Erwachsenenbildung kunstpädagogisch Tätigen Rechnung getragen werden. Einige dieser Erwartungshaltungen sind:

- Technikbezug: Eine bestimmte künstlerische Technik ist durch Übung zu erlernen;
- Produktorientierung: Ein fertiges, gelungenes Produkt soll entstehen (Abbildung 20);
- Prozessorientierung: Man will prozessorientierte künstlerische Auseinandersetzung, d.h. ›Entwicklung‹ erleben;
- Leistungsorientierung: Das jeweils folgende bildnerische Produkt soll ›besser‹ sein als das vorangegangene;
- Individualität: Eigene Werke sollen sich von denen anderer unterscheiden;
- Lustorientierung: Viele Laien geben an, aus ›Spaß an der Freude‹ zu malen;
- Kunstorientierung: Die eigenen bildnerischen Werke sollen Elemente dessen enthalten, was jeweilig unter ›Kunst‹ verstanden wird;
- Lernerfahrung: Die Angebote sollen Anschlüsse zu früher Gelerntem ermöglichen, sollen zum Weiterlernen motivieren und ›Neues‹ bieten;
- Kontaktbedürfnis und Geselligkeit: Erwachsene suchen in Kursgemeinschaften Gleichgesinnte auf der Ebene kooperativer bildnerisch-künstlerischer Sachauseinandersetzung;
- Kompensation: Kompensatorische ›selbsttherapeutische‹ Wirkungen bildnerischen Arbeitens werden von Erwachsenen bewusst gesucht (vgl. Kap. 3.1);
- Freizeitorientierung: Ein Ausgleich zum Berufsleben bzw. Alltag wird erwartet;
- Anstrengung: Eine spezifische, von ›innen‹ heraus motivierte Anstrengung innerhalb eines kreativen Prozesses wird gesucht;
- Selbstbestätigung: Neben der Offenheit für Neues wollen die meisten auch bereits erworbene Fähigkeiten und Einstellungen anerkannt und berücksichtigt wissen.

Diese teils konträren Erwartungshaltungen vieler Erwachsener an die Kurse fordern von Kunstpädagoginnen und Kunstpädagogen einen hohen Grad an Flexibilität.

Es ist davon auszugehen, dass die Bereiche der Erwachsenenbildung – sowie der gesamten außerschulischen Bildungsarbeit – in der Kunstpädagogik in den kommenden Jahren stetig an Bedeutung gewinnen werden, auch als Reaktion auf den Abbau der

Abb. 20: Eine Teilnehmerin in der kunstpädagogischen Erwachsenenbildung, ihr gemaltes Bild zeigend (Foto: Roland Geyer).

Stundenzahl für das Fach an allgemein bildenden Schulen (vgl. Kap. 5.1). Auf dem Gebiet der kunstpädagogischen Erwachsenenbildung wurden in den letzten Jahren verschiedene praxisorientierte Veröffentlichungen (Stang/Peez u.a. 2003), Forschungsarbeiten (Peez 1994; Kahl 1997; Bastian 1997; Peez 2000, S. 265 ff.) und Berichte innovativer Modellprojekte (Thiedeke 2000a und b) erstellt, die durchaus die Konturen dieses Gebietes weiterentwickelnd schärfen. Sie werden weniger in einer immer noch auf Schulpädagogik ausgerichteten Kunstpädagogik rezipiert als im Diskurs der allgemeinen Erwachsenenbildung.

5.4 Jugendkunstschule

Jugendkunstschulen sind Einrichtungen der außerschulischen Kinder- und Jugendarbeit. In ihnen wird versucht, eine konzeptionelle Verbindung von ästhetischer und zugleich sozialer Bildung zu schaffen. ›Ästhetisch‹ bedeutet hier, dass es nicht nur bildnerisch-praktische Angebote gibt, sondern die Palette der Jugendkunstschulen fächert sich zudem in die Bereiche Theaterspiel, Tanz, Literatur, Fotografie, Film, Video und digitale Medien auf. Viele dieser Bereiche enthalten auch musikalische Aspekte. Eine vielfältige Verbindung von häufig experimentell-spielerischen Gestaltungsformen mit unterschiedlichsten Material- und Aktionsformen sowie Medien wird angestrebt. Der Bezug zur ›sozialen Bildung‹ unterstreicht den kultur- und gesellschaftspolitischen Anteil im Selbstverständnis der Jugendkunstschulen, nicht nur für finanziell privilegierte Kinder da zu sein (Zacharias 2001). ›Sozial‹ bedeutet aber auch für viele Einrichtungen, dass ihre Angebote für benachteiligte und in sozialen Brennpunkten lebende Heranwachsende vor allem von der öffentlichen Hand bezuschusst werden – meist von den Städten und Gemeinden, in deren Trägerschaft sich häufig Jugendkunstschulen befinden.

Je stärker der Kunstunterricht in den allgemein bildenden Schulen reduziert wird, desto mehr erhält das zunächst als Ergänzung gedachte, vielfach projekt- bzw. werkstattorientierte (vgl. Kap. 6.2 und 6.3) Angebot eine Ersatzfunktion. Zumindest stellt es für viele der teilnehmenden Jugendlichen eine Alternative zur schulischen Kunsterziehung dar. Der neuesten bildungspolitischen Entwicklung Rechnung tragend, dass immer mehr allgemein bildende Schulen sich zu Ganztagsschulen hin entwickeln, treten die Kooperationen dieser Schulen mit Einrichtungen der Jugendkunstschulen häufiger auf. Die Jugendkunstschulen unterbreiten schulische Nachmittagsangebote. In diesem Zusammenhang wird eine kompensatorische Wirkung zu berufs- und leistungsdruckbezogenen, intellektuellen, schulischen Lerninhalten immer wieder betont (vgl. Kap. 3.1). Weitere Legitimationen liegen in der Förderung differenzierter, vielfältiger Wahrnehmung und sinnlicher Sensibilität (Welck 2004).

Mitarbeitende in Jugendkunstschulen müssen sowohl über pädagogische als auch künstlerische Qualifikationen verfügen. Jugendkunstschulen sind somit eine ›erste Adresse‹ für Kunstpädagoginnen und Kunstpädagogen. Einblick in dieses Praxisfeld ist für Studierende durch Praktika und Honorarjobs leicht zu gewinnen (vgl. Adressen in Kap. 9.1.1). Jedoch bietet dieser Bereich nur wenige hauptberufliche Stellen. Dem Anspruch der fächerübergreifenden Vielfalt gerecht werdend (Motto: »Vielfalt ist ihre Stärke«), sollten von den Lehrkräften kontinuierlich Weiterbildungsangebote wahrgenommen werden, um Zusatzqualifikationen zu erwerben. Diese Zusatzqualifikationen beziehen sich meist auf künstlerische Verfahren. Auch kulturmanagementbezogene Angebote werden immer häufiger genutzt und deuten auf strukturelle Veränderungen in den Jugendkunstschulen hin (BJKE 2003).

Die Diskussionen um ökonomisches und betriebswirtschaftliches Handeln dominieren noch immer die Debatten um Zielveränderungen in der kulturellen Bildung und insbesondere im Jugendkunstschulbereich. Inhaltliche, pädagogische oder bildungspolitische Absichten treten bei der Fokussierung finanzieller Aspekte häufig in den Hintergrund. Die Marktbedingungen erfordern von den Einrichtungen eine hohe externe Konkurrenzfähigkeit. Die rechtlichen, wirtschaftlichen und organisatorischen Arbeitsbedingungen verändern sich in erheblichem Maße. Einige dieser externen »Umbruch-Symptome« lauten knapp umrissen:

- Die Teilnahmegebühren steigen, weil sich finanzielle Probleme bemerkbar machen und weil die Bezuschussung aus öffentlichen Kassen immer geringer wird.
- Private Sponsoren knüpfen ihre Unterstützung explizit oder implizit an inhaltliche Zugeständnisse vonseiten der Institution. Beispielsweise fördern Automobilhersteller bzw. deren Vertriebsorganisationen Projekte in der Kinder- und Jugendarbeit zum Thema ›Zukunft‹, in denen aber in aller Regel Themen wie Klimaveränderung und Treibhauseffekt durch den steigenden Schadstoffausstoß ausgeklammert bleiben.
- Die Vernetzung zwischen Jugendkulturarbeit und allgemein bildenden Schulen im Rahmen der Etablierung von Ganztagsschulen binden Jugendkunstschulen stärker in das öffentliche Bildungssystem ein. Die Nachfrage nach »soft Skills« aus dem Kulturbereich hat trotz oder wegen des PISA-Drucks an den Schulen Konjunktur. Die schulischen Träger schätzen das Angebot von Jugendkunstschulen und kulturpädagogischen Einrichtungen, nicht zuletzt wegen der positiven Auswirkungen auf das Lern- und Sozialverhalten der Schülerinnen und Schüler. Eigenverantwortung steht hier hoch im Kurs.

- Die digitalen Medien drängen auf den Bildungsmarkt und versprechen flexiblere und effektivere interaktive Lernformen (vgl. Kap. 3.5). Die hiermit einhergehende Ungleichzeitigkeit der Entwicklung technischer und sozialer Kompetenzen zwischen den Generationen wird zu einer zentralen kulturellen Herausforderung, der sich auch die Jugendkunstschulen stellen müssen.
- Jugendkunstschulen sind durch eine große Fluktuation geprägt: Viele Teilnehmende entscheiden sich für die Angebote spontan; es gibt wenig langjährige ›treue‹ Teilnehmende.
- Ein erstarkender Anteil von rein privatwirtschaftlich organisierten Jugendkunstschulen hat sich neben den öffentlich getragenen Einrichtungen auf dem Bildungsmarkt etabliert.

Im Vordergrund der Debatte sollte aus kunstpädagogischer Sicht hierbei allerdings jeweils stehen, dass die externen, oben aufgeführten, meist durch marktwirtschaftliche Einflüsse ausgelösten Veränderungen nicht die fachspezifischen Qualitätskriterien und Charakteristika verdrängen. Ein Beispiel: Im Parlament einer Gemeinde wird entschieden, dass auf Initiative einer Beschlussvorlage aus dem örtlichen Kulturamt die Jugendkunstschule der Stadt in einen Eigenbetrieb überführt werden soll. Nach einer Übergangszeit müssen von der Jugendkunstschule Gewinne erwirtschaftet werden, Verluste muss sie selber abfangen. Dies führt zur Streichung regelmäßiger kostenloser Angebote für gesellschaftlich benachteiligte Jugendliche. Nur noch sporadisch werden vereinzelt kurze zielgruppenbezogene Projekte von der Gemeinde bezuschusst und durch die Jugendkunstschule angeboten. Die früher für dieses Angebot auf Honorarbasis konstant Beschäftigten verlassen die Institution. Eine längerfristige Bindung der Jugendlichen an die Institution und eine personale Bindung zu bestimmten Pädagoginnen und Pädagogen besteht hierdurch kaum noch.

Folge dieser Diskussionen um die Marktfähigkeit und Wirtschaftlichkeit des Angebots ist die Suche nach Qualitätskriterien. Qualität muss nach Auffassung vieler Funktionsträger in den Jugendkunstschulen und deren Verbänden »messbar werden und sich faktisch belegen lassen« (Honig 1999, S. 20).

Nur auf diesem Wege könne man plausibel Förderbedarf beweisen und stichhaltige Argumente z.B. für die eigene Wirksamkeit finden: »Nun wird von uns erwartet, dass wir auch beweisen, was wir jahrelang behauptet haben: unsere Notwendigkeit und unsere Qualität« (ebd., S. 20), so das Vorstandsmitglied der »Landesarbeitsgemeinschaft Kulturpädagogischer Dienste/Jugendkunstschulen NRW e.V.« (LKD), Christoph Honig (vgl. Kap. 7.7). Jugendkulturelle Einrichtungen stellen sich im Zuge dieser Debatte stärker als noch vor zehn Jahren dem direkten Wettbewerb untereinander, z.B. durch die Ausschreibung von Jugendkunst- oder Jugendkulturpreisen. Ziel dieser Offensive, die durch den Verband der Jugendkunstschulen forciert wird, ist die stärkere Profilbildung der einzelnen Institutionen sowie die Qualitätsverbesserung der Angebote. Zudem locken Geldpreise für die Gewinner, um weitere Projekte zu planen und umzusetzen. Breit angelegte Kampagnen führen die »Best-Practice-Beispiele« der Öffentlichkeit vor, insbesondere im »Mutterland« der Jugendkunstschul-Bewegung Nordrhein-Westfalen. Die Institutionen mit einem preisgekrönten Angebot werden zudem innerhalb ihrer Städte und Gemeinden gestärkt.

Neue Bereiche, die die Jugendkulturarbeit für sich entdeckt, sind die vorschulische kulturelle Bildung, auch durch Fortbildungsangebote für Erzieherinnen, denn das Vorschulalter gewinnt zunehmend an Beachtung als grundlegende Bildungsphase u.a. für die Förderung von Potenzialen wie Wahrnehmung, Erfahrung, Konzentration und Kreativität.

Ferner öffnen sich die jugendkulturellen Einrichtungen Themen der Globalisierung. Kulturarbeit und Bildung werden immer stärker interkulturell ausgerichtet. Aus der eigenen Lebenswelt heraus können durch das Erkennen von Unterschieden und Gemeinsamkeiten eigene Positionen und Ansichten überdacht und neue kultur-bezogene Lösungsstrategien gestaltet werden. Die Themenbereiche Migration und Integration werden nicht nur für die Jugendkunstschulen, sondern für den gesamten Bildungsbereich in Zukunft immer wichtiger.

5.5 Seniorenarbeit

Ein Blick auf die demografische Entwicklung der Bevölkerung in Deutschland macht deutlich, dass sich die Altersstruktur unserer Gesellschaft in den nächsten Jahren und Jahrzehnten drastisch verändern wird. Diese gesellschaftliche Herausforderung höchster Priorität wird zwar in den Medien in Bezug auf die Renten-, Kranken- und Pflegeversicherungen debattiert, sie bleibt in der Kunstpädagogik, die sich primär an Kindern und Jugendlichen orientiert, jedoch weitgehend unbeachtet.

Kunstpädagogische Arbeit mit älteren Menschen lässt sich gliedern in einerseits Angebote für aktive Menschen im Ruhestand (vgl. Kap. 5.3). Andererseits lassen sich Angebote für betagte, hochbetagte und pflegebedürftige Menschen – in Heimen oder im familiären Umfeld lebend – häufig in kunsttherapeutisch orientierten Bereichen (vgl. Kap. 3.1) verorten.

Der Übergang zum ›Alter‹ ist sozial normiert und findet in unserer Gesellschaft zwischen dem 55. und 65. Lebensjahr statt, wenn man aus dem Erwerbsleben ausscheidet. Steigendes Alter ist nicht nur durch zunehmende körperlich-biologische Defizite geprägt, sondern es kann auch unter den Vorzeichen der Steigerung und Zunahme von Lebenserfahrung gesehen werden. Viele beginnen in dieser Lebensphase zu malen, zu zeichnen oder zu plastizieren. Sinn und Motivation, die früher die Arbeit bieten sollte, werden teilweise verstärkt in bildnerischer Praxis gesucht. Man hat nun Zeit, einer Betätigung nachzugehen, die man immer schon intensiver ausüben wollte.

Ältere Menschen nähern sich dem Ende ihrer physischen Existenz. Das Phänomen der Erklärungen suchenden, rückschauenden Verdichtung des eigenen bisherigen Lebens, auf das in der Literatur immer wieder verwiesen wird, kann auch im Rahmen kunstpädagogischer Angebote als prägend gelten. Eine solche ›Re-Vision‹ des eigenen Lebens im Alter erfolgt jedoch in sehr unterschiedlicher Intensität und Emotionalität. Sie kann einerseits zu einer ›Neugewichtung‹ der Lebensprioritäten und inneren Gelassenheit und andererseits zu depressiven Stimmungszuständen führen, angesichts der Erkenntnis, Chancen in seinem Leben nicht genutzt zu haben.

Durch bildnerische Praxis kann eine rückschauende ›Erinnerungsarbeit‹ mit therapeutischen Elementen motiviert werden, indem weltanschauliche, kollektive und individuelle Erklärungsversuche integriert werden. Aus diesem Grunde sollten in der Seniorenarbeit tätige Kunstpädagoginnen und Kunstpädagogen nicht nur soziale, sondern auch psychologische Kompetenzen besitzen sowie über Wissen bezüglich des Alterns verfügen. Nach Untersuchungen der psychologischen Selbstkonzeptforschung tragen Rückerinnerungen neben Rollenspielen bei pädagogischer und therapeutischer Arbeit in Gruppen am stärksten zum Wandel und zur Veränderung von Selbstkonzepten bei (Jacob 1996, S. 98). Diese Erinnerungsarbeit mittels bildnerischer Praxis vermag das Selbst zu stützen und zu sichern. So kann vor dem langfristigen Ziel einer kunstpädagogisch geförderten oder initiierten Verunsicherung und Veränderung der Welt- und Selbstsicht erst einmal das Ziel der Selbstvergewisserung stehen (Peez 1994, S. 19ff.). Erfahrungen müssen wiedergeholt und gesichert werden. Es können Antworten auf die Fragen gesucht werden, wer man eigentlich ist und wie man so geworden ist, wie man ist. Durch Anregungen und ›Reibungsflächen‹ innerhalb der kunstpädagogisch arrangierten Situation sind daraufhin neue ästhetische, sinnliche und bildnerische Erfahrungen zu wagen.

In Anbetracht der demografischen Entwicklung und der dargestellten Überlegungen werden Kunstpädagoginnen und Kunstpädagogen zunehmend für die Arbeit mit alten Menschen gebraucht. Innerhalb von Praktika, etwa im Bachelor-Studiengang (vgl. Kap. 8.2) können Studierende diesen Arbeitsbereich für sich erkunden, um hier möglicherweise längerfristig eine berufliche Tätigkeit anzustreben. Schon heute gibt es aber nicht genügend spezifisch für eine kunstpädagogische Tätigkeit konzipierte Stellen in den Alten- und Pflegeheimen. Meist nehmen kunstpädagogisch ausgebildete Angestellte Ergotherapiestellen ein. In ihren Aufgabenbereich fallen dann nicht nur kunstpädagogische Angebote, sondern beispielsweise auch arbeits- und beschäftigungstherapeutische Maßnahmen, die Ausrichtung von Gesprächs- und Erzählkreisen oder die Organisation von musikalischen oder anderen freizeitbezogenen Veranstaltungen. Auf die Probleme der Arbeit mit älteren und hochbetagen Menschen, wie z.B. die Altersdemenz, sind Kunstpädagoginnen und Kunstpädagogen durch ihr Studium nicht vorbereitet. Im Gegensatz zu Supervisionsangeboten in kunsttherapeutischen Feldern sind diese in der Seniorenarbeit von den Institutionen in der Regel nicht finanziert und somit äußerst selten, obwohl sie wichtig wären, um einen frühen ›Burn-out-Effekt‹ zu verhindern.

6 Zwischen Anleitung und Offenheit – Orte, Sozialformen, Methodenaspekte

6.1 Vormachen und Nachmachen

Nachahmen, Abzeichnen und Kopieren sind sehr alte bildnerische Praktiken. Das Abzeichnen von Vorlagen war zentraler Bestandteil jeder Künstlerausbildung seit der Antike, es hat bis heute seinen hohen Stellenwert in der Kunst kaum eingebüßt. Leonardo da Vinci – Verkörperung des eigenwilligen, genialen Künstlers in der Renaissance – empfahl in seinem »Buch der Malerei«: »Zeichne zuerst Zeichnungen von einem guten Meister ab, (…) dann nach den Runden (d.h. nach Skulpturen und Gipsabgüssen) und schließlich nach einem guten Naturvorbild« (nach Koschatzky 1993, S. 408). An diese Regel hielt sich beispielsweise Vincent van Gogh in seinem umfangreichen Frühwerk. Und der Kunstpädagoge Frank Schulz fand in Fallstudien über die bildnerische Praxis von anerkannten zeitgenössischen Persönlichkeiten der bildenden Kunst in deren Kindheit, Jugend und frühem Erwachsenenalter heraus, dass z.B. das Abmalen von (Kitsch-) Postkarten oder Comics häufig unverleugneter Teil künstlerischer Entwicklung ist (Schulz 1991). Künstlerinnen und Künstler eignen sich durch Nachahmung bildnerische Ausdrucksformen und Stile an. Meist versuchen sie, diese nach ihren Möglichkeiten und Ansprüchen nicht nur nachzuvollziehen, sondern auch zu kombinieren und zu variieren. Vom pädagogischen Standpunkt der Vermittlung aus lässt sich Lehren häufig nicht ohne Anteile der Anregung zum ›Nachmachen‹ denken. Im reproduzierenden Nachvollzug wird Kultur tradiert und zugleich variiert. ›Vormachen‹ und ›Nachmachen‹ umschreibt deshalb wahrscheinlich die ursprünglichste Form kultureller Überlieferung zwischen den Generationen. Imitationslernen ist eine zentrale Form der Weltaneignung, die sich die Pädagogik zunutze macht. Durch die zunehmende Ausdifferenzierung der Gesellschaft und die Übertragung vieler Erziehungsaufgaben an die Schule (vgl. Kap. 5.1) verlieren ›Vormachen‹ und ›Nachmachen‹ ihre ursprünglichen alltagsmitgängigen Zusammenhänge in der Familien- und Arbeitswelt. Zu vermittelnde Kenntnisse, Fertigkeiten und Kompetenzen mussten unter Maßgabe dieser Ausdifferenzierung pädagogisch-methodisch neu organisiert werden. Flächendeckend begann diese Entwicklung im 19. Jahrhundert. Der schulische Zeichenunterricht gründete sich zunächst fast ausschließlich auf das Prinzip des disziplinierenden Abzeichnens (vgl. Kap. 2.3). Erst durch die ›Entdeckung‹ und Wertschätzung der freien Kinderzeichnung um 1900 (vgl. Kap. 7.4) wurde das Abzeichnen in der Kunsterziehungsbewegung (vgl. Kap. 2.4) kritisch hinterfragt. Alternativen zum Kopieren wurden gefordert, entwickelt und umgesetzt.

In der Kunstpädagogik wenden sich heute noch viele mit Unbehagen gegen das Nachahmen, Abzeichnen und Kopieren, da bei einer Verwendung von Vorlagen – welcher Art auch immer – das Intuitive, Schöpferische, Kreative und auch Spontane auf der Strecke bleibe. Eine solche oft stark emotionale Ablehnung wurzelt zum Teil in der Historie des Faches. Doch macht die freie bildnerische Praxis von Kindern, Jugendlichen und Erwachsenen schnell erkennbar, dass Nachahmen, Abzeichnen und Kopieren durchaus häufig bildnerische Praktiken sind, die offensichtlich einem Bedürfnis von Menschen entsprechen.

Differenziert betrachtet gibt es graduelle Unterschiede zwischen dem sturen Kopieren und exakten Nachzeichnen sowie der freien, eine Vorlage lediglich als Anregung nutzenden (Um-)Gestaltung (vgl. Kap. 6.4). Dem Zeichnen und Malen nach Vorbildern oder nach der Natur, dem zielgerichteten Umgestalten von Kunstwerkreproduktionen oder auch dem Nachschaffen wird in kunstpädagogischen Konzepten eine hohe pädagogische Relevanz zugemessen; Wolfgang Legler informiert hierzu im Überblick (Legler 1995, S. 35ff.). Gert Selle schildert eine praktische Übung als ein Beispiel für den Weg vom nachvollziehenden Prinzip der Wiederholung zur Neuerfahrung: Mit geschlossenen Augen werden Kieselsteine mit den Händen ertastet. Übungsaufgabe ist es, ›Porträts‹ dieser Kieselsteine aus Ton (vgl. Kap. 4.2) zu formen, ebenfalls ohne die Augen zu nutzen. Durch »blindes Ertasten und blindes Nachformen in Ton« sollen die Fähigkeit zum Erfassen einer Form und das Gespür für kaum noch tastbare Oberflächenqualitäten auf die Probe gestellt werden. Bei dieser gestaltenden Sensibilisierung geht es um mehr als bloße Reproduktionsgeschicklichkeit der Hand. Es geht um ihre Verlässlichkeit und um das Vertrauen in sie, es geht um die Wahrnehmung von Formphänomenen »und um deren Umsetzung in das Material Ton« (Selle 1988, S. 112f.).

Im ›Dialog‹ mit Werken der Gegenwartskunst, die oft für Erwachsene schwer verständlich sind, kann ästhetische Erfahrung (vgl. Kap. 1.3) von Grundschulkindern ermöglicht und gefördert werden. Eine solche Initiierung erfolgt häufig über inszenierte Angebote im Unterricht, bei denen nach der rezeptiven Auseinandersetzung mit Kunstwerken Aufgaben zur ästhetisch-bildnerischen Praxis gestellt werden (vgl. Kap. 4.3). In Anlehnung an das jeweilige Motiv des Werkes und/oder dessen Produktionsverfahren werden bildnerische Materialien zur Verfügung gestellt, die sich auf das besprochene Werk beziehen, die den dort verarbeiteten Materialien gleich oder ähnlich sind. »Die durch die Aufgabenstellung vorgegebenen Instruktionen evozieren bestimmte Tätigkeitsformen, die gleichfalls Parallelen zu den künstlerischen Produktionsverfahren aufweisen sollen« (Kirchner 1999, S. 205). Ziel ist nicht, dass die Grundschulkinder Werkkopien anfertigen, sondern dass sie eigene ästhetische Präferenzen und subjektive Zugänge zu den Kunstwerken auszubilden lernen. Ästhetische Reflexion und ästhetische Erkenntnisgewinne entwickeln sich im Tun. Dies regt zur geistigen Auseinandersetzung mit dem verarbeiteten Werk ebenso an wie es persönlichkeits- und selbstbildend wirkt.

Bildungsrelevant ist das Nachahmen allerdings erst dann, wenn es die Qualität eines mimetischen Vorgangs erreicht. Nachahmen kann ›an der Oberfläche‹ bleiben und ein Trainieren bestimmter technischer Fertigkeiten bedeuten, was nicht abzuwerten ist und von Zeit zu Zeit durchaus didaktisch sinnvoll sein kann. Mimesis als kein bloßes nachvollziehendes Nachahmen wurde bereits in der Antike geschätzt und differenziert diskutiert (Schuhmacher-Chilla 1995, S. 146ff.). Mimesis ist als ein intensives Nachahmen mit innerer Anteilnahme zu verstehen. Die stark intrinsisch motivierte persönliche Auseinandersetzung mit dem Vorbild oder einer Vorlage unterscheidet mimetisches Tun vom bloßen kopierenden Nachmachen. Eine solche Unterscheidung zwischen Nachmachen und Mimesis lässt sich im Einzelfall freilich nicht immer von außen oder allein durch die Betrachtung des entstandenen Produkts treffen, weshalb man mit schnellen Urteilen stets vorsichtig sein sollte.

6.2 Werkstätten, Ateliers und Stationenlernen

Bildnerische Produkte, ästhetische Objekte und Kunstwerke entstehen an Orten, die man landläufig Werkstätten oder Ateliers nennt. Traditionell wird eine Werkstatt mit handwerklicher und künstlerischer Arbeit (z.B. Schusterwerkstatt, aber auch Bildhauerwerkstatt) in Verbindung gebracht. Der Werkstattbegriff hält in zunehmendem Maße in der Pädagogik Einzug. An der Flut der Anleitungsliteratur mit Unterrichtsmaterialien für alle Klassenstufen lässt sich die derzeitige Popularität des Werkstattgedankens belegen: von der Schreib- und Lesewerkstatt über die Kartoffel-Werkstatt bis hin zu ›Workshops‹, die sich einzelnen Künstlerpersönlichkeiten widmen. Die Übernahme dieser Begrifflichkeit aus dem handwerklich-bildnerischen Bereich eignet sich offensichtlich gut dazu, die Andersartigkeit des (fach-) didaktischen oder methodischen Ansatzes im Kontrast zum geläufigen schulischen Lernen (vgl. Kap. 5.1) zu betonen. Diese ›Andersartigkeit‹ lässt sich an verschiedenen Punkten festmachen, die jeweils unterschiedlich – je nach Werkstattverständnis – gewichtet werden können.

Im Allgemeinen unterscheidet man in der Kunstpädagogik zwei Verständnisweisen von Werkstatt: die Werkstatt als Raum und Ort bildnerischen Tuns und die Werkstatt als didaktisches Prinzip. (1) Ist die Werkstatt als Raum und Ort das Vorbild, so orientiert man sich im pädagogischen Arrangement an der Einrichtung und der Atmosphäre des Künstlerateliers. Materialien und Werkzeuge – übersichtlich in Regalen und Schubladen geordnet oder als situativ bis chaotisch arrangierte Sammlungen von Alltagsdingen und Fundstücken – können einen hohen Aufforderungscharakter haben. Die Werkstatt regt zum ›eigenhändigen‹ und eigenständigen Tun an. Ein schöpferischer, selbstbestimmter Dialog zwischen Mensch und Material wird durch die bloße – freilich pädagogisch bewusst geschaffene und arrangierte – Präsenz der Materialien und Werkzeuge hergestellt. (2) Wird ›Werkstatt‹ primär als ein Unterrichtsprinzip verstanden, das prozessorientiert ist und die selbst gesteuerte Planung und Entwicklung von Vorhaben zum Ziel hat, dann spielen die räumlichen Settings weniger eine Rolle als die didaktischen Arrangements entdeckenden, handlungsorientierten, experimentellen und selbst organisierten Lernens. Festzuhalten ist: Beide Verständnisweisen des Prinzips Werkstatt legen den Fokus auf die Selbststeuerung im bildnerisch-ästhetischen Handeln. Allen Aussagen ist ferner gemeinsam, dass die Werkstatt-Thematik Diskussionen um die Öffnung von Unterricht und Schule berührt (vgl. das Themenheft »Werkstatt« der Zeitschrift »Kunst+Unterricht« 260/2002). Verbunden mit dem Werkstattgedanken ist das Aufsuchen von ›echten‹ Werkstätten oder Ateliers außerhalb des Schulgebäudes, in denen auf Zeit gearbeitet werden kann. Umgekehrt können ›Expertinnen‹ und ›Experten‹ eingeladen werden, um etwa in der Schule eine temporäre Werkstatt einzurichten. In Initiativen wie »Künstler in die Schulen« wird dieser Weg beschritten. Angesichts solcher multiperspektivischen Sichtweisen auf die Charakteristika von Werkstatt kommt der ästhetischen Erfahrung (vgl. Kap. 1.3) innerhalb der Werkstatt eine herausragende Stellung zu: Das Prinzip Werkstatt scheint in besonderer Weise geeignet, ästhetische Erfahrungen zu erzeugen, freizusetzen und ihnen Ausdruck zu verleihen (Kirchner/Peez [2]2005, S. 12).

Die Methode des Stationenlernens wird häufig im Zusammenhang mit dem Werkstattbegriff vor allem im Primarstufenbereich, aber auch der Sekundarstufe I, in Verbindung gebracht. Die Stationenmethode reagiert zum einen auf vielgliedrige Handlungsabläufe sowie zum anderen auf komplexe Unterrichtsinhalte, die sich thematisch gut in einzelne Schritte an Stationen gliedern lassen. Stationen sind auf Zeit eingerichtete und in geeigneter Weise ausgestattete Arbeitsplätze. Denn an Stationen werden Teilhandlungen ausgeführt, für die technische oder materielle Voraussetzungen nicht an jedem einzelnen Schülerinnen- bzw. Schülerplatz geschaffen werden können. Der Unterschied zur Gruppenarbeit besteht darin, dass an den Stationen Materialien, Werkzeuge und Maschinen bereitgestellt werden, über die Schülerinnen und Schüler in der Regel im normalen Unterricht nicht verfügen (Schulz 1998, S. 87). Viele dieser Merkmale des Stationenprinzips treffen auch auf den Werkstattgedanken zu, vor allem im Verständnis der orts- und raumbezogenen Bedingungen; beispielsweise was die nur begrenzte Ausstattung mit Materialien, Werkzeugen und Maschinen oder die Einrichtung von Arbeitsplätzen auf Zeit angeht. Eine Gefahr der Stationenmethode liegt darin, dass den Heranwachsenden in der Regel an den Arbeitsstationen sehr exakte Anregungen in Bezug auf die Werkzeugnutzung oder auch fertige Anweisungen sowie Versuchsbeschreibungen angeboten werden. Eine nicht von den Schülerinnen und Schülern ausgehende kleinschrittige Aufteilung ihrer Handlungen sowie ein rigider Zeitablauf kann die Folge sein. An den Stationen sollte jedoch der Freiarbeit ähnlich selbstständig, in beliebiger Abfolge und in frei gewählter Sozialform agiert werden. Somit deckt sich Stationenlernen im Sinne des orts- und raumbezogenen Werkstatt-Verständnisses nicht immer mit dem didaktischen Prinzip Werkstatt als Unterrichtsmethode.

Der Werkstattbegriff enthält einen hohen Aufforderungscharakter für ästhetische Herangehensweisen innerhalb von Lern- und Bildungsprozessen. Die Herausforderung für die Kunstpädagogik lautet deshalb, die unterschiedlichen fachspezifisch anregenden Facetten des Werkstattgedankens kennen zu lernen und auszuprobieren, um sie zu reflektieren und weiterzuentwickeln. Gelingt dies, dann kann der Werkstattgedanke für den Kunstunterricht seine innovativen Potenziale entfalten.

6.3 Projekte

Prägende Wurzeln des Werkstattgedankens wie auch der Projektmethode sind historisch in der Reformpädagogik (vgl. Kap. 2.5) verankert. Der Name des US-amerikanischen Philosophen und Pädagogen John Dewey ist hiermit untrennbar verbunden (Otto 1994, S. 35f.). Nach seinen Konzeptionen sollten die Heranwachsenden durch spezifische Bedingungen im Handeln und eigenständigen Tun lernen. Hierdurch sollen sie Leben,

Denken, Handeln und Wissen sinnhaft miteinander verknüpfen. Bezüge zwischen Pädagogik und Kunst lassen sich neben dem Werkstattprinzip auch bei der Projektmethode erkennen. Künstlerinnen und Künstler sind oft nicht in isolierten Einzelhandlungen tätig, sondern sie legen ihrem Schaffen projektorientiert Leitgedanken zugrunde: Sie gehen die von ihnen zu bearbeitenden Felder und Themen innerhalb längerer Zeiträume und in aufeinander bezogenen Handlungen an. So gesehen ist es kein Zufall, dass sowohl in der Pädagogik als auch in der Kunst häufig von Projekten gesprochen wird, denn heute wird ›Projekt‹ im Sinne von Plan, Entwurf, Vorhaben verstanden. Inwieweit Projekte – im Verständnis der pädagogischen Projektmethode – für Überraschungen und Zufälle Raum lassen sollten, ist umstritten und gebunden an den Grad der Vorgeplantheit eines Projekts. Ein ganz zentraler Unterschied zum offenen Werkstattprinzip (vgl. Kap. 6.2) ist jedoch, dass sich Projekte in Phasen einteilen lassen: Zielsetzung, Planung, Ausführung, Beurteilung und Folgen. Hingegen liegen die Kriterien für projektorientierten Unterricht nahe an denen des didaktischen Verständnisses von Werkstatt. Auf das Schulfach ›Kunst‹ bezogen formulierte Gunter Otto sechs Strukturmerkmale projektorientierten Unterrichts: Mitplanung der Schülerinnen und Schüler; Interdisziplinarität und fächerübergreifendes Arbeiten; Bedürfnisbezogenheit und Bezüge zu der Lebenssituation von Heranwachsenden; Produktorientierung innerhalb eines bewusst vollzogenen Prozesses; sozio-kultureller Zusammenhang mit aktuell-gesellschaftlichen Bezügen; Kooperation aller Beteiligten an gemeinsamen Produkten (Otto 1994, S. 36). Wendet man diese Kriterien an, so wird allerdings schnell deutlich, dass vieles, was momentan als ›Projekttage‹ oder ›Projektwochen‹ in den Schulen angeboten wird – oft in der Zeit zwischen Zeugniskonferenz und Ferienbeginn – Lückenbüßerfunktion erfüllt. Gert Selle begründet als Alternative zum Kunstunterricht das so genannte »Ästhetische Projekt« (vgl. Kap. 2.13) durch eine Verbindung von Werkstatt-Verständnis und Projektgedanken: Nicht im Klassenzimmer könne ästhetisches Erfahrungslernen (vgl. Kap. 1.3) stattfinden, sondern in eigens eingerichteten Werkstätten, die von den Kindern und Jugendlichen nachmittags freiwillig aufgesucht würden (Selle 1991, S. 20).

6.4 Rekonstruktion, Dekonstruktion, Konstruktion

Kunstpädagogisch Tätige verstehen sich sowohl in Bezug auf die Produktion als auch die Rezeption häufig als Expertinnen bzw. Experten für das Bild (vgl. Kap. 2.14). Ohne an dieser Stelle die ästhetiktheoretischen Gehalte des Bildbegriffs erörtern zu wollen, sind für die Kunstpädagogik jedwede ›Bilder‹ – in einem erweiterten Verständnis im Sinne von ästhetischen Objekten (vgl. Kap. 4) – zentral. Hierfür ist zunächst zweitrangig, aus welchen Zusammenhängen sie stammen und mit welchen technischen Werkzeugen bzw. Medien sie erstellt wurden (vgl. Kap. 3.2). Demnach ist der Frage nachzugehen, welche bildbezogenen fachspezifischen Verfahren des Umgangs, des Verstehens und der Analyse von Bildern die Kunstpädagogik eröffnet (vgl. Kap. 4.3).

In der Vergangenheit wurden sehr unterschiedliche fachdidaktische Modelle für den Umgang mit Kunst im Fach entwickelt; und zwar sowohl für den rezeptiven, also betrachtenden, als auch für den produktiven Umgang, in dem Kunst die eigene bildnerische Arbeit der Heranwachsenden anregen soll (vgl. Kap. 6.1). Beispielsweise legte Gunter Otto in den Achtzigerjahren des 20. Jahrhunderts das Modell der »Perzeptbildung« vor (Näheres hierzu in Otto/Otto 1987, S. 54ff.), das zwar Wiederhall in der Fachdidaktik fand und mit dem im Kunstpädagogikstudium – etwa für schriftliche Hausarbeiten – kunstpädagogisches Handeln strukturiert und gerechtfertigt werden konnte, das aber die Unterrichtspraxis in der Schule kaum oder gar nicht beeinflusste. Die Reichweite solcher Modelle mit dem Ziel der unmittelbaren Praxisveränderung ist vielleicht ohnehin zu hoch angesetzt. In der beruflichen Vermittlungspraxis unterstützen solche Modelle kunstpädagogisch Tätige insofern, als diese ihr Handeln hierdurch evtl. besser als zuvor planen, gliedern und klären können. In diesen Entwürfen sind jeweils aktuelle wissens- und bildungstheoretische Einflüsse zu erkennen. Exemplarisch für diese Art der fachdidaktischen Modellbildung soll im Folgenden der Ansatz »Konzepte künstlerischer Auseinandersetzung« (Criegern 1999) umrissen werden.

Der Kunstpädagoge Axel von Criegern beabsichtigt in seinem Modell, die künstlerische Auseinandersetzung mit einem Bild den wissenschaftlichen Untersuchungen gleichrangig an die Seite zu stellen. Exemplarisch erprobt und ›durchgespielt‹ wird dies von ihm anhand eines Gemäldes des Niederländers Jan Steen aus dem 17. Jahrhundert. Hiermit zielt von Criegern darauf ab, der künstlerischen Kommunikation über Bilder und Kunst in Verbindung mit wissenschaftlichen Erkenntnissen neue Wege der Bildforschung zu öffnen. Gegliedert sind diese Formen der Auseinandersetzung in Rekonstruktion, Dekonstruktion und Konstruktion (ebd., S. 40).

Der »Rekonstruktion« sind alle Umgangsformen zuzuordnen, die das Bild in seiner ursprünglichen Bedeutung verständlich machen. Beispielhaft hierfür stehen Formanalysen mittels Kompositionszeichnungen, um Gestaltungselemente wie Farbe, Linien, Flächen, Hell- und Dunkelkontraste für sich zu klären. Deutlich wird hierbei, wie die Kompositionsprinzipien Reihung, Staffelung, Streuung oder Symmetrie die Wirkung eines Bildes bestimmen. Das Isolieren von detailgenauen Ausschnitten aus dem Bild kann ein weiteres rekonstruierendes Verfahren sein. Auch das originalgetreue Abpausen oder Abzeichnen des Vorbildes bildet einen rekonstruierenden Zugang (vgl. Kap. 6.1). Für alle diese Verfahren ist zweitrangig, mit welchen bildnerischen Mitteln sie ausgeführt werden. So ist eine ikonografische Analyse mit bildnerischen Mitteln denkbar, d.h. eine zeichnerische Beschreibung des Werks.

Bei der »Dekonstruktion« wird das Bild zerlegt, verändert und neu zusammengefügt. Mittels digitaler Bildbearbeitung am Computer kann man sich bewusst vom Werk entfernen, mit dem Ziel, unterschiedliche Distanzen und Ebenen für die Zuordnung zum Ausgangsbild zu gewinnen. Dieses bewusste Entfernen kann erstens mittels Bildmanipulation erfolgen, durch Fotokopien, Fotografien, plastische Umwandlungen, durch Ausschneiden, Freistellen und Neukomponieren. Zweitens eignen sich Montagen, Collagen, Mischungen des Vorbildes mit aktuellen Bildern. Ein individueller Duktus, eine persönliche zeichnerische Umsetzung ist in der Phase der Dekonstruktion nicht nur gewünscht, sondern durchaus zu fördern. Ferner ist eine Umsetzung des Bildes beispielsweise in Cartoon- oder Comicmanier denkbar.

In der »Konstruktion« dient das Vorbild der Entwicklung eigenständiger Bildideen und -konzepte. Aspekte des Vorbildes, wie Komposition, Farben oder Motive, werden als Anlässe und Ausgangspunkte für neue, weitgehend unabhängige Bildschöpfungen genommen. Darüber hinaus entstehen ganz neue Bilder. Solche Bilder können aus gegenstandsfernen Zeichen, vielfältigem Material, flächig und räumlich, statisch und bewegt konstruiert werden. Dadurch, dass die »Konstruktion« Reflexionen zur eigenen bildnerischen Sprache voraussetzt, könne sie laut von Criegern erst ab der Sekundarstufe II gelingen.

In solchen bildnerisch-praktischen, meist experimentellen Zugangsformen zu ästhetischen Objekten werden exemplarisch eigenständige fachspezifische Wege der Werkerkundung gewiesen, die über eine kunstwissenschaftlich orientierte Analyse hinausgehen. Interessanterweise ermittelte der Erziehungswissenschaftler Klaus Mollenhauer in einer qualitativ-empirischen Untersuchung zum Phänomen bildnerischer Mimesis eine ähnliche dreigliedrige Aufteilung (Mollenhauer 1996, S. 97ff.). Bei Mollenhauer lauten die entsprechenden Kategorien »Nachahmung des Gesamtgestus eines Vorbilds« oder auch »Imitation«, »Nachahmung von einzelnen Motiven« oder »Umgestaltung der Vorlage« und als letzte Stufe – der »Konstruktion« von Criegerns vergleichbar – »Mimetische Bezugnahme auf Ereignisse der Innenwelt« oder »eher assoziative Weiterentwicklung des Vorbilds« (Mollenhauer 1996, S. 74ff.). Im Zuge dieser dritten Kategorie lösen sich Heranwachsende von ihrem Vorbild, sie entwickeln ihre eigenen Regeln und folgen diesen. Zu einer solchen eigenständigen Verarbeitung bzw. zu einem Neuentwurf hält Mollenhauer Kinder im Alter seiner Untersuchungsgruppe ab 10 Jahren durchaus für fähig.

Von Criegern verschweigt nicht die Problematik solcher praktischer Zugänge, also einem Kunstwerk bildnerisch-analytisch zu Leibe zu rücken (vgl. Kap. 1.2 und 4.3). Vielleicht sei das ›geschliffene Wort‹ eher für eine Kunstanalyse angebracht, denn das Wort rühre das Werk nicht an, versuche nicht, auf die gleiche Stufe mit dem Werk zu treten und setze bei den das Werk Rezipierenden eigene Vorstellungen – eben sprachlich orientierte Vorstellungen – frei.

6.5 Kreative Einzel- und Gruppenarbeit

In der Kunstgeschichte finden sich Beispiele für ein intensives, produktives, sich gegenseitig bereicherndes gemeinschaftliches Arbeiten. In früheren Jahrhunderten waren Künstler häufig in – freilich hierarchisch geprägten – Werkstätten und Ateliers (vgl. Kap. 6.3) gemeinsam tätig. Im 20. Jahrhundert trifft man auf Belege etwa im Bauhaus (vgl. Kap. 2.5), obwohl rückblickend gesagt werden kann, dass das Bauhaus als alternatives Modell einer Kunstausbildung häufig auch stark durch Differenzen zwischen den Lehrenden, weniger durch Gemeinsamkeiten geprägt war. Solche Auseinandersetzungen können zugleich durchaus als Zeichen einer kreativitätsanregenden Gemeinschaft gelten.

Kunst – vor allem Hochkunst, wie sie sich in unserer Gesellschaft und Kultur herausgebildet hat – ist (immer noch) durch ein Verständnis von Genialität geprägt, die an einzelne Menschen gebunden ist. Eine Persönlichkeit, die ihr Jahrhundert in dieser Hinsicht prägte, ist Pablo Picasso. Die isolierte Eigenständigkeit eines (Lebens-) Werkes ist häufig Qualitätskriterium. Am Ende des 20. Jahrhunderts stand die auratische Künstlerpersönlichkeit Joseph Beuys (vgl. Kap. 2.13 und 3.2) für dieses Kriterium; obwohl oder gerade weil sich bei Beuys auch die Ambivalenz zwischen Individuum und Gemeinschaft in der Weise zeigte, als das Soziale und die Kommunikation in seinen Werken eine zentrale Rolle spielten.

Auch in der Kunstpädagogik zeichnet sich dieses Spannungsverhältnis ab. Es lässt sich nicht harmonisch auflösen, sondern argumentativ bearbeiten. Vorbehalte gegenüber Gruppenarbeit im Kunstunterricht werden mit den Befürchtungen begründet, dass der Unterricht zu sozialpädagogisch werde, dass Gemeinschaftserfahrung zugunsten ästhetischer Erfahrung (vgl. Kap. 1.3) zurücktrete, dass therapeutische und kompensatorische Aspekte (vgl. Kap. 3.1) die Kunsterfahrung verdrängten. Doch gegen diese Auffassung spricht, dass z.B. ein fachbezogener Kunstunterricht in schwierigen Klassen mit vielen verhaltensauffälligen Kindern nur ansatzweise durchgeführt werden kann. Da hier die Kommunikations- und Lernbasis beeinträchtigt ist, haben Gruppenprozesse, die mit bildnerischer Praxis gefördert werden, eine wichtige stabilisierende Funktion (Wichelhaus 1998, S. 5). Das gemeinsame Herstellen von Bildern und bildnerischen Objekten als Kommunikationsform vermag durchaus die Entfaltung von Erfahrungspotenzialen zu steigern. Denn die Chancen der bildnerischen Interaktionen liegen im Nonverbalen. Hier kommuniziert man mittels Linien, Formen, Farben, Materialien, Gesten. Diese beiden Positionen schließen sich in einer plural verstandenen Kunstpädagogik nicht aus, wenn auch die eine Position mehr das Pädagogische und die andere mehr das Künstlerische gewichten mag.

Innerhalb der Kreativitätsdiskussion in der Kunstpädagogik wird immer wieder die Bedeutung des Einflusses von Gruppen auf die bildnerischen Prozesse hervorgehoben. Eine Gruppe, in der die Einzelnen eingebettet sind, in der sie akzeptiert werden, die auf gegenseitiges Vertrauen baut und in der sie außergewöhnliche Ideen entwickeln können, ist entscheidend für kreative Prozesse. Ein schöpferischer Mensch kann sich nur in einer Umgebung entfalten, die kreativitätsanregend ist. Hemmend wirken sich Gruppen aus, die einem hohen Konformitätsdruck unterliegen, in denen autoritäre oder ablehnend-spöttische Haltungen zu neuen Ideen sowie Intoleranz vorherrschen oder produktorientiertes Erfolgsstreben ohne spielerische prozesshafte Umwege. Eine kreative Gruppe sollte weiterhin in eine demgemäße Institution eingebunden sein und diese wiederum in eine solche nächstgrößere Einheit. Denn eine schöpferische Idee kann zudem nur als solche ›erkannt‹ werden, wenn ein soziales System mit unterschiedlichen kreativen Gruppen sie als anregend und innovativ akzeptiert. Merkmal einer kreativen Gruppe muss aber nicht ständige Zusammenarbeit sein, sondern sie kann auch Freiraum für selbstgewählte zeitlich begrenzte Isolation Einzelner von der Gruppe bedeuten. Nach der Isolation sollte sich die oder der Einzelne doch wieder öffnen, um sich mit der kritischen Rückmeldung der Gruppe weiterzuentwickeln. Person, Prozess, Produkt und Umwelt werden in der Kreativitätsforschung zunehmend als zusammenhängend gesehen (Preiser/ Buchholz 2004; Urban 2004).

Betrachtet man abseits der Kreativitätsdiskussion den sozialen Aspekt der Zusammenarbeit im Bildnerischen, so manifestiert sich in der Gruppe die Kommunikationsfähigkeit des Menschen.

Die Dialogfähigkeit der Einzelnen kann sich in der Gemeinschaft sukzessive entwickeln, ohne dass stets auf Worte zurückgegriffen werden muss. Die präverbalen Kommunikationsformen, beispielsweise im gemeinsamen großformativen Malen, geben nicht nur elementaren Gefühlen Ausdruck, sondern sie fördern eine soziale Nähe, die im Gespräch oder der Diskussion so nicht zu erreichen ist.

Für Kunstpädagogik ist die Gruppe stets konstitutiv. Kunstpädagogisches Arbeiten findet fast immer in Gruppen statt. Wenn auch keine bildnerischen Gemeinschaftsarbeiten entstehen, so kann doch das Zusammensein in der Gruppe sehr prägend wirken für die Fortentwicklung individueller bildnerischer Prozesse. Bergen solche bildnerischen Prozesse Erfahrungen des Scheiterns und der Enttäuschung, so können diese von der Gruppe wahrgenommen und ›aufgefangen‹ werden. Hierdurch entsteht ein sozialer Hintergrund der Selbst-Erfahrung, eine Sicherheit oder Verlässlichkeit im zunächst ungesicherten, offenen Experimentieren (Selle 1988, S. 320). Für kunst- und kulturpädagogische Professionalität sind demnach Fähigkeiten unverzichtbar, die das eigene Handeln in einer Gruppe bewusst machen. Es ist ein Grundwissen über Gruppendynamik erforderlich, damit kunstpädagogische Einflussmöglichkeiten situations-, gruppen- und personenadäquat eingesetzt und dosiert werden können. Weiteres berufsbezogenes Merkmal ist es, dass Kunstpädagoginnen und -pädagogen auf einen ›Fundus‹ an unterschiedlichsten gruppenbezogenen bildnerischen Übungen und hiermit verbundenen Praxiserfahrungen zurückgreifen können.

7 Forschen in der Kunstpädagogik

7.1 Die Anwendung von forschenden Verfahren in Kunst, Pädagogik und Kunstpädagogik

Forschende Zugänge zur Welt können als eine anthropologische Konstante angesehen werden, die sich nicht nur in den Wissenschaften, sondern u.a. in der individual- und kulturgeschichtlichen Entwicklung des Menschen zeigt. Forschende Zugänge zur Welt sind motiviert von der Neugier an den Phänomenen und davon, eine möglichst differenziertere, auch neue und andere Ordnung ›hinter den Erscheinungen zu entdecken‹. ›Forschen‹ in einem erweiterten Verständnis ist somit eine aktive Weltzuwendung, die – wie alles menschliche Handeln – Welt auch verändern kann. In der Pädagogik wie in der Kunst wird geforscht. Im Spannungsfeld zwischen ›Pädagogik‹ und ›Kunst‹ liegen erkundende und forschende Verfahren der Welt- und Selbstaneignung (vgl. Kap. 2.16). Bei differenzierter Betrachtung ergeben sich hieraus Gemeinsamkeiten und Unterschiede forschender Zugänge in Pädagogik und Kunst.

Kein Fachgebiet, das sich als wissenschaftlich versteht, kann es sich leisten, auf Forschung zu verzichten, also auf geregelte und systematische Verfahren, mit denen fachgebietsspezifische Erkenntnisse gewonnen werden. Zwar wird der Terminus ›Erziehungswissenschaft‹ oft für wissenschaftlich etablierte Forschung und Lehre an Hochschulen verwendet, während ›Pädagogik‹ vor allem die Praxis der erzieherischen Maßnahmen beinhaltet, aber diese Trennung wird nicht durchgängig vollzogen (Lenzen 1994). ›Forschung‹ in einem engeren, wissenschaftlichen Zusammenhang bedeutet die systematische, methodisch begründete, reflektierte und überprüfbare Beobachtung, Beschreibung und Rekonstruktion von Wirklichkeitsaspekten. Eine solche Kompetenz ist auch für pädagogische Praxis unverzichtbar. Zudem wird man in der Praxis häufig mit widersprüchlichen Forschungsergebnissen konfrontiert. Kennt man sich in Forschungsmethoden aus, so ist es eher möglich, sich ein eigenes Bild von der Güte der jeweiligen Forschungsarbeiten zu machen und diese angemessen einzuordnen. Ferner werden die Anforderungen an die in der pädagogischen Praxis Handelnden immer größer, ihr Handeln zu rechtfertigen, nicht nur mit Argumenten zu begründen, sondern auch auf ihre Wirkung hin zu evaluieren (vgl. Kap. 5.4; 7.7). Weiterhin verfügt man durch forschende Zugänge über Kompetenzen, mit denen man eigenes Handeln dokumentieren kann, indem man ›Daten‹ vorlegt und Argumente aufweist, die beispielsweise stichhaltig die Verbesserung der eigenen Arbeitsumstände begründen können.

Zeitgenössische Künstlerinnen und Künstler – etwa aus dem Bereich der Landart, wie Dorothee von Windheim, oder der Performance (vgl. Kap. 3.3), wie Lili Fischer – verstehen sich auch als Forschende. Sie betreiben allerdings keine wissenschaftliche Forschung, sondern sie forschen im künstlerischen Sinne. Sie bedienen sich unterschiedlicher Forschungsverfahren: Sie machen Versuche, dokumentieren diese und führen hierüber Buch, sie legen Sammlungen an, sie suchen und sichern Spuren, sie erkunden Lebensäußerungen anderer Menschen, sie arrangieren Experimente, führen diese durch und werten sie künstlerisch aus. Mit der Verwendung von an Forschungsverfahren angelehnten Methoden erkunden und gestalten sie zugleich, denn Erkundungen und Forschungen hinterlassen Spuren, sie verändern durch ihre Eingriffe die ›Forschungsfelder‹. Oder Künstlerinnen und Künstler entnehmen häufig etwas aus den Feldern, um es zu isolieren, um es zu untersuchen und zur intensiveren Rezeption in einem neuen Kontext zu präsentieren; wie etwa bei Erwin Wurm (vgl. Kap. 1.1).

Forschung in der Kunstpädagogik ist deshalb hauptsächlich vorgeprägt sowohl von kunst- und erziehungswissenschaftlichen Forschungsverfahren als auch von der Anwendung forschender Verfahren in der bildenden Kunst. Ferner spielen u.a. sozialwissenschaftliche und psychologische Verfahren (etwa am Übergang der Kunstpädagogik zur Kunsttherapie; vgl. Kap. 3.1) eine Rolle. Um dieses Spannungsfeld zwischen Pädagogik und Kunst zu verdeutlichen, wird nicht an die wissenschaftstheoretische Diskussion angeknüpft, sondern als beispielhaft für dieses Spannungsfeld wird im Folgenden vielmehr das Konzept der ›künstlerischen Feldforschung‹ von Lili Fischer vorgestellt und analysiert, die an der Kunstakademie Münster als Professorin für Performance mehrere Jahre für den kunstpädagogischen Studiengang ›Künstlerisches Lehramt für die Primarstufe‹ zuständig war.

Fischers Buch »Primäre Ideen. Hand- und Fußarbeiten aus der Kunstakademie Münster« (Fischer 1996) dokumentiert tagebuchähnlich in Text und Bild Projekte, die sie als »künstlerische Feldforschung« (Fischer 1996, S. 10ff.) bezeichnet. Seit den 1970er-Jahren übertrug die Künstlerin recherchierende Handlungsformen aus dem wissenschaftlichen Kontext der Ethnologie und Ethnografie (Fischer 1983) auf die künstlerische Performance (vgl. Kap. 3.3) und transformierte sie hierbei zu Mitteln künstlerischen Ausdrucks. Insbesondere bezog sie soziologische, anthropologische und ökologische Aspekte in ihr Werk mit ein. Sie beschreibt ihr Vorgehen detailliert: »Ich machte die Erfahrung, dass jeder seine eigenen Empfindungen hat, wenn er mit pflanzlichen Substanzen und Gerüchen in Berührung kommt. Das habe ich bei einigen Animationen thematisiert: z.B. bei ›Kissensinn‹ werden in Gaze eingenähte Holunderblüten zum Riechen verteilt – mit Kissenkopie und Stift zum Notieren der Geruchs. Assoziationen. Die Gerüche sind von Alten-Kreisen, Jugendlichen oder Mitgliedern des Internationalen Künstlergremiums kommentiert worden: jedes Mal wieder anders. Sie reichen von Erinnerungen an Gefangenschaft, über Matratzenliebe, Kräutersoll-Sammeln-unter-Hitler bis hin zum Pfannekuchenrezept von Meret Oppenheim« (Fischer 1988, S. 166). Ziel von Fischers Feldforschung ist es, »die Erkundung und Erprobung brauchbarer Methoden, alltägliche Felder in ihren künstlerischen Dimensionen zu erschließen – das nicht nur auf einer persönlichen, sondern auch intersubjektiven Ebene« (Fischer 1983, S. 26). Lili Fischers Werk enthält offensichtlich pädagogische Anteile (vgl. Kap. 1). Anregungen eines solchen künstlerischen Ansatzes für die Kunstpädagogik können auf mindestens zweierlei Weise erfolgen: sowohl in Bezug auf die wissenschaftliche Forschungspraxis als auch auf die Unterrichtspraxis im Fach (Brenne 2004).

Weil in den Aufzeichnungen und Dokumentationen Fischers eine explizite Interpretation ihres Materials nicht erfolgt, kann Lili Fischers ›künstlerische Feldforschung‹ im engeren Sinn jedoch nicht der wissenschaftlichen Forschung zugerechnet werden, denn eine Interpretation ist immer elementarer Bestandteil eines wissenschaftlichen Forschungsprozesses. Übertragungen des Fischer'schen Ansatzes auf wissenschaftliche Arbeitsweisen in der Kunstpädagogik sind deshalb nicht gradlinig möglich. Er lässt sich aber als ein bewusst inszeniertes Entgrenzungsphänomen zwischen Pädagogik und Kunst mittels wissenschaftlicher Forschungsverfahren verorten. Aus diesem Grunde ist in ihrem Fall zumindest in einer wissenschaftlichen Terminologie korrekter von ›Feldaufzeichnungen‹ oder von ›dokumentierten Feldversuchen‹ zu sprechen. Fischers Dokumentationen sind dennoch durchaus für in der Kunstpädagogik Forschende aufschlussreich, weil in ihnen adäquate Formen des Experimentierens im Feld mit dem Ziel der Materialgewinnung und der Präsentation von ästhetischen Prozessen und Produkten mittels Texten, Zitaten, Fotografien oder Zeichnungen eröffnet sind. Für Forschung im Bereich der Kunstpädagogik stellt sich z.B. immer die Frage nach der Art und Weise einer Dokumentation gestalterischer, ästhetischer und sozialer Prozesse, die dem Fach und seinen Spezifika angemessen sind. Die kreative, subjektive, oft spielerisch-lustvolle und informative Verbindung von Konzeptions- und Szenenzeichnungen für die künstlerischen Prozesse, von Fotos zum Ablauf der Aktionen, von tagebuchähnlichen Aufzeichnungen der Seminarleiterin und der Teilnehmenden, von meist stichwortartigen Protokollen der Beteiligten und der Vorstellung von Abschlussprodukten enthält bei Fischer zweifellos vielfältige methodische Anregungen, sowohl für die Generierung von Forschungsmaterial als auch für die Darstellung von Forschungsprozessen. Als den beobachteten ästhetischen Prozessen gemäße Dokumentationsformen können sie deshalb gelten, weil mit ihnen nicht versucht wird, solche Prozesse vorschnell zu kategorisieren.

Was an Fischers Veröffentlichungen für Forschende weiterhin anregend sein kann, ist die Art und Weise ihrer tagebuchähnlichen Dokumentation. Sie orientiert sich vor allem an Methoden der Aktionsforschung und berücksichtigt den Einfluss eigenen Handelns auf die Beteiligten als Merkmal ihrer Feldaufzeichnungen. Ein in der erziehungswissenschaftlichen Empirie häufig empfohlenes Forschungs- oder Feldtagebuch, u.a. als wichtige Dokumentationsform einer Teilnehmenden Beobachtung mit selbstreflexiven Anteilen der Forschenden, könnte im Bereich der Kunstpädagogik mit dem Schwerpunkt der zeichnerischen und fotografischen Dokumentation so oder so ähnlich verfasst sein.

Übertragungsversuche eines solchen künstlerischen Ansatzes – wie des exemplarisch vorgestellten von Lili Fischer – auf die kunstpädagogische Erziehungspraxis können in der Weise erfolgen, dass eine künstlerisch forschende Haltung bei Schülerinnen und Schülern initiiert wird; häufig zur Erkundung von Phänomenen in der Mitwelt oder der Kunst oder zur Dokumentation selbst erlebter ästhetischer Prozesse (Kämpf-Jansen 2001; Heil 2007; Sabisch 2007; vgl. Kap. 2.16). Den Forschungsbegriff im Künstlerisch-Didaktischen zu benutzen, ist also nicht unüblich. So spricht der Kunstpädagoge Manfred Blohm von ›ästhetischer Forschung‹ in Bezug auf projektorientiertes Arbeiten. Er listet eingrenzend Merkmale eines ›ästhetischen Forschungsprojekts‹ zur Erkundung zeitgenössischer Kunst auf, in dessen Kontext auch ein ›ästhetisches Tagebuch‹ geführt werden könne (Blohm 1997, S. 87).

7.2 Sinn und Zweck wissenschaftlicher Forschung

Wissenschaftliche Forschungsmethoden sind Instrumentarien bzw. Regelsysteme, mit denen Aussagen nach in der Wissenschaft vereinbarten Kriterien und Richtlinien gewonnen werden können. Überzeugungskraft erlangen solche wissenschaftlichen Aussagen vor allem dadurch, dass ihre Entstehung durch andere Menschen überprüfbar ist. Jeder mit den Regeln Vertraute sollte die Erkenntniswege nachvollziehen können, wie zu bestimmten Ergebnissen gelangt wurde. Das Medium hierfür ist fast immer die Schriftsprache. Diese Regelsysteme sind in den Wissenschaftsbereichen, die sich mit dem Menschen und menschlichem Verhalten beschäftigen, in zwei Richtungen offen: Zum einen ist die Anzahl der anwendbaren Methoden in einer Wissenschaft nicht begrenzt, d.h. neue Methoden können entwickelt werden. Zum anderen lassen sich bestehende Regeln ausdifferenzieren oder reduzieren, d.h. der Grad der methodischen Geregeltheit ist variabel (Kuckartz 1994, S. 545). Eine solche Offenheit ist kein defizitärer Zustand, sondern ist für Wissenschaft kennzeichnend. Durch Offenheit und Sensibilität gegenüber den konkreten Lebensbedingungen und -äußerungen der Menschen geprägte Einstellungen gelten auch als wichtige Merkmale der Kunstpädagogik.

Knapp zusammengefasst sind Kennzeichen und zugleich Gütekriterien wissenschaftlicher Forschung u.a.:
– die ausführliche Dokumentation eines Forschungsprozesses bzw. -verfahrens,
– die Absicherung der Interpretationen und die Verallgemeinerung der Ergebnisse mittels nachvollziehbarer Methoden, Instrumentarien, Argumente, klar beschriebener Beobachtungen oder Zahlen (beispielsweise in Statistiken),
– die Regelgeleitetheit und Systematik eines Forschungsprozesses innerhalb einer in sich stimmigen Untersuchungseinheit,
– die Überprüfung, Weiterentwicklung und Nutzung der Forschungsverfahren und der Ergebnisse in Kommunikation mit anderen Forschenden (im Gespräch oder in Veröffentlichungen),
– das systematische In-Beziehung-Setzen unterschiedlicher Forschungsprojekte und -ergebnisse, das durch die Anwendung von Forschungsverfahren erst möglich wird,
– die Pluralität verschiedener forschender Herangehensweisen innerhalb einer größeren Forschungsgemeinschaft und
– die Transparenz des Forschungsprozesses nach innen und außen.

Durch diese Kennzeichen und Gütekriterien unterscheidet sich wissenschaftliche Forschung von mitgängigen, alltäglichen und auch von künstlerischen Herangehensweisen an Menschen, Phänomene und Dinge. In der Kunstpädagogik angewandte Forschungs- und Erkenntnisverfahren sind vielfältig und sie orientieren sich vor allem an der Bandbreite der Forschungsmethoden der Bezugswissenschaften, wie Erziehungswissenschaft, Kunstgeschichte und Psychologie.

7.3 Historische Forschung

Kunstpädagogik erforscht ihre eigenen historischen Wurzeln. Den bisher letzten Versuch, eine umfassend angelegte Untersuchung zur Fachgeschichte zu schreiben, wagte Gert Selle vor über 25 Jahren mit seinem Buch »Kultur der Sinne und ästhetische Erziehung. Alltag, Sozialisation, Kunstunterricht in Deutschland vom Kaiserreich zur Bundesrepublik« (Selle 1981). (Richter 2003 geht hingegen sehr selektiv und unsystematisch vor.) Der Schwerpunkt von Selles Buch ist die Darstellung der Einbettung der historischen Entwicklung des Faches in die alltägliche ästhetische Sozialisation der Menschen zu ihrer Zeit – beispielsweise mit welchem Produktdesign sie Tag für Tag konfrontiert waren und wie dieses in Wechselwirkung zum Kunstunterricht zu sehen ist. Zur gleichen Zeit legte Hans-Günther Richter seine »Geschichte der Kunstdidaktik. Konzepte zur Verwirklichung von ästhetischer Erziehung seit 1880« (Richter 1981) im Anschluss an Wolfgang Kemps Grundlagenwerk »... einen wahrhaft bildenden Zeichenunterricht überall einzuführen‹. Zeichnen und Zeichenunterricht der Laien 1500–1870« (Kemp 1979) vor.

Eine Tendenz lässt sich innerhalb der historischen Forschung im Fach seitdem feststellen: weg von der chronologisch geordneten Darstellung großer Zeiträume, hin zu Untersuchungen über die Wirkungen und Wirkungsgeschichte einzelner einflussreicher Kunstpädagoginnen und Kunstpädagogen auf das Fach bzw. einflussreicher Konzepte. Rainer K. Wick erforschte beispielsweise die von ihm so genannte »Bauhauspädagogik« (Wick [4]1994), in der vor allem Bezüge zwischen Pädagogik und Kunst aus historischer Perspektive deutlich werden (vgl. Kap. 3.2). Eine neuere Studie widmet Wick dem Kunsterzieher Hans Friedrich Geist und dessen Wirken in der Weimarer Republik, im ›Dritten Reich‹ sowie im Nachkriegsdeutschland (Wick 2003) (vgl. Kap. 2.5). Im Rahmen dieses historischen Paradigmas werden häufig die Fragen nach den grundsätzlichen Aufgaben und Strukturen des Faches jeweils vor dem Hintergrund sich wandelnder kultureller und gesellschaftlicher sowie individueller Umstände zu beantworten versucht. Als exemplarisch hierfür kann die Dissertation von Meike Aissen-Crewett »Schülerzentrierte Kunstpädagogik. Erwin Heckmanns Kunstpädagogik zwischen Reformpädagogik und moderner Didaktik« (Aissen-Crewett 1985) gelten. Die Autorin entwirft in kritischer Reflexion der Potenziale der Reformpädagogik des Kunsterziehers Erwin Heckmann (1881–1963) eine gegenwartsbezogene schülerzentrierte Didaktik der Ästhetischen Erziehung. Dieser wichtigen, für uns heute noch impulsgebenden Epoche widmete sich auch die Untersuchung von Wolfgang Reiß »Die Kunsterziehung in der Weimarer Republik« (Reiß 1981). Weiteres Beispiel für die Wirkung eines einzelnen Konzepts ist die Studie von Wolfgang Legler »Die Dr. Stuhlmannsche Zeichenmethode und Bildung der Phantasie« (Legler 1988) (vgl. Kap. 2.3). Neben dieser Form historischer Forschung kann auf kommentierte Quellentext-Sammlungen zur Geschichte des Faches zurückgegriffen werden, z.B. Kerbs 1976; Bering 1999.

Von 1976 bis 2000 bestand in Berlin ein »BDK-Archiv« zur »Geschichte der Kunstpädagogik« mit bis zu 120 Jahre alten Dokumenten, das im Rahmen der Ausstellung »Kind und Kunst« (1976) gegründet wurde. Es wurde inzwischen in den Bestand der »Bibliothek für Bildungsgeschichtliche Forschung« in Berlin (http://www.dipf.de) eingegliedert und wird dort weitergeführt (vgl. BDK-Mitteilungen 3/2000, S. 7f.).

Der zentrale Nutzen historischer Forschung in der Kunstpädagogik, deren Ergebnisse in Kapitel 2 konturiert werden, liegt darin, ein möglichst umfassendes Verständnis von dem zu entwickeln und zu präzisieren, wie Kunstpädagogik zu dem geworden ist, was sie heute ist. Ziel ist die historisch aufgeklärte und bewusste Fundierung der Gegenwart aus der Vergangenheit heraus.

7.4 Kinderzeichnungsforschung und Erforschung bildnerisch-ästhetischen Verhaltens von Heranwachsenden

Die Entdeckung der so genannten ›freien‹ Kinderzeichnung am Ende des 19. Jahrhunderts (vgl. Kap. 2.4) durch Kunsthistoriker, Pädagogen und dann auch durch Kunstpädagogen löste das aus, was bis heute noch unter dem Terminus »Kinderzeichnungsforschung« zusammengefasst wird. Diese Bezeichnung ist im Fach zwar etabliert, aber missverständlich, weil sich Kunstpädagogik grundsätzlich und offener um bildnerisch-ästhetisches Verhalten von Kindern, Jugendlichen und Erwachsenen kümmert, also nicht nur um das Zeichnen und nicht nur um die Altersgruppe der Kinder. Eng und wörtlich ausgelegt würde noch nicht einmal die Malerei mit Wasserfarben zur »Kinderzeichnung« gehören. Im Laufe des 20. Jahrhunderts kamen immer mehr Bereiche bildnerischer Gestaltung hinzu, beispielsweise das plastische Arbeiten (vgl. Kap. 4.2), Graffiti-Sprayen oder das Fotografieren (vgl. Kap. 3.5). Dennoch sind die Forschungen zur Kinderzeichnung ein eigener, separater, traditionsreicher und sehr umfassend etablierter Bereich kunstpädagogischer Forschung. Gehen wir von einem wissenschaftlich-forschenden Selbstverständnis in der Kunstpädagogik aus, dann hat sich dieses in ihrem Kern hier am frühesten etabliert, obwohl die Einflüsse von außen – vor allem aus der Psychologie – stets groß waren. Veröffentlichungen, die einen Überblick über diesen Forschungsbereich aus Sicht der Kunstpädagogik geben, die vorhandene Forschungen miteinander verknüpfen und diese auf dem aktuellen Stand der Wissenschaft kritisch analysieren, sind ausreichend verfügbar (z.B. Richter 1987; Reiß 1996).

Sehr verschiedene Phasierungen von Entwicklung in der Kindheit liegen den unterschiedlichen ›Schulen‹ zugrunde, weshalb sie auch die bildnerischen Ergebnisse in je unterschiedliche Phasen einteilen. Als weitgehend konsensfähig kann aber folgende Dreiteilung des Entwicklungsgeschehens in Bezug auf die Kinderzeichnung in unserer Kultur angesehen werden:
(1) die Kritzelphase oder sensomotorische Phase, in der Bewegungsspuren das Bild bestimmen (Kleinkind) (vgl. Abb. 21);
(2) die Schemaphase, in der sich die Gestaltung bildnerischer Symbole bzw. ›Sinnzeichen‹ in unterschiedlichen Stufen und Komplexitätsgraden ausprägt (spätes Kindergartenalter und Grundschulalter);
(3) die so genannte pseudonaturalistische Phase oder Nach-Schemaphase, in der die Orientierung am Sichtbaren und an der äußeren Erscheinung des Dargestellten vorherrscht (Kinder ab 11 Jahren und Jugendliche).

Abb. 21: Im Alter von drei Jahren und vier Monaten zeichnet Hans so genannte sinnunterlegte Kritzeleien. Seine Kritzelzeichnung legt er selbst im Nachhinein assoziativ gegenständlich aus. So benennt Hans diese Zeichnung als »Elefant«, denn links von der kompakten Grundform sah er einen rüsselähnlichen Fortsatz.

Inzwischen sieht die Kinderzeichnungsforschung ästhetisches Verhalten durchaus komplexer als es die Phasierungen nahelegen. Nicht nur die relativ isolierte Interpretation bildnerischer Produktion wird fokussiert, sondern es werden z.B.
– Beziehungen zwischen sprachlichen Äußerungen und bildnerischer Produktion oder
– zwischen Körperbewegungen und bildnerischer Produktion thematisiert (Egger [6]2001).
– Den sozialen Interaktionen innerhalb von (Kunst-) Unterricht wendet man sich in Bezug auf die Kinderzeichnung zu (Schuster/Jezek 1992).
– Ferner hat sich im Bereich der digitalen Kinderzeichnung ein eigener Forschungsschwerpunkt etabliert (Kirchner 2000; Mohr 2005). Hier wird versucht, an traditionelle Untersuchungsmethoden anzuknüpfen und diese zu spezifizieren.
– Im Zusammenhang mit seinen empirischen Forschungen, bei denen der Medienpädagoge Norbert Neuß Kinder zu Erleb-

nissen ihrer Medienrezeption zeichnen lässt, sieht er in der dialogischen Auslegung der Zeichnung gemeinsam mit dem jeweiligen Kind einen Weg, der einer kommunikativen Erziehungstheorie näher sei als die entwicklungspsychologischen Schematisierungen und tiefenpsychologischen Analysen (Neuß 1999, S. 70).

Einen genuin kunstpädagogischen Ansatz im Bereich der Kinderzeichnungsforschung legte Andreas Schoppe mit seiner Untersuchung »Kinderzeichnung und Lebenswelt. Neue Wege zum Verständnis des kindlichen Gestaltens« vor (Schoppe 1991). Er kritisiert die Auseinandersetzungen mit Kinderzeichnungen in der Kunstpädagogik, die bisher erstens durch Übernahmen psychologischer Ansätze und Modelle geprägt seien. Doch sind die wenigsten Kunstpädagoginnen und Kunstpädagogen psychologisch ausgebildet. Zudem verzerre der psychologische Blickwinkel die Funktion, die das Zeichnen als Tätigkeit für das Kind habe. Zweitens sei die kunstpädagogische Kinderzeichnungsforschung häufig vom künstlerischen, ästhetik-theoretischen Blick Erwachsener geprägt. Doch sind formale Harmonie, Originalität oder Prägnanz in der Kinderzeichnung kein Selbstzweck, sondern Mittel zum Zweck des Ausdrucks, der Bildaussage, der Tätigkeit im Rahmen eines Kommunikationsangebots. Kindliches Gestalten sollte deshalb – so Schoppe – unter dem Aspekt der Kommunikation betrachtet werden, denn dies entspräche auch der kindlichen Intention (ebd., S. 182).

Andreas Schoppe tut dies, indem er Kinderzeichnungen nicht von einem ›künstlerischen‹ Standpunkt aus betrachtet, sondern primär unter pädagogischem Blickwinkel. Ein dominantes Merkmal, das sonst meist ignoriert wird, ist der Einsatz von Schriftsprache im bildnerischen Ausdruck der Heranwachsenden. Erwachsenen zugeordnete Sprechblasen mit Aussagen gegenüber spielenden Kindern, wie »Verschwinde, hau ab, mach 'ne Mücke« oder »Ruhe, ich will schlafen«, verweisen auf die Verarbeitungen lebensweltbezogener Erfahrungen in der Tätigkeit des Zeichnens. Auch die emotionalen Auseinandersetzungen mit Schule (»Scheiß Hausaufgaben«) und dem Zensurendruck werden im Zeichnen verarbeitet. Auf einer allgemeinen Ebene wird somit die Persönlichkeitsentwicklung gefördert, weil persönliche und gesellschaftliche Belange verarbeitet werden.

Über Schoppes Auffassungen hinausgehend sollten nicht nur die schriftlichen verbalen, sondern auch die mündlichen Äußerungen im Forschungsprozess mit berücksichtigt werden.

Für die Kinderzeichnungsforschung gilt es, die subjektiven Faktoren und biografischen Bezüge in der bildnerischen Handlung des Kindes aus Sicht des Erwachsenen zu rekonstruieren, d.h. Beweggründe, Ideen und Interessen im Vollzug des Zeichnens und deren kommunikative Beziehungsaspekte zu thematisieren. Denn die Kinderzeichnung ist als ein Interaktionsmedium zwischen Kind und Umwelt anzusehen. Das Kind gestaltet, und zugleich wird es durch die Bedeutungsinhalte überformt. Von welcher Intensität und Qualität die Auseinandersetzung mit eigenen Lebensweltsituationen ist, deutet sich in der Art und Weise des Einsatzes der einzelnen Gestaltungsmittel an, die sich letztlich in der Struktur der Zeichnung niederschlagen.

Pädagogisch bedeutsam ist, dass die Heranwachsenden mit geeigneten Aufgabenstellungen – etwa im Kunstunterricht – konfrontiert werden. Eine solche Aufgabe muss die Potenziale besitzen, zum persönlichen Problem des Kindes zu werden. Durch die Ableitung eines ›Problemraumes‹ aus dem ›Aufgabenraum‹ schafft sich das Kind individuelle Strategien für sein zukünftiges, nicht nur zeichnerisches Handeln. Während im Bereich des manuellen Handelns bestimmte Elemente der Zeichnung verkürzt und schematisch zu Papier gebracht werden, öffnen sich Freiräume für eine eigene intensive gedankliche Beschäftigung mit der vorliegenden Thematik, einem ›inneren Handeln‹ gleich.

Durch dieses Modell wird auch einsichtig, dass die Interpretation des ästhetischen Verhaltens von Kindern kein hegemonialer Akt ist. Erwachsene, die von eigenen Normen geleitet werden, können Kinder zwar nicht völlig verstehen. Aber die Kinderzeichnung ist fast immer ein Kommunikationsangebot. Dieses Angebot kann auch im Rahmen von Forschung genutzt werden.

Kinderzeichnung – so wird deutlich – weist allgemeine Entwicklungs- und Bildmerkmale auf, die sich bei der überwiegenden Anzahl Gleichaltriger zeigen. Aber sie enthält auch die Verarbeitung einmaliger persönlicher Erfahrungen eines bestimmten Kindes. Durch diese zwei Merkmale wird der Kinderzeichnung in der Kunstpädagogik voraussichtlich noch lange ein zentraler Stellenwert zugemessen werden: (1) Fast alle Kinder zeichnen zumindest bis in die Grundschulzeit hinein, und (2) die Zeichnung ist manifest, sie lässt sich leicht sammeln und aufheben und damit für Forschungen verwenden.

7.5 Bildungstheoretische hermeneutische Forschung

Das Material bildungstheoretischer bzw. hermeneutischer Forschung sind fast immer wissenschaftliche Texte, meist aus der bildungstheoretischen bzw. hermeneutischen Forschung selbst. Die Weiterentwicklung von Kunstpädagogik – so die Grundannahme innerhalb dieses Forschungsverfahrens – ist über das genaue Studium und die Interpretation von Texten zur Kunstpädagogik und aus angrenzenden Disziplinen möglich. Texte zur Ästhetik und ästhetischen Erziehung – seien sie ›Klassikertexte‹, wie Friedrich Schillers Briefe »Über die ästhetische Erziehung des Menschen« (Schiller 1793/1795, 1948; vgl. Kap. 2.2) oder neuere Theorien, wie etwa Rudolf zur Lippes Schrift »Sinnenbewußtsein« (Lippe 1987/2001; vgl. Kap. 2.11) – werden in Bezug auf kunstpädagogische Kernbereiche bzw. -tätigkeiten ausgelegt. Aus diesen Texten werden Theorieelemente separiert, dargestellt, interpretiert, auf aktuelle Fragestellungen bezogen sowie mit neu entwickelten Theorieelementen und teils mit kunstpädagogischen Praxiserfahrungen argumentativ verknüpft. Meist werden innerhalb dieses Forschungsverfahrens aus der Reflexion dessen, was ästhetische Erziehung wesensmäßig sein sollte, unter Zuhilfenahme anderer Texte neue Modelle bzw. neue Modellaspekte von Kunstpädagogik entworfen. Als beispielhaft für ein solches hermeneutisches Verfahren kann Thomas Lehnerers Studie »Methode der Kunst« (Lehnerer 1994) gelten, in der er Kernbegriffe der ästhetischen Erziehung, wie ›Kunstempfinden‹, ›ästhetisches Objekt‹, ›ästhetisches Gefühl‹, ›Spiel‹ (nach Schiller) oder ›ästhetische Empfindung‹, zu klären versuchte (Lehnerer 1994, S. 54ff.).

Dem Thema ›Spiel‹ widmet sich auch die Kunstpädagogin Tanja Wetzel, da es zentral für die Ausgestaltung kunstpädagogischer Situationen ist (Wetzel 2005). In Auseinandersetzung u.a. mit Spieltheorien, philosophischen und geisteswissenschaftlichen Positionen argumentiert Wetzel für ästhetisch-künstlerische Handlungen als Tätigkeiten im künstlerischen Feld, indem die beteiligten Akteure dieses Feld stets performativ »bespielen« und Ordnungsstrukturen »auf's Spiel setzen«. Seine Überzeugungskraft erhält eine bildungstheoretische Untersuchung durch die einsichtige und originelle Kombination unterschiedlicher Theorien; bei Wetzel sind dies u.a. Ansätze des Kunstsoziologen Pierre Bourdieu, des Philosophen Jacques Derrida oder des Kunstpädagogen Karl-Josef Pazzini; vor allem werden auch Gedanken des Künstlers Marcel Duchamps verarbeitet.

Eine zentrale Legitimation, bildungstheoretisch bzw. hermeneutisch zu forschen, liegt in der Überzeugung begründet, dass erzieherische und pädagogische Prozesse prinzipiell unwiederholbar und einmalig sind; so singulär, dass es kaum sinnvoll wäre, diese Praxen und Prozesse selbst systematisch zu erforschen und auszulegen (ein Standpunkt, der diametral der empirischen Forschung entgegensteht; vgl. Kap. 7.7). Angesichts dieser Einmaligkeit pädagogischer Prozesse beschäftigt sich erziehungswissenschaftlich-hermeneutische Forschung, die sich in ihrer Allgemeinheit über mehr erstreckt als das Spezifische eines bestimmten Handlungskontexts, mit dem ›Herausschälen‹ des Wesenhaften von ästhetischer Erziehung durch die Deutung von Texten über ästhetische Erziehung. Ferner gründet sich dieses Vorgehen auch historisch auf der Annahme, Epochen sowie ›zeitlose‹ Charakteristika von Erziehung seien über herausragende Texte zum Thema zu rekonstruieren.

7.6 Fachdidaktische Forschung

Didaktik bezeichnet die wissenschaftliche Reflexion über meist planvolles und institutionalisiertes Lehren und Lernen. Die Didaktik ist also vorrangig dem Wissenschaftssystem zugeordnet, sie nutzt wissenschaftliche Methoden und Strukturen, sie steht

nicht unter dem Handlungsdruck von pädagogischer Praxis. Um didaktische Überlegungen zu gliedern, hat sich die folgende Einteilung als hilfreich erwiesen:
- Ziele: Warum wird etwas Bestimmtes angeboten, gelehrt und gelernt?
- Inhalte: Was wird pädagogisch aufbereitet und gelernt?
- Methoden: Wie soll etwas dargestellt, vermittelt und gelernt werden?
- Beziehungen: Wie verhalten sich die Beteiligten untereinander?

Alle vier Aspekte sind nicht trennscharf voneinander abzugrenzen, sondern beeinflussen sich wechselseitig. Sie sind jeweils einerseits auf die Perspektive der Vermittlung, also die Lehrenden, und andererseits auf die Perspektive der Aneignung, also die Lernenden, zu beziehen. Im Rahmen einer didaktischen Analyse sollten sich nach einer Entscheidung für Ziele und nach der Auswahl der hierauf bezogenen Inhalte methodische und soziale Aspekte betreffende Überlegungen anschließen. Doch verkennt wiederum eine an den Zielen und Inhalten ansetzende Argumentation die dynamischen Rückkoppelungen in der Praxis – pädagogische Interaktionen lassen sich nur in unterschiedlichen Maßen linear vorplanen. Aber auch eine solche kritische Überlegung ist bereits Teil der Didaktik.

Vorgehensweisen und Ergebnisse fachdidaktischer Forschung innerhalb der Kunstpädagogik (Busse 2003) sind beispielhaft in Kapitel 2.12 bis 2.16 dargestellt. Die Person Gunter Ottos ist in dieser Hinsicht von Bedeutung, denn Otto war stets Allgemeindidaktiker und Fachdidaktiker (vgl. Kap. 2.12). Die kunstpädagogische Fachdidaktik ist von der Differenz zwischen Pädagogik und Kunst in ihrem Kern berührt, denn sie muss sich mit der grundsätzlichen Frage auseinandersetzen, ob sich das Fachliche, also die künstlerischen Herangehensweisen und Ausdrucksmöglichkeiten, mit dem Didaktischen überhaupt vereinbaren lassen; und wenn ja, auf welchen Wegen und mit welchen Mitteln (vgl. Kap. 1.2).

Fachdidaktiken sind eng an die Lehrerinnen- und Lehrerbildung, an deren Etablierung und Verwissenschaftlichung innerhalb der Hochschulen gekoppelt. Ein zentrales Feld fachdidaktischer Studien ist deshalb die Curriculumforschung, das sind

Untersuchungen, die sich mit der Erstellung von Lehrplänen befassen. Diese Lehrpläne für das Fach Kunst vieler Bundesländer sind inzwischen im Internet veröffentlicht (die Site »http://www.kunstunterricht.de« hält die entsprechenden Links bereit; vgl. Kap. 9.1.2). Auf der Ebene des »Fachverbandes für Kunstpädagogik, BDK« (vgl. Kap. 9.1.1) finden wissenschaftliche fachdidaktische Diskussionen in der Form ihren Niederschlag, dass Positionspapiere zum Kunstunterricht in der Primarstufe, Sekundarstufe I und II erarbeitet und herausgegeben wurden (BDK 1999). Der Curriculumforschung wird nicht selten Praxisferne vorgeworfen. Aus diesem Grunde werden im Zusammenhang mit den Lehrplänen für das Fach Kunst meist Beschreibungen von exemplarischen Unterrichtseinheiten hinzugefügt; Theorie wird durch Praxis konturiert und sicher auch variiert. Die meisten Ausgaben der Fachzeitschrift »Kunst+Unterricht« sind ebenfalls im Kern nach diesem Schema aufgebaut: Ein ›Basisartikel‹ konturiert die fachdidaktischen Aspekte eines Themas theoretisch und wissenschaftlich, woraufhin sich im ›Thementeil‹ Unterrichtsdarstellungen aus verschiedenen Schulstufen anschließen, in denen die fachdidaktische Theorie in kunstpädagogische Praxis umgesetzt ist. Dass es sich hierbei nicht um alltäglichen Unterricht handelt, liegt in der Natur der Sache, da ja in gewisser Weise vorbildlicher Unterricht zu den fachdidaktischen Überlegungen dargestellt werden soll.

7.7 Empirische Forschung

Die Forschungsform der Empirie zielt auf Erkenntnisse, die auf (Sinnes-)Erfahrungen beruhen. Empirie basiert auf der Erfassung von u.a. kulturellen, biografischen oder sozialen Phänomenen, beispielsweise durch Beobachtungen und Befragungen. Wenn man eine empirisch basierte Erkenntnis hat, dann hat man kein Buch, keinen Zeitschriftenartikel gelesen und gedeutet (vgl. Kap. 7.5), um sein Wissen zu erweitern, sondern man hat seine Erfahrungen, auf denen Erkenntnis beruht, ›draußen‹ in der Welt gesammelt. Aussagen zu Aufgaben, Handlungsvollzügen, ästhetischen Dispositionen und didaktischen Strukturen von Kunstpädagogik lassen sich auf dem Wege empirischer Forschung gewinnen. Diese Erfahrungen, auf denen die Erkenntnis beruht, müssen ›festgehalten‹ werden. Häufig besteht das Forschungsmaterial aus Protokollen teilnehmender Beobachtung, angekreuzten Fragebögen oder transkribierten Interviews; es kann sich aber auch aus Fotografien, Video-Filmen oder Zeichnungen zusammensetzen. Anhand dieses Forschungsmaterials werden durch Interpretationen empirisch begründete Erkenntnisse erarbeitet. Diese Erkenntnisse können einen Beitrag beispielsweise zu einem tieferen Verständnis ästhetischen Verhaltens von Menschen inner- und außerhalb kunstpädagogischer Situationen leisten und somit Aufgaben der Kunstpädagogik aktuell klären helfen. Da Erfahrungsammeln freilich äußerst subjektiv und für andere Menschen kaum nachvollziehbar sein kann – im wörtlichen Sinne der Aussage: »Das sehe ich aber ganz anders als du« –, müssen sich Beobachtungen und Experimente innerhalb empirischer Forschung an bestimmten Regeln orientieren, damit die Nachvollziehbarkeit der Forschung durch Außenstehende gewährleistet ist (vgl. Kap. 7.2).

Innerhalb der empirischen Forschung unterscheidet man qualitative und quantitative Ansätze. Quantitative empirische Untersuchungen beruhen auf Zahlen und Statistiken. Ihr Ziel ist es, eine allgemein gültige Aussage zu erhalten, die – meist ausgehend von einer kleinen, aber repräsentativen Gruppe der Bevölkerung – auf eine größere Gruppe schließt, etwa Schülerinnen und Schüler der Sekundarstufe I eines Bundeslandes. Quantitative empirische Untersuchungen basieren häufig auf Hypothesen, die überprüft werden, sowie auf Fragen, auf die klar mit Ja/Nein oder in verschiedenen Abstufungen (trifft vollkommen/ziemlich/weniger/nicht zu) zu antworten ist. Die Häufigkeiten der Antworten können ausgezählt und statistisch erfasst werden (vgl. die vorwiegend quantitativen Untersuchungen von Schönemann 1981; Schiemenz 1985; Reiß 1996; Oswald 2003). Die Ergebnisse dieser statistischen Erfassung werden daraufhin z.B. in Bezug zu bestimmten anderen korrelierenden Ergebnissen oder zu soziodemografischen Angaben gesetzt, Häufigkeiten werden errechnet. Zudem können Durchschnittswerte, Skalen und Standardabweichungen ermittelt werden.

Qualitative empirische Forschung hingegen beruht nicht auf Zahlen und will keine Statistiken erstellen, sondern sie beruht auf Auslegungen und Interpretationen. Ihr Ziel ist nicht die Repräsentativität, sondern die Exemplarik und ›Tiefenschärfe‹ von Einzelfällen (Peez ²2002; Peez 2007). Formen qualitativer empirischer Forschung haben u.a. in den Erziehungs- und Sozialwissenschaften eine lange und eigenständige Traditionen, wenn auch diese Bezeichnung selbst erst seit den Achtzigerjahren des 20. Jahrhunderts einvernehmlich benutzt wird. Vorher sprach man von Kasuistik bzw. von Fallstudien, Fallbeispielen, Falldarstellungen oder auch – angelehnt an die Ethnologie und die Kulturanthropologie – von Feldforschung (vgl. Kap. 7.1). Qualitative Forschung basiert auf Einzelbeobachtungen und -analysen, deren Beispielhaftigkeit regelgeleitet und systematisch herausgearbeitet wird. Es geht darum, die Details genau zu betrachten, um von ihnen aus die großen Zusammenhänge ›neu‹ zu sehen. Eine verallgemeinerbare – allerdings nicht repräsentative – Aussage über den Untersuchungsgegenstand wird oft durch das In-Beziehung-Setzen von Einzelanalysen möglich. Ein Großteil der Forschungsarbeiten in der Kunstpädagogik sind gegenwärtig qualitativ-empirisch ausgerichtet. Denn angesichts der Gleichzeitigkeit vielfältiger lebensweltlicher Einflussfaktoren wird eher qualitativen als quantitativen Forschungsverfahren zugetraut, der kulturellen, ästhetischen, gesellschaftlichen und biografischen Heterogenität und Differenziertheit Rechnung zu tragen (Peez 2005 und 2007).

Eine frühe und umfangreiche qualitative Forschungsarbeit legte Maria Peters vor. In ihrer Untersuchung »Blick – Wort – Berührung. Differenzen als ästhetisches Potential in der Rezeption plastischer Werke von Arp, Maillol und F. E. Walther« (Peters 1996a) setzte sie sich das Ziel, Texte von Schülerinnen und Schülern zu untersuchen, die aufgrund verschiedener taktiler, visueller, akustischer und gestisch-handelnder Formen der Erkundung von originaler Plastik entstanden. Sie erforschte ästhetische Erfahrungen (vgl. Kap. 1.3) in der Kunstrezeption (vgl. Kap. 4.3). Besonders in schriftlich verfassten Texten könne die stabilisierende-destabilisierende Identitätssuche in der Wahrnehmung von Kunst als Differenzgeschehen in seinen heterogenen Sinnvernetzungen sichtbar werden. In ihrer Untersuchung belegte Peters diese Überzeugung qualitativ-empirisch detailliert anhand von Schülerinnen- und Schülertexten. Hierfür nutzte sie vor allem Textaufbereitungs- und -auswertungsverfahren, Worttabellen, Wortsammlungen sowie Textanalysen.

Bei Peters geht es um die Verdeutlichung ›autonomer Textpotenziale‹ in den Schüler-Äußerungen, die inhaltlich und in ihrer Struktur auf eine spezifische Art experimenteller Wahrnehmung verweisen. Weder die Schülertexte noch die Interpretation von Maria Peters dienen dazu, die Kunstwerke angemessen zu beschreiben, sondern die Wahrnehmungsprozesse der schreibenden Person in Bezug auf die Plastik werden thematisiert. Die Autorin resümiert, dass in der wahrnehmenden und sprachlichen Annäherung an die Plastik der Schreibende eine letztliche Grenze erspürt, eine Leere, ein Schweigen, das ihn ahnen lässt, »mit seinen Worten nie bei der Sache noch bei sich selbst ankommen zu können« (Peters 1996b, S. 155). Zwar kann das Verfassen von Texten zu Wahrnehmungsprozessen an originaler Plastik welterschließend, selbstvermittelnd und selbstbeschreibend wirken, um sich mit den ästhetischen Objekten intensiver und in Form von Differenzerfahrungen auseinander zu setzen. Keineswegs aber kann das ästhetische Objekt hiermit – bedingt durch die Differenz zwischen Erscheinung und Begriff – ›domestiziert‹ und ›handhabbarer‹ gemacht werden (vgl. Kap. 4.3).

In der qualitativen empirischen Forschung lassen sich die Untersuchungen je nach Forschungsschwerpunkt in drei Gruppen kategorisieren. Maria Peters' Studie ist dem Bereich der »Erforschung ästhetischer Praxis und Rezeption« zuzurechnen. Hier geht es um die Frage: Wie nehmen Kinder und Jugendliche Kunst, Kultur und ihre Umwelt wahr und wie reagieren sie hierauf mit bildnerisch-künstlerischen Mitteln? Die Motivation, auf diese Frage Antworten zu finden, besteht darin, dass sich zielgruppen-angemessene kunstpädagogische Angebote nur dann planen und durchführen lassen, wenn man zuvor Erkenntnisse über diese Adressaten gewonnen hat. Auch die Kinderzeichnungsforschung (vgl. Kap. 7.4) begründet sich hierdurch. Gerade neuere Studien zur ›Kinderzeichnung‹ können (wenn sie mittels qualitativ-empirischer Methoden erhoben wurden) deshalb der qualitativen Empirie zugerechnet werden; etwa Marie-

Luise Dietls Studie »Kindermalerei« (Dietl 2004) und Anja Mohrs Untersuchung »Digitale Kinderzeichnung. Aspekte ästhetischen Verhaltens von Vorschulkindern am Computer« (Mohr 2005). Nur wenn man versteht, wie Kinder mit Mal- und Zeichenprogrammen ›von sich‹ aus umgehen, kann man ein adäquates Angebot zur Integration des Computers in den ästhetischen Vorschul- und Grundschulbereich entwickeln. Es handelt sich bei der »Erforschung ästhetischer Praxis und Rezeption« in gewissem Sinne also um Grundlagenforschung. Das Material hierfür wird meist im Alltag der Kinder und Jugendlichen außerhalb der Schule erhoben.

Ein zweiter Bereich ist die »Unterrichtsforschung« oder »Wirkungsforschung«. Sie erlebte in den letzten Jahren einen Aufschwung, der nicht zuletzt durch die große Beachtung internationaler empirischer Vergleichsstudien (z.B. PISA) in der Öffentlichkeit ausgelöst wurde. Im Mittelpunkt steht hier die Frage: Wie findet Kunstunterricht (bzw. ein außerschulisches kunstpädagogisches Angebot) ganz konkret statt und wie wirkt sich ein kunstdidaktisches Konzept auf die Schülerinnen und Schüler aus? Das Material für solche Untersuchungen muss deshalb im schulischen Kunstunterricht (bzw. entsprechend in außerschulischen kunstpädagogisch durchgeführten Maßnahmen) erhoben werden. Beispielhaft für »Unterrichtsforschung« oder »Wirkungsforschung« sind die Studien von Constanze Kirchner (»Kinder und Kunst der Gegenwart. Zur Erfahrung mit zeitgenössischer Kunst in der Grundschule« 1999) und Bettina Uhlig (»Kunstrezeption in der Grundschule. Zu einer grundschulspezifischen Rezeptionsmethodik« 2005). Uhlig behandelt die Frage, ob und wie man kunstpädagogisch begründet Grundschulkindern den Zugang zu zeitgenössischer Kunst ermöglichen kann – Kunst, die häufig ohne kunsttheoretische Kenntnisse schon für Erwachsene kaum verständlich ist. Anhand von Videoaufzeichnungen, Protokollen teilnehmender Beobachtung und Interviews in einer dritten Grundschulklasse werden unterschiedliche Sichtweisen des Kunstunterrichts festgehalten und anschließend interpretiert. Auswertungsschwerpunkte sind die kindlichen Rezeptionsfähigkeiten, die tatsächlich ablaufenden Rezeptionsprozesse sowie die kontextuellen Bedingungen des Unterrichts. Die Rezeptionsprozesse der Kinder sind anhand der

Auswertungen des empirischen Materials bis ins Detail nachvollziehbar und belegen die immens wichtigen bildungsrelevanten Potenziale, die für Kinder in der Begegnung mit Gegenwartskunst liegen. Georg Peez (²2002, S. 155ff.; 2005) untersucht Kunstunterricht in der Sekundarstufe I auf seine Wirkung, Christina Griebel (2006) und Christina Heil (2007) analysieren Kunstunterrichtssequenzen in der gymnasialen Oberstufe. So kann sich die Kunstpädagogik inzwischen zumindest punktuell an ihrem Anspruch messen lassen, behauptete Wirkungen auch mit empirischen Mitteln evaluieren zu können.

Ein dritter Bereich qualitativer Empirie in der Kunstpädagogik ist die »Professionsforschung«. Hier werden Fragen nach den Merkmalen des kunstpädagogischen Berufsbildes beantwortet. Wie denken und handeln Kunstpädagoginnen und Kunstpädagogen in ihren Arbeitsfeldern? Was zeichnet Kunstpädagogik als professionelles Handeln im Kern aus? Erst auf der Basis einer Reflexion solcher Fragen lässt sich über ein angemessenes Repertoire an Handlungsstrategien befinden, wie kunstpädagogische Professionalität weiterentwickelt werden kann. Kunstpädagogik wird in der »Professionsforschung« auf empirischer Basis selbstreflexiv (Sabisch 2007). Fritz Seydel untersuchte verschiedene Ansätze in der Hochschullehre zur biografischen Selbstreflexion Studierender in Bezug auf ihren späteren Beruf. Denn lebensgeschichtlich frühe Erfahrungen mit Schule sind häufig unterschwellig wirkende grundlegende Voraussetzungen für die Berufspraxis von späteren Lehrerinnen und Lehrern. Mit künstlerisch-ästhetischen Mitteln werden Teile der eigenen Lebensgeschichte verfremdet und (re-) konstruiert, so dass Distanz zum professionellen Selbst gewonnen und doch zugleich eine große Unmittelbarkeit zum eigenen Lebensweg erfahren werden kann. Wie sich dieser Aspekt von Hochschullehre auf die Studierenden auswirkt, ist Gegenstand von Seydels Untersuchung (Seydel 2005). Das Datenmaterial der Studie »Kunstpädagogische Professionalität und Kunstdidaktik« von Andrea Dreyer (2005) setzt sich zusammen aus Interviews mit Kunstlehrenden, Schulleiterfragebögen, Schulportraits sowie vielen protokollierten Kunstunterrichtsstunden. Die Analyse dieses Datenmaterials mündete in ein »Vier-Felder-Schema«, welches eine Gruppierung von Kunstlehrenden zulässt und in welchem Berufswahlentscheidungen, rezeptives und aktives künstlerisches Verhalten ebenso eine Rolle spielen wie Kunst- bzw. Pädagogik-Dominanz im professionellen Selbstverständnis. Ein Ergebnis der Untersuchung ist ein »derzeit einseitig ausgeprägtes Professionsverständnis« der Kunstpädagogik (Dreyer 2005, S. 252), der Mythos vom Künstlerpädagogen, wie er etwa von Gert Selle propagiert (vgl. Kap. 2.13) und innerhalb des Konzepts der »Künstlerischen Bildung« gefordert wird (vgl. Kap. 2.15). Hier zeigt sich, wie elementar Kunstpädagogik und der Bereich der Professionsforschung in Beziehung zueinander stehen.

Resümiert werden kann: Die Akzentuierung kunstpädagogischer Belange und die Stärkung kunstpädagogischer Identität vollzieht sich in den letzten Jahren in überzeugender Weise: Unter Beachtung der Praxisbezüge (Peez 2007) geschieht dies ganz besonders über die Verwissenschaftlichung der Kunstpädagogik mit den Mitteln qualitativ empirischer Forschung.

8 Kunstpädagogik studieren – Hochschulen, Studiengänge und Abschlüsse

8.1 Künstlerische Eignungsprüfung

Wer sich heute mit dem Gedanken trägt, Kunstpädagogik zu studieren, wird in aller Regel damit konfrontiert, vor Studienbeginn eine künstlerische Eignungsprüfung ablegen zu müssen. Hiermit tut sich bereits ein großer Unterschied zu fast allen anderen Studienfächern auf: Interessierte werden nach dem Erwerb der allgemeinen Hochschulreife einer zusätzlichen Prüfung unterzogen. Das entsprechende Verfahren sieht so aus, dass mit einer Bewerbung um einen Studienplatz eine Auswahl künstlerischer Arbeiten einzureichen ist, die so genannte Mappe, mit 20 bis 30 Werken der letzten zwei bis drei Jahre. Nützliche Informationen hierzu finden sich auf der Website http://www.mythos-mappe.de. Eine Auswahlprüfungskommission sichtet die eingereichten Unterlagen und läd daraufhin evtl. zu einer Aufnahmeprüfung ein, die meist aus einem kunstpraktischen Teil und seltener einem zusätzlichen Gespräch besteht, in dem man u.a. über die Motivationen zum Studienwunsch sowie zu künstlerischen, aber auch kunstpädagogischen Einstellungen und Reflexionen über Kunst befragt wird. Darüber, warum die künstlerische Eignung für den Eintritt ins Studium die entscheidende Rolle spielt, warum sie separat überprüft werden muss, warum sie beispielsweise nicht automatisch Teil der allgemeinen Hochschulreife ist wie die Eignung zum Studieren anderer Fächer, ließe sich diskutieren und streiten. Doch Studierwillige sind mit der Herausforderung konfrontiert, die künstlerische Eignungsprüfung zu bestehen; oder sie suchen sich ein anderes Studienfach.

Bezogen auf die Leitkategorie dieses Buches werden mit der künstlerischen Eignungsprüfung Setzungen vorgenommen, die für das Studium und das Selbstverständnis des Faches folgenreich sind. Wenige dieser Setzungen seien genannt und gedeutet. Die Überprüfung der künstlerischen Eignung nimmt für die Kunstpädagogik einen höheren Stellenwert ein als die nicht durchgeführte Überprüfung der pädagogischen Eignung. Hieraus ließe sich mutmaßen, dass die künstlerische Eignung entweder grundsätzlich nicht im Studium zu erlangen wäre bzw. hier nicht mehr von Grund auf gelernt werden könne. Möglicherweise beruht künstlerische Eignung auf Begabung, die eben zu Studienbeginn nachgewiesen werden muss, weil Begabung nicht vermittelt werden kann. Oder eine künstlerische Ausbildung kann im Gegensatz zu einer pädagogischen Ausbildung nicht im erforderlichen Maße im Studium vermittelt werden, weshalb sie bereits vor Studienbeginn zumindest in Ansätzen vorhanden sein muss. Die allgemeine Hochschulreife weist ein Defizit in künstlerischen Bereichen auf, weshalb zusätzliche, meist außerschulisch erworbene künstlerische Qualifikationen notwendig sind. Entsprechendes gilt übrigens auch für den Musik- und den Sportbereich.

Es sei angemerkt, dass viele, die den Studienwunsch Kunstpädagogik hegen, in so genannten Mappen-Kursen auf dem freien Bildungsmarkt künstlerische Kompetenzen erwerben. In diesen Kursen wird gezielt auf die Zusammenstellung einer Auswahl von bildnerischen Werken für die Bewerbungsmappe hingearbeitet. Diese Kurse sind zudem ein der kunstpädagogischen Erwachsenenbildung (vgl. Kap. 5.3) zuzurechnendes Berufsfeld für Absolventinnen und Absolventen des Studienganges.

Die Hürde der künstlerischen Eignungsprüfung ist für die einzelnen Studiengänge unterschiedlich hoch. Traditionell ist sie für das Studienziel Lehrerin bzw. Lehrer in der Sekundarstufe II höher als für die Sekundarstufe I oder die Grundschule.

8.2 Studienziele, Studienabschlüsse und Berufsfelder

Das Berufsbild, welches fast alle Studiengänge prägt, ist nach wie vor die Kunstpädagogin bzw. der Kunstpädagoge an Grund-, Haupt-, Real-, Gesamt-, Sonderschulen und Gymnasien (vgl. Kap. 5.1). Auch wenn in der Vergangenheit fast überall – außer an den Pädagogischen Hochschulen – Diplom- und Magister-Abschlüsse für außerschulische kunstpädagogische Berufsfelder angeboten wurden, so ist zum einen das Studium zumindest im Fachdidaktischen auf Schule sowie auf die Zielgruppe Kinder und Jugendliche hin zugeschnitten. Zum anderen bleiben die außerschulischen Berufsfelder im Studium oft wenig konkret. In den Kapiteln 5.2 bis 5.5 werden einige dieser Felder umrissen. Viele, insbesondere weibliche Biografien führen zu schlecht bezahlten Honorartätigkeiten oder zu festen Anstellungen in sozialpädagogisch geprägten Institutionen.

Für die Lehramtsstudiengänge gereicht die Eintrittsvoraussetzung der künstlerischen Eignungsprüfung (vgl. Kap. 8.1) inzwischen häufig zum Nachteil für das Fach, da sich viele Studierwillige eine alternative Fächerkombination suchen, die eine solche Prüfung nicht beinhaltet. Die Zahl der Studierenden für das Lehramt ging in den letzten zehn Jahren drastisch zurück, weitgehend unbemerkt von der Kultusbürokratie und den Hochschulen selbst, denn die Anzahl der Studienabschlüsse, die für außerschulische Felder qualifizieren, nahm zugleich zu. Insbesondere im Fach ›Bildende Kunst‹ wird der Lehrerinnen- und Lehrermangel in manchen westdeutschen Bundesländern im Jahre 2008 als dramatisch angesehen.

8.3 Studiengänge

In Deutschland gibt es derzeit insgesamt an 29 Universitäten, elf Kunsthochschulen und vier Pädagogischen Hochschulen die Möglichkeit, Kunstpädagogik für die unterschiedlichen Schulstufen zu studieren. Über deren Studienangebote und -abschlüsse kann man sich ausführlicher und aktueller, als dies ein Buch ermöglichen würde, im Internet auf den jeweiligen Seiten dieser Hochschulen informieren. Eine Übersicht mit Links zu fast allen entsprechenden Hochschulinstituten findet sich bei den »Kunstlinks« (http://www.kunstlinks.de) in der Kategorie »Aus-, Fort- und Weiterbildung«. Große Umwälzungen, die längst noch nicht abgeschlossen sind, erfahren in allen Bundesländern die Lehramtsstudiengänge durch die Umstellung auf Bachelor-

und Master-Abschlüsse. D.h. mit den Zielen der europäischen Vergleichbarkeit und internationalen Kompatibilität der Abschlüsse sowie der Verkürzung der Studienzeiten wird eine Straffung der Studieninhalte angestrebt, die u.a. durch ein Leistungspunktesystem gesichert werden soll. Der Bachelor-Abschluss nach sechs Semestern berechtigt allerdings nicht zum Ersten Staatsexamen, sondern erst der Master-Abschluss, der nach weiteren vier Semestern abgelegt werden kann. Angesichts der föderalen Struktur der Hochschullandschaft in Deutschland und der ständigen Veränderungen empfiehlt sich auch hier ein Klick auf die Internetpräsenz der kunstpädagogischen Studiengänge bzw. Institute.

Die Divergenz zwischen Pädagogik und Kunst (vgl. Kap. 1) prägt viele kunstpädagogische Studiengänge in der Weise, dass tendenziell bundesweit dem eigenen bildnerisch-künstlerischen Tun der Studierenden mehr Zeit und Raum im Hochschulstudium zugemessen wird als den pädagogischen und fachdidaktischen Anteilen, dies schlägt sich in vielen reformierten, modularisierten Studienordnungen nieder. Das Hauptargument der Protagonisten einer stärkeren Gewichtung eigener Kunstpraxis im Studium lautet: Wer das Spezifische von Kunst vermitteln will, muss intensive künstlerische Prozesse selber durchlebt haben, die in kleinschrittiger Fachdidaktik nicht zu erfahren seien (vgl. Kap. 2.12 bis 2.16). Vielfach werden hierbei traditionell kunstpädagogisch häufig eingesetzte Materialien, wie Pappmaschee, Ton (vgl. Kap. 4.2) oder Wachsmalkreiden mit über Bord geworfen, um bloß nicht in die Nähe des Unernsthaften, Pädagogisierenden zu geraten.

Die konzeptionelle Strukturierung der jeweiligen Studiengänge ist dennoch äußerst unterschiedlich. Hiervon hängen dann nicht nur das Studienangebot ab, sondern auch die Zusammensetzung der Kollegien der Hochschullehrenden und deren fachliche Ausrichtungen. Verschiedene Hochschulen bilden zudem bestimmte »Profile« aus, das heißt, sie setzen sich inhaltliche Schwerpunkte (Scholz 1996). Die Kunsthochschulen sind traditionell stark auf die künstlerische Profilierung und auf entsprechende Studien- bzw. Ausbildungsziele hin ausgerichtet. Hier wird neben dem Studienabschluss des Lehramtes für allgemein bildende Schulen insbesondere in anderen Studiengängen freie

Kunst studiert. Studierende mit dem Berufsbild des freischaffend künstlerisch Tätigen treten hier häufig mit dem Selbstverständnis auf, diejenigen zu sein, die ›ernsthafter‹ Kunst studieren.

Die Auseinandersetzungen mit bildender Kunst in Form eigenen bildnerischen Tuns sind selbstverständlich im Studium an den Kunsthochschulen zentral. Fachdidaktische Seminare haben hier oft eine ergänzende Funktion; insbesondere für die Studierenden mit dem Ziel des Lehramtes für die gymnasiale Oberstufe. Erziehungswissenschaftliche Seminare werden nicht an der Kunsthochschule, sondern an örtlichen Universitäten besucht. Durch diese Praxis gibt es hier kaum Verbindungen zwischen den Angeboten. Dies kann zum einen als gravierender Nachteil angesehen werden. Zum anderen wird es aber auch von den Vertreterinnen und Vertretern der Institutionen als Chance bezeichnet, dass die Studierenden individuell und reflexiv dafür verantwortlich sind, vielfältige Verknüpfungen zwischen Wissenschaft und Praxis, zwischen Pädagogik und Kunst selbst herzustellen. ›Gängelung‹ und ›Orientierungslosigkeit‹ sind jedoch extreme Alternativen; Mittelwege werden freilich gesucht. Sich wechselseitig befruchtende Verflechtungen werden häufig angestrebt, indem Ähnlichkeiten zwischen pädagogischen Methoden und künstlerischen Strategien bzw. Herangehensweisen betont werden (vgl. Kap. 2.12 bis 2.16 und 7.1). Für den Bereich der Performance wird dieser Gedanke in Kapitel 3.3 dargestellt.

Als symptomatisch für das Kunstpädagogik-Studium kann angesehen werden, dass viele, die das Fach vertreten, von »Ausbildung« (Scholz 1996) sprechen. Der Ausbildungsterminus stammt aus dem Bereich des Lehramtsstudiums, in dem man von erster und zweiter Ausbildungsphase spricht: dem Hochschulstudium, abzuschließen mit dem Ersten Staatsexamen sowie dem Referendariat, zu beenden mit dem Zweiten Staatsexamen. Bis Mitte/Ende der Sechzigerjahre des letzten Jahrhunderts war die Schulung der zukünftigen Lehrerinnen und Lehrer noch nicht an den Universitäten angesiedelt, sondern sie wurden an Lehrerseminaren »ausgebildet«. »Ausbildung« mag aber auch – nicht von der Pädagogik her gedacht, sondern von der Kunst – auf eine Tradition hindeuten, in der künstlerische Lehren an Institutionen wie den Akademien und noch früher in Werkstätten und Ateliers personal von Meistern an Schüler vermittelt wurden.

Drei von vielen konzeptionellen Strukturierungen der Angebote in der universitären Bildungslandschaft seien kurz aufgeführt.

(1) Das Angebot basiert auf drei Säulen:
- die eigene bildnerische Praxis der Studierenden, verbunden mit theoretischen Anteilen, wie Material- und Farbenlehre;
- die Fachdidaktik, in der die Umsetzung von Kunstunterricht theoretisch erarbeitet, gelehrt und legitimiert wird und in der das eigene kunstpädagogische Handeln vor Schulklassen und anderen Gruppen geübt wird, etwa in Praktika;
- die Kunstgeschichte, Kunstwissenschaft und Medientheorie, die praxisbezogen auch museumspädagogische Anteile enthalten kann.

(2) Ein zweites Strukturierungskonzept trennt lediglich zwischen Fachwissenschaft und Fachdidaktik und untergliedert diese jeweils nochmals in Theorie und Praxis:
- Inhalte der theoretischen Auseinandersetzung in der Fachwissenschaft sind Kunstgeschichte und Kunsttheorie bis hin zur allgemeinen Medientheorie; der Praxisanteil liegt in der eigenen bild-künstlerischen Produktion der Studierenden.
- Die Fachdidaktik beinhaltet die auf das Fach bezogenen erziehungswissenschaftlichen Theorieseminare, beispielsweise zur Entwicklung ästhetischen Verhaltens von Kindern und Jugendlichen oder zu historischen und aktuellen kunstpädagogischen Konzepten. Der Praxisanteil wird durch fachdidaktische Übungen und Praktika in Schule oder außerschulischen Bereichen – je nach Studienziel – abgedeckt.

(3) Eine Hochschule für Bildende Kunst untergliedert die Angebote im Studienfach Bildende Kunst in folgende Bereiche:
- Atelierpraxis: die eigene selbstständige künstlerische Arbeit,
- Werkstattpraxis: die handwerklich-technisch orientiere Ausbildung,
- Fachwissenschaft: Kunstgeschichte und Kunsttheorie,
- Fachpraxis: Praktika und Hospitationen im Kunstunterricht,
- Fachdidaktik: Theorieseminare zur Grundlegung der Reflexionen zu kunstpädagogischem Handeln.

Jede Hochschule bzw. jedes Hochschulinstitut nimmt die Strukturierung seiner Studienangebote unterschiedlich vor, was für

Studierende einen Wechsel der Hochschulen und die Anerkennung bereits erbrachter Studienleistungen trotz der nun eingeführten Modularisierung nicht erleichtert.

Zusatz-, Fort- und Weiterbildungsangebote gibt es im Bereich der Kunstpädagogik insbesondere für außerschulische Berufsfelder in großem Umfang. In Kapitel 9.1.4 wird hierzu im Überblick informiert.

9 Support

9.1 Berufsverbände, Forschungs- und Serviceeinrichtungen

9.1.1 Berufsverbände, Gewerkschaften und professionsbezogener Support

- BDK e.V, Fachverband für Kunstpädagogik
  Jakobistraße 40, 30163 Hannover
  Tel.: 0511/662229, Fax: 0511/3971843
  E-Mail: geschaeftsstelle@bdk-online.info
  http://www.BDK-online.info

- BDK-Landesverbände (im Internet):
  erreichbar über die Website: http://www.BDK-online.info

- Gewerkschaft Erziehung und Wissenschaft
  im Deutschen Gewerkschaftsbund (GEW)
  Reifenberger Straße 21, 60489 Frankfurt a.M.
  Tel.: 069/789730, Fax: 069/78973202
  E-Mail: info@gew.de
  http://www.gew.de

- Vereinigte Dienstleistungsgewerkschaft »ver.di«;
  Fachbereich Medien, Kunst und Industrie
  Paula-Thiede-Ufer 10, 10179 Berlin
  Tel.: 030/69560, Fax: 030/69563141
  E-Mail: info@verdi.de
  http://www.verdi.de

- Deutscher Kulturrat e.V.
  Chausseestraße 115, 10115 Berlin
  Tel.: 030/24728014, Fax: 030/24721245
  E-Mail: post@kulturrat.de
  http://www.kulturrat.de

- Bundesverband der Jugendkunstschulen und
  Kulturpädagogischen Einrichtungen e.V. (BJKE)
  Kurpark 5, 59425 Unna
  Tel.: 02303/69324 oder 02303/65618,
  Fax: 02303/65057
  E-Mail: info-bjke@bjke.de
  http://www.bjke.de

- Künstlersozialkasse (KSK)
  Gökerstraße 14, 26384 Wilhelmshaven
  Tel.: 04421/75439, Fax: 04421/7543586
  E-Mail: auskunft@kuenstlersozialkasse.de
  http://www.kuenstlersozialkasse.de

9.1.2 Forschungs- und Serviceeinrichtungen

- »Lehrer online« ist ein Projekt von
  »Schulen aus dem Netz e.V.«:
  http://schulen-ans-netz.de oder
  http://www.lehrer-online.de

- Die »Zentrale für Unterrichtsmedien im Internet e.V.« versucht das Internet als Lern- und Lehrhilfe mittels Unterrichtsmaterialien für Lehrende auch im Bereich Bildende Kunst zu etablieren:
  http://www.zum.de/tabelle.html

- Deutsches Institut für Erwachsenenbildung e.V. (DIE)
  Friedrich-Ebert-Allee 38, 53113 Bonn
  Tel.: 0228/32940, Fax: 0228/3294399
  E-Mail: info@die-bonn.de
  http://www.die-bonn.de

- Ausführliche Hinweise zu den in der Kunstpädagogik üblichen Formalia des Schreibens wissenschaftlicher Arbeiten:
  http://www.georgpeez.de/texte/wissarb.htm

- Archiv für historische Kinderzeichnungen aus Thüringen,
  Kinder-Kunst e.V. Erfurt, Dr.-Birgit-Dettke-Archiv
  http://www.kinderkunst-ev.de

Abb. 23: Der wichtigste deutsche Kunstpädagogik-Server: »kunstlinks« unter http://www.kunstlinks.de

- »kunstlinks« mit einer Linksammlung zum Thema »Forschung in der Kunstpädagogik« (Gliederungspunkte 8.4 bis 8.10) http://www.kunstlinks.de
- http://www.portalkunstgeschichte.de

9.1.3 Datenbanken zur Informationsrecherche

- Deutsche Bibliotheken (Frankfurt a.M. und Leipzig) online: http://www.ddb.de
- Deutscher Bildungsserver: http://dbs.schule.de oder http://www.bildungsserver.de
- Online-Datenbank des Deutschen Instituts für Internationale Pädagogische Forschung: http://www.dipf.de
- Gezielte Suche speziell nach Bilddateien, Kunstwerkreproduktionen und Videos, z.B. bei (jeweils Button »Bilder« oder »Images« aktivieren):
  http://www.google.de
  http://de.altavista.com
  http://www.lycos.de
- Online-Bilddatenbanken:
  http://www.corbis.com
  http://www.bildindex.de
  http://www.flickr.com
  http://www.fotomarburg.de
  http://www.kunstlinks.de/cgi-bin/pre_cgi.pl?4.8
- Stets aktualisierte Informationen zu allen Ausstellungen im deutschsprachigen Raum:
  http://www.webmuseen.de

- Informationen, Stichwortsuche und Links zum Bereich bildende Kunst bietet »art, Das Kunstmagazin«:
  http://www.art-magazin.de
- Die Zeitschrift »Kunstforum International« ist im deutschsprachigen Raum mit Berichten und Analysen über den Bereich der Gegenwartskunst führend und bietet online eine Volltextdatenbank aller ihrer Artikel; allerdings nur für Abonnenten:
  http://www.kunstforum.de

9.1.4 Studium, Fort- und Weiterbildung

- Die »kunstlinks« bieten die sich im Internet präsentierenden kunstpädagogischen Institute an Hochschulen auf einen Blick:
  http://www.kunstunterricht.de/cgi-bin/pre_cgi.pl?9.1

Die Strukturen der Lehrerfortbildungen sind in den einzelnen Bundesländern sehr unterschiedlich, viele Institute sind zudem im Umbruch begriffen. Durch den Föderalismus und den Wechsel von Landesregierungen treten stets Veränderungen in diesem Bereich auf. Bundesländerübergreifend tätig sind Bundesakademien.

- Die »kunstlinks« bieten Links zu Angeboten im Bereich Fort- und Weiterbildung:
  http://www.kunstunterricht.de/cgi-bin/pre_cgi.pl?9.3
- Akademie Remscheid für musische Bildung und Medienerziehung
  Küppelstein 34, 42857 Remscheid
  Tel.: 02191/794390, Fax: 02191/794205
  E-Mail: info@akadmieremscheid.de
  http://www.akademieremscheid.de
- Bundesakademie für kulturelle Bildung Wolfenbüttel
  Postfach 1140, 38281 Wolfenbüttel
  Tel.: 05331/808411, Fax: 05331/808413
  E-Mail: post@bundesakademie.de
  http://www.bundesakademie.de

- Für Fort- und Weiterbildung in kunsttherapeutischen Bereichen erteilen viele verschiedene Schulen Qualifikationen und Zertifikate. Im Überblick informieren:
  http://www.kunsttherapie.de,
  http://www.kunsttherapie.com,
  http://www.kunsttherapie.ch

9.1.5 Kontakte: Sites im Internet, Mailinglisten und Newsletters

- »kunstlinks« sind die wichtigste deutschsprachige Adresse der Kunstpädagogik im Internet; siehe hierzu auch: Ludwig, Hermann: kunstlinks.de – Eine breit gefächerte Sammlung zu Kunst und Kunstunterricht im Internet. In: Kirschenmann, Johannes/Peez, Georg (Hg.): Computer im Kunstunterricht. Donauwörth 2004, S. 206–213. Zu erreichen u.a. unter:
  http://www.kunstunterricht.de;
  http://www.kunsterziehung.de;
  http://www.kunstlinks.at;
  http://www.kunstlinks.com;
  http://www.kunstlinks.net;
  http://www.kunstlinks.de

- Am Kunstseminar des Luitpold-Gymnasiums in München baute Ulrich Schuster über Jahre eine Site auf, die nicht nur für Referendare im Gymnasialfach Kunst höchst informativ ist. Umfangreiche Sammlungen finden sich u.a. zu Lehrproben, Unterrichtseinheiten für die Sekundarstufen I und II, Hausarbeiten und zu Themen aus den Bereichen Kunstgeschichte, Bildbetrachtung, historische Kunstpädagogik oder Kinderzeichnung.
  http://www.kusem.de

- Das Schroedel-Kunstportal ist ein Service des Schroedel Verlages, Braunschweig. Herausgegeben von Prof. Josef Walch (Halle) bietet es Unterrichtsmaterialien für den schulischen Kunstunterricht, für fächerübergreifende Unterrichtsideen und für Projekte außerschulischer kultureller Bildung. Ferner versteht sich ein von Prof. Dr. Georg Peez (Duisburg-Essen) moderiertes »Forum« als eine Diskussionsplattform zu kunst-

didaktischen Themen. Unter der Rubrik »News« stehen Kommentare zu aktuellen Veröffentlichungen, Ausstellungen oder Veranstaltungen der Kunstpädagogik.
http://www.schroedel-kunstportal.de

— Der Autor dieses Buches bietet online sein umfangreiches Publikationsverzeichnis mit über 100 Volltexten aus vielen Bereichen der Kunstpädagogik, zu kunstdidaktischen Fragestellungen, empirischen Untersuchungen, zum Einsatz digitaler Medien im Kunstunterricht und zur Kinderzeichnungsforschung.
http://www.georgpeez.de

— Die umfassendste Kunstpädagogik-Site aus den USA ist »ArtsEdNet. The Gettys Art Education Web Site«:
http://www.getty.edu/artsednet

— Die Teilnahme an der bundesländerübergreifenden Mailingliste des »Netzwerkes der Kunsterziehung« »GERMARTEACH-L« ist anzumelden unter:
http://www.tu-bs.de/schulen/thg_wf/germart.html
Das Archiv aller bisher geschriebenen Beiträge dieser Mailingliste ist auch für Nicht-Mitglieder einsehbar:
http://www.listserv.dfn.de/archives/germarteach-l.html

— Viele Landesverbände des »Fachverbandes für Kunstpädagogik« (BDK) bieten inzwischen Newsletter für ihre Mitglieder, aber teilweise auch für interessierte Nicht-Mitglieder an. Solche Newsletter informieren über Entwicklungen in der Kunstpädagogik, Tagungen, Fortbildungen und Fernsehsendungen. Näheres über die Website des BDK
http://www.bdk-online.info
Hier auf »Landesverbände« klicken.

— Eine Website informiert über die künstlerischen Eignungsprüfungen im Bereich Design, Kunst und Kunstpädagogik:
http://www.mythos-mappe.de

— Informationen und Links zu Anmeldemöglichkeiten für Mailinglisten, Diskussionsforen und Newsletter für kunstpädagogisch Interessierte finden sich unter:
http://www.kunstunterricht.de/cgi-bin/pre_cgi.pl?11.2

9.2 Zeitschriften, Handbücher, digitale Medien, Unterrichtsmaterialien

Von allen angegebenen Zeitschriften kann man sich Einzelhefte und/oder Probe-Abonnements bei den jeweiligen Verlagen bestellen.

- Die größte deutschsprachige kunstpädagogische Fachzeitschrift ist seit ihrer Gründung im Jahre 1968 »Kunst+Unterricht«. Schwerpunkt der Zeitschrift ist neben der Entwicklung didaktischer Konzepte die Darstellung von schulischen Unterrichtseinheiten.
Sie erscheint mit zehn Ausgaben im Jahr:
Erhard Friedrich Verlag, Postfach 100150, 30917 Seelze
Tel.: 0511/400040, Fax: 0511/40004119
E-Mail: leserservice@friedrich-verlag.de
http://www.friedrich-verlag.de

- Die vierteljährlich erscheinenden, ehrenamtlich erstellten »BDK-Mitteilungen« sind die zweitgrößte deutsche kunstpädagogische Fachzeitschrift. Sie bieten vor allem Theorie und Praxisdarstellungen sowie Tagungsberichte. Mitglieder (vgl. Kap. 9.1) erhalten sie kostenlos. Nicht-Mitglieder können sie abonnieren.
BDK e.V., Fachverband für Kunstpädagogik
Jakobistraße 40, 30163 Hannover
Tel.: 0511/662229, Fax: 0511/3971843
E-Mail: geschaeftsstelle@bdk-online.info
http://www.BDK-online.info

- Seit Ende 2005 bietet der Kallmeyer Verlag (innerhalb des Friedrich Verlages) die sehr praxisorientierte und übersichtlich gestaltete Fachzeitschrift »Kunst 5–10« an, die speziell für Kunstlehrende in den Klassen 5 bis 10 konzipiert ist. Zu jedem Heft gibt es zusätzlich ein Materialpaket, mit dem der Unterricht gleich beginnen kann.
Die Fachzeitschrift »Grundschule Kunst« aus dem gleichen Verlag richtet sich auch an fachfremde Lehrkräfte im Primarstufenbereich. Hierin werden Impulse und umfangreiche Materialien für die Vorbereitung zeitgemäßen Kunstunterrichts

geboten. Die Zeitschrift »Textil & Unterricht« (nach drei Jahrgängen 2004 eingestellt) verband Unterrichtsvorschläge und fachliches Hintergrundwissen innerhalb eines mehrperspektivischen Konzepts, das auch den Kunstunterricht mit textilen Materialien im weitesten Sinne bereichert.
Friedrich Verlagsservice, Postfach 100150, 30917 Seelze
Tel.: 0511/40004175, Fax: 0511/40004176
E-Mail: info@kallmeyer.de
http://www.kallmeyer.de

- Aus ökonomischen Gründen wegen zu geringen Absatzes wurde das Erscheinen der »Zeitschrift für Kunstpädagogik« im Jahre 1983 eingestellt. Die ab 1972 erschienenen Jahrgänge finden sich in einschlägigen Fach-, Instituts- und Universitätsbibliotheken.

- Die in der DDR verlegte »Zeitschrift für Kunsterziehung« (1956 gegründet) ging im September 1991 in »Kunst+Unterricht« auf. Ihr kommt große historische Bedeutung zu, da sie die einzige ostdeutsche Fachzeitschrift war (vgl. Kap. 2.9).

- Die Zeitschrift »Ästhetik & Kommunikation« war mit ihrer ersten Ausgabe im Jahre 1970 bis Ende der Siebzigerjahre als kunstpädagogische Zeitschrift konzipiert. Seither widmet sie sich vor allem philosophischen und soziologischen Themen. Die ersten Jahrgänge finden sich in einschlägigen Fach-, Instituts- und Universitätsbibliotheken.

- »Infodienst. Kulturpädagogische Nachrichten« erscheint vierteljährlich und wird vom »Bundesverband der Jugendkunstschulen und Kulturpädagogischen Einrichtungen e.V.« (BJKE) sowie der Landesarbeitsgemeinschaft Kulturpädagogischer Dienste/Jugendkunstschulen NRW e.V. (LKD) herausgegeben.
LKD-Verlag, Kurpark 5, 59425 Unna
Tel.: 02303/69324, Fax: 02303/65057
E-Mail: lkd-verlag@lkd-nrw.de oder info-bjke@bjke.de
http://www.bjke.de oder http://www.lkd-nrw.de

- Einen kompakten praxisorientierten Überblick über das gegenwärtige Feld der außerschulischen Kulturpädagogik bietet folgende von der »Kulturstiftung der Länder« herausgegebene

Buchpublikation: Welck, Karin von/Schweizer, Margarete (Hg.): Kinder zum Olymp! Wege zur Kultur für Kinder und Jugendliche. Köln 2004
http://www.kinder-zum-olymp.de

- Ein kunstpädagogisches Tätigkeitsfeld ist die Museumspädagogik (vgl. Kap. 5.2). Hier hat sich die dreimal im Jahr erscheinende, als Mitteilungsblatt des Bundesverbandes Museumpädagogik e.V. konzipierte Zeitschrift »Standbein Spielbein. Museumspädagogik aktuell« etabliert.
http://www.museumspaedagogik.org

- Die Zeitschrift »Kulturpolitische Mitteilungen« wird vierteljährlich vom Vorstand der »Kulturpolitischen Gesellschaft« herausgegeben.
Weberstraße 59a, 53113 Bonn
Tel.: 0228/201670, Fax: 0228/2016733
E-Mail: post@kupoge.de
http://www.kupoge.de

- »Kunst und Therapie. Zeitschrift zu Fragen der ästhetischen Erziehung« wird herausgegeben von der Kölner Schule für Kunsttherapie e.V. in Verbindung mit der Wiener Schule für Kunsttherapie und in Zusammenarbeit mit dem Institut für Kunst und Kunsttheorie der Unversität zu Köln.
Claus Richter Verlag, Rennbahnstraße 117, 50737 Köln
Tel.: 0221/373689, Fax: 0221/375538
E-Mail: mail@richterverlag.de
http://www.richterverlag.de

- »Die Gestalt. Vierteljahreszeitschrift für bildnerische Erziehung« wird vom »Gestalt-Archiv, Hans Herrmann« veröffentlicht und knüpft, einer jahrzehntelangen Tradition verpflichtet, an konservative, in der Musischen Erziehung (vgl. Kap. 2.7) beheimatete Ideen an.
Gestalt-Archiv, Hans Herrmann e.V., Postfach 1132
86938 Schondorf
Tel.: 08192/7675
Internet: http://www.Gestalt-Archiv.de

- Viermal im Jahr erscheint »Kritische Berichte. Zeitschrift für Kunst- und Kulturwissenschaften«, die in Themenheften ak-

tuelle Fragen der Kunsttheorie beleuchtet.
Jonas Verlag für Kunst und Literatur
Weidenhäuser Str. 88, 35037 Marburg
Tel.: 06421/25132, Fax: 06421/210572
E-Mail: jonas@jonas-verlag.de
http://www.uni-trier.de/uni/fb3/kb

- Die Halbjahreszeitschrift »Frauen Kunst Wissenschaft« widmet sich jeweils in Themenheften der aktuellen bildenden Kunst aus kunsttheoretischen und kunsthistorischen Blickwinkeln.
Jonas Verlag für Kunst und Literatur (Adresse siehe oben)
E-Mail: infoFKW@frauenkunstwissenschaft.de
http://www.frauenkunstwissenschaft.de

- »Texte zur Kunst« erscheint vierteljährlich und bietet kunstkritische Reflexionen und kontroverse Diskussionen über zeitgenössische Kunst. Neben theoretischen Essays und Rezensionen enthält die Zeitschrift auch Interviews und Gesprächsrunden.
Torstraße 141, 10119 Berlin
Tel.: 030/28047910, Fax: 030/28047912
E-Mail: redaktion@textezurkunst.de
http://www.textezurkunst.de

- »medienpädagogik« ist eine Online-Zeitschrift für Theorie und Praxis der Medienbildung, jeweils mit Schwerpunktthemen. Sie wird herausgegeben von der AG Medienpädagogik der deutschen Gesellschaft für Erziehungswissenschaft und dem Pestalozzianum Zürich
http://www.medienpaed.com

- »medien + erziehung« ist eine zweimonatliche Fachzeitschrift, die sich jeweils einem medienpädagogischen Themenschwerpunkt widmet. Neben den Hauptthemen der einzelnen Hefte informieren die Rubriken »Aktuell«, »Medien«, »Forschung und Praxis« und »Publikationen« über den jeweils aktuellen Stand und die neuesten Entwicklungen von Medienproduktionen, die pädagogisch relevant sind.
kopaed verlagsgmbh
Pfälzer-Wald-Str. 64, 81539 München

Tel.: 089/68890098, Fax: 089/6891912
E-Mail: info@kopaed.de
http://www.kopaed.de

- Die Zeitschrift »Kunstforum International« informiert zur Gegenwartskunst
Postfach 1147, 53805 Ruppichteroth
Tel.: 02295/5023, Fax: 02295/5021
http://www.kunstforum.de

- Das Buch »Grundlagen des Kunstunterrichts« vom Autorenteam Klaus Eid, Michael Langer und Hakon Ruprecht, 2000 in der fünften Auflage im Ferdinand Schöningh Verlag, Paderborn erschienen, bietet Aspekte kunstpädagogischer Theorie und Praxis.

- Die »Grundlagen der Kunsttherapie« legt Karl-Heinz Menzen in der zweiten Auflage seines gleichnamigen, im Ernst Reinhardt Verlag, München 2004 erschienenen Buches dar.

- Folgende drei Bücher bieten einen Überblick über kunstwissenschaftliche Analysemethoden/bildwissenschaftliche Interpretationsverfahren:
Kirschenmann, Johannes/Schulz, Frank: Bilder erleben und verstehen. Einführung in die Kunstrezeption. Leipzig (Klett) 1999
Belting, Hans u.a. (Hg.): Kunstgeschichte. Eine Einführung. Berlin (Reimer) 6. Aufl. 2003
Brassat, Wolfgang/Kohle, Hubertus (Hg.): Methoden-Reader Kunstgeschichte. Texte zur Methodik und Geschichte der Kunstwissenschaft. Köln (Deubner Verlag) 2003

Literaturverzeichnis

1 Zwischen Pädagogik und Kunst

Boehm, Gottfried: Über die Konsistenz ästhetischer Erfahrung. In: Zeitschrift für Pädagogik, H. 4, 1990, S. 469–480.

Buschkühle, Carl-Peter (Hg.): Perspektiven künstlerischer Bildung. Köln 2003.

Dewey, John: Kunst als Erfahrung, 1934. Frankfurt a.M. 1980.

Ehmer, Hermann K.: »Keine Angst vor schönen Dingen?« Die Kunst in der kulturellen Bildung. In: Kunst+Unterricht, H. 176, 1993, S. 30–33.

Ehmer, Hermann K.: Ästhetisches Lernen in der kulturellen Bildung. In: BDK-Mitteilungen, H. 1, 1994, S. 12–14.

Kämpf-Jansen, Helga: Ästhetische Forschung. Köln 2001.

Kirchner, Constanze/Otto, Gunter: Praxis und Konzept des Kunstunterrichts. In: Kunst+Unterricht, H. 223/224, 1998, S. 4–11.

Küpper, Joachim/Menke, Christoph (Hg.): Dimensionen ästhetischer Erfahrung. Frankfurt a.M. 2003.

Lehmann, Ulrike: We are ready to remake! Der erweiterte Skulptur- und Spielbegriff von Erwin Wurm. In: Kunst+Unterricht, H. 274/275, 2003, S. 70–73.

Mattenklott, Gundel/Rora, Constanze (Hg.): Ästhetische Erfahrung in der Kindheit. Weinheim/München 2004.

Seel, Martin: Die Macht des Erscheinens. Frankfurt a.M. 2007.

Selle, Gert: Gebrauch der Sinne. Eine kunstpädagogische Praxis. Reinbek 1988.

Sontag, Susan: Gegen Interpretation, 1964. In: Sontag, Susan: Kunst und Antikunst. Reinbek 1968, S. 9–18.

Tatarkiewicz, Wladyslaw: Die Geschichte der sechs Begriffe. Frankfurt a.M. 2003.

Wurm, Erwin: Ausstellungskatalog. Ostfildern-Ruit 2006.

2 Entwicklung der Kunstpädagogik – Vom 16. Jahrhundert bis heute

Bering, Kunibert/Heimann, Ulrich/Littke, Joachim/Niehoff, Rolf/Rooch, Alarich: Kunstdidaktik. Oberhausen ²2006.

Billmayer, Franz: Schaun' ma mal. Kunstwerke und andere Bilder. In: BDK-Mitteilungen, H. 4, 2003, S. 2–4.

Blohm, Manfred (Hg.): Berührungen & Verflechtungen. Biografische Spuren in ästhetischen Prozessen. Köln 2002.

Buschkühle, Carl-Peter: Wärmezeit. Zur Kunst als Kunstpädagogik bei Joseph Beuys. Frankfurt a.M. 1997.

Buschkühle, Carl-Peter (Hg.): Perspektiven künstlerischer Bildung. Köln 2003.

Busse, Klaus-Peter: Bildumgangsspiele. Kunst unterrichten. Dortmund 2004.

Castiglione, Baldesar: Das Buch vom Hofmann, 1528. München 1986.

Dettke, Birgit: Zur Entwicklung des Kunsterziehungsunterrichts in Thüringen von 1945 bis 1959. Weimar 1999.

Diel, Alex: Die Kunsterziehung im Dritten Reich. München 1969.

Ehmer, Hermann K. (Hg.): Kunstunterricht und Gegenwart. Frankfurt a.M. 1967.

Ehmer, Hermann K. (Hg.): Visuelle Kommunikation. Köln 1971.

Eucker, Johnnes/Kämpf-Jansen, Helga: Ästhetische Erziehung 1–5. München 1980.

Freiberg, Henning: Thesen zur Bilderziehung. BDK-Mitteilungen, H. 2, 1995, S. 21–23.

Goethe, Johann Wolfgang von: Über Dilettantismus, 1799. In: Goethe, Johann Wolfgang von: Gesamtausgabe der Werke und Schriften. Band 16. Schriften zur Kunst. Stuttgart 1961.

Grünewald, Dietrich/Legler, Wolfgang/Pazzini, Karl-Josef (Hg.): Ästhetische Erfahrung. Seelze 1997.

Hammer, Lothar: Was verstehen wir unter kunstgemäßem Unterricht? In: Kunsterziehung, H. 1, 2, 1987, S. 4–8.

Hartwig, Helmut (Hg.): Sehen lernen. Weiterarbeit am Konzept Visuelle Kommunikation. Köln 1976.

Heuberger, Georg (Hg.): Vom Bauhaus nach Terezin. Friedl Dicker-Brandeis und die Kinderzeichnungen aus dem Ghetto-Lager Theresienstadt. Frankfurt a.M. 1991.

Hitler, Adolf: Rede zur Eröffnung der »Großen Deutschen Kunstausstellung« 1937. In: Schuster, Peter-Klaus (Hg.): Die Kunststadt München 1937, Nationalsozialismus und Entartete Kunst. München 1987, S. 242–252.

Hoenisch, Nancy/Niggemeyer, Elisabeth: Heute streicheln wir den Baum. Ravensburg 1981.
Holzkamp, Klaus: Sinnliche Erkenntnis. Historischer Ursprung und gesellschaftliche Funktion der Wahrnehmung. Königstein/Ts. ⁴1978.
Itten, Johannes: Kunst der Farbe, Ravensburg 1961.
Itten, Johannes: Mein Vorkurs am Bauhaus, Ravensburg 1963.
Kämpf-Jansen, Helga: Ästhetische Forschung. Köln 2001.
Kämpf-Jansen, Helga/Neuhaus, Daniela: Wie man in der Kunstpädagogik auf den Hund kommt. In: Peez, Georg/Richter, Heidi (Hg.): Kind – Kunst – Kunstpädagogik. Erfurt/Frankfurt a.M. 2004, S. 105–116.
Kade, Jochen/Nolda, Sigrid: Pädagogik und Öffentlichkeit. In: Otto, Hans-Uwe/Rauschenbach, Thomas/Vogel, P. (Hg.): Erziehungswissenschaft in Studium und Beruf. Band I: Politik und Gesellschaft. Opladen 2001, S. 57–70.
Kemp, Wolfgang: »… einen wahrhaft bildenden Zeichenunterricht überall einzuführen«. Zeichnen und Zeichenunterricht der Laien 1500–1870. Ein Handbuch. Frankfurt a.M. 1979.
Kettel, Joachim (Hg.): Künstlerische Bildung nach Pisa. Oberhausen 2004.
Kirschenmann, Johannes: Zwischen den Bildern pendeln! In: Kunst+Unterricht, H. 268, 2002, S. 37–38.
Kirschenmann, Johannes/Wenrich, Rainer/Zacharias, Wolfgang (Hg.): Kunstpädagogisches Generationengespräch. Zukunft braucht Herkunft. München 2004.
Krause, Reinhold: Seelenschändung, 1937. In: Wulf, Joseph: Die Bildenden Künste im Dritten Reich. Frankfurt a.M. 1989.
Kükelhaus, Hugo/Lippe, Rudolf zur (Hg.): Entfaltung der Sinne. Frankfurt a.M. ²1984.
Langbehn, Julius: Rembrandt als Erzieher. Leipzig 1890/o.A.
Legler, Wolfgang: »… weil es die Schönheit ist, durch welche man zu der Freiheit wandert«. Anmerkungen zum historischen Verständnis und zur Aktualität von Friedrich Schillers Briefen »Über die ästhetische Erziehung des Menschen« aus dem Jahre 1795 (Teil III). In: BDK-Mitteilungen, H. 4, 1995, S. 3–8.
Lemme, Fritz: Kunsterziehung nach der Wende oder wie es weitergehen könnte. In: Schulz, Frank (Hg.): Perspektiven der künstlerisch-ästhetischen Erziehung. Seelze 1996, S. 302–310.
Lippe, Rudolf zur: Sinnenbewußtsein. Grundlagen einer anthropologischen Ästhetik. Reinbek 1987.
Lorenzen, Hermann (Hg.): Die Kunsterziehungsbewegung. Bad Heilbrunn 1968.

Messerschmidt, Felix: Musische Erziehung heute. In: Pädagogische Rundschau, H. 4, Januar 1950, S. 166–169.

Meyers, Hans: Erziehung zur Formkultur. Frankfurt a.M. 1966.

Möller, Heino R.: Gegen den Kunstunterricht. Ravensburg ³1974.

Müller, Annemarie & Autorenkollektiv: Methodik der Kunsterziehung. Berlin 1978.

Müller, Erich: 200 Jahre Zeichenunterricht in Basel. 160. Neujahrsblatt. Basel 1982.

Neisemeier, Anja: »Sophias Leben im Schrank«. Biografische Arbeit in der Werkstatt. In: Kunst+Unterricht, H. 280, 2004, S. 19–21.

Nitsch, Alessa: Warum ist Barbie so »irre« weiblich? Ästhetische Forschungen zu Barbiepuppen. In: Kunst+Unterricht 311/2007, S. 18–21.

Otto, Gunter: Kunst als Prozeß im Unterricht. Braunschweig 1964/ 2. Auflage 1969.

Otto, Gunter: »Kunst als Struktur« und »Kunst als Prozeß«: zwei Aspekte des Kunstunterrichts. In: Breyer, Herbert/Otto, Gunter/Wienecke, Günter: Kunstunterricht. Planung bildnerischer Denkprozesse. Düsseldorf 1970.

Otto, Gunter: Theorie für pädagogische Praxis. In: Kunst+Unterricht, H. 193, 1995, S. 16–19.

Otto, Gunter/Otto, Maria: Gewalttätigkeit und Überheblichkeit. Ansätze zu einer Analyse von ähnlichen Bildern verschiedener Herkunft. In: Kunst+Unterricht, H. 98, 1985, S. 6–14.

Otto, Gunter/Otto, Maria: Auslegen. Ästhetische Erziehung als Praxis des Auslegens in Bildern und des Auslegens von Bildern. Seelze 1987.

Pfennig, Reinhard: Gegenwart der bildenden Kunst. Oldenburg ⁵1974.

Rech, Peter: Kunstpädagogik zwischen Aufklärung und Sehnsucht. Köln 1994.

Regel, Günther: Zur aktuellen Situation der Kunstpädagogik in der Deutschen Demokratischen Republik. In: BDK-Mitteilungen, H. 4, 1989, S. 28–31.

Regel, Günther: Vom frühen Bauhaus zu Beuys. In: Schulz, Frank (Hg.): Perspektiven der künstlerisch-ästhetischen Erziehung. Seelze 1996a, S. 26–38.

Regel, Günther: Künstlerisches Erleben ist nicht alles, aber es ist Dreh- und Angelpunkt im Kunstprozeß. In: Schulz, Frank (Hg.): Perspektiven der künstlerisch-ästhetischen Erziehung. Seelze 1996b, S. 244–260.

Regel, Günther: Thesen zum Konzept Künstlerische Bildung. In: Kunst+Unterricht, H. 280, 2004, S. 42–43.

Richter, Hans-Günther: Geschichte der Kunstdidaktik. Konzepte zur Verwirklichung von ästhetischer Erziehung seit 1880. Düsseldorf 1981.

Richter, Hans-Günther: Eine Geschichte der ästhetischen Erziehung. Niebüll 2003.

Richter, Heidi: Die Entwicklung der Kunsterziehung in den neuen Bundesländern. In: Ziesche, Angela/Marr, Stefanie (Hg.): Rahmen aufs Spiel setzen. FrauenKunstPädagogik. Königstein/Ts. 2000, S. 253–265.

Richter, Heidi: Biografische Erinnerungsspuren: Friedl Dicker. In: Peez, Georg/Richter, Heidi (Hg.): Kind – Kunst – Kunstpädagogik. Erfurt/Frankfurt a.M. 2004, S. 267–301.

Röttger, Ernst: Das Spiel mit den bildnerischen Mitteln [mehrere Bände]. Ravensburg ab 1960.

Röttger, Ernst: Punkt und Linie. Das Spiel mit den Bildelementen. Ravensburg [7]1964.

Ruhloff, Jörg: Kritik der »Visuellen Kommunikation«, 1975. In: Bering, Kunibert/Bering, Cornelia (Hg.): Konzeptionen der Kunstdidaktik. Oberhausen 1999.

Sabisch, Andrea/Seydel, Fritz: Biografieren. In: Kunst+Unterricht, H. 280, 2004, S. 4–10.

Selle, Gert: Kultur der Sinne und Ästhetische Erziehung. Köln 1981.

Selle, Gert: Gebrauch der Sinne. Reinbek 1988.

Selle, Gert: Einführung. Das Ästhetische: Sinntäuschung oder Lebensmittel? In: Selle, Gert (Hg.): Experiment Ästhetische Bildung. Reinbek 1990, S. 14–37.

Selle, Gert: Kunstpädagogik jenseits ästhetischer Rationalität? In: Kunst+Unterricht, H. 192, 1995, S. 16–21.

Selle, Gert: Kunstpädagogik und ihr Subjekt. Oldenburg 1998.

Sowa, Hubert: Sachliche Bildsprachen. Gebrauchsanleitungen als zeichnerisches Verstehen von Realität. In: Kunst+Unterricht, H. 302/303 2006, S. 43–46.

Staudte, Adelheid: »Mit allen Sinnen lernen …«. In: Kunst+Unterricht, H. 87, 1984, S. 8–15.

Werckmeister, Otto Karl: Klees Kunstunterricht. In: Lenzen, Dieter (Hg.): Kunst und Pädagogik. Darmstadt 1990, S. 28–44.

Wick, Rainer K.: Bauhaus-Pädagogik. Köln [4]1994.

Wick, Rainer K.: Hans Friedrich Geist und die Kunst des Kindes. Bauhaus, Drittes Reich, Nachkriegszeit. Wuppertal 2003.

Wienecke, Günter: Zum Bild der DDR-Kunstpädagogik. In: BDK-Mitteilungen, H. 1, 1998, S. 36–38.

Wittmann, Barbara: Der gemalte Witz: Giovani Francesco Carotos »Knabe mit Kinderzeichnung«. In: Bundesdenkmalamt Wien/Institut für Kunstgeschichte der Universität Wien (Hg.): Wiener Jahrbuch für Kunstgeschichte, Band L. Wien 1997, S. 185–206.

Zacharias, Wolfgang: Plädoyer für sinnliche Erfahrung. In: Hochschule der Künste Berlin (Hg.): Kultur auf der Kippe. Jahrbuch 2. Ästhetische Erziehung. Berlin 1985.

Zepf, Irmgard: Angriffe auf Auge – Lust zu sehen – Ökologie der Bilder. In: Zacharias, Wolfgang (Hg.): Schöne Aussichten? Ästhetische Bildung in einer technisch-medialen Welt. Essen 1991, S. 163–178.

Zülch, Martin: Die Welt der Bilder – ein konstitutiver Teil der Allgemeinbildung. In: Kunst+Unterricht, H. 244, 2000, S. 4–5.

3 Kunstpädagogik – im Kontext eines pluralen Fachverständnisses

Beuys, Joseph: Jeder Mensch ein Künstler. Frankfurt a.M. 1975.

Bundesregierung: Kulturelle Bildung. Antwort der Bundesregierung auf eine Große Anfrage. Deutscher Bundestag. 11. Wahlperiode. Drucksache 11/7670. 13.8.1990.

Burkhardt, Sara: Netz Kunst Unterricht. München 2007

Busse, Klaus-Peter: Bildumgangsspiele. Kunst unterrichten. Dortmund 2004.

Busse, Klaus-Peter: Vom Bild zum Ort. Mapping lernen. Dortmund 2007.

Freiberg, Henning: Thesen zur Bilderziehung im Fach Kunst. In: Kirschenmann, Johannes/Peez, Georg (Hg.): Chancen und Grenzen der Neuen Medien im Kunstunterricht. Hannover 1998, S. 12–17.

Freud, Sigmund: Eine Kindheitserinnerung des Leonardo da Vinci, 1910. In: Freud, Sigmund: Studienausgabe. Band X, Frankfurt a.M. 1969.

Freud, Sigmund: Zur Einführung des Narzissmus, 1914. In: Freud, Sigmund: Studienausgabe. Band III, Frankfurt a.M. 1975.

Geschäftsführung des Kongresses der Künstler 1971 (Hg.): Kongreß der Künstler 1971 in Frankfurt am Main. Frankfurt a.M. 1971.

Hajnal-Neukäter, Ildiko: Wie brüchig sind unsere Helden? Gedanken zu Beckmanns Tagebüchern. In: Staudte, Adelheid/Vogt, Barbara (Hg.): FrauenKunstPädagogik. Frankfurt a.M. 1991, S. 151–165.

Heil, Christine: Kartierende Auseinandersetzung mit aktueller Kunst. München 2007.

Kirschenmann, Johannes: Medienbildung in der Kunstpädagogik. Weimar 2003.

Kirschenmann, Johannes/Peez, Georg (Hg.): Computer im Kunstunterricht. Donauwörth 2004.

Kraft, Hartmut (Hg.): Psychoanalyse, Kunst und Kreativität heute. Köln 1984.

Lange, Marie-Luise: KörperHandlungsSpielRäume in der Performance-Art. In: Richter, Heidi/Sievert-Staudte, Adelheid (Hg.): Eine Tulpe ist eine Tulpe ist eine Tulpe. Frauen, Kunst und Neue Medien. Königstein/Ts. 1998, S. 157–189.

Lange, Marie-Luise: Schneisen im Heuhaufen. Formen von Performance-Art. In: Seitz, Hanne (Hg.): Schreiben auf Wasser. Performative Verfahren in Kunst, Wissenschaft und Bildung. Bonn/Essen 1999, S. 149–161.

Lehnerer, Thomas: Methode der Kunst. Würzburg 1994.

Maset, Pierangelo: Von der Kompensation zur Suspendierung. In: Kunst+Unterricht, H. 191, 1995, S. 18–20.

Maset, Pierangelo (Hg.): Pädagogische und psychologische Aspekte der Medienästhetik. Opladen 1999.

Menzen, Karl-Heinz: Grundlagen der Kunsttherapie. München ²2004.

Meyer, Torsten: Interfaces, Medien, Bildung. Bielefeld 2002.

Mohr, Anja: Digitale Kinderzeichnung. München 2005.

Otto, Gunter: Ästhetik als Performance – Unterricht als Performance? In: Seitz, Hanne (Hg.): Schreiben auf Wasser. Performative Verfahren in Kunst, Wissenschaft und Bildung. Bonn/Essen 1999, S. 197–202.

Peez, Georg: In der Minderheit. In: Staudte, Adelheid/Vogt, Barbara (Hg.): FrauenKunstPädagogik. Frankfurt a.M. 1991, S. 316–319.

Peez, Georg: Evaluation ästhetischer Erfahrungs- und Bildungsprozesse. München 2005.

Peters, Maria: Die Auflösung feministischer Fragen im ästhetischen Diskurs. In: Kunst+Unterricht, H. 199, 1996, S. 5.

Regel, Günther: Vom frühen Bauhaus zu Beuys. In: Schulz, Frank (Hg.): Perspektiven der künstlerisch-ästhetischen Erziehung. Seelze 1996, S. 26–38.

Richard, Birgit: Indifferenz, Interaktion und Immersion. In: Kirschenmann, Johannes/Peez, Georg (Hg.): Chancen und Grenzen der Neuen Medien im Kunstunterricht. Hannover 1998, S. 32–35.

Richter, Heidi/Sievert-Staudte, Adelheid (Hg.): Eine Tulpe ist eine Tulpe ist eine Tulpe. Frauen, Kunst und Neue Medien. Königstein/Ts. 1998.

Schottenloher, Gertraud: Kunst- und Gestaltungstherapie in der pädagogischen Praxis. München 1983.

Seitz, Hanne: Im Not the Girl Who Misses Much. Zur Videokunst von Pipilotti Rist. In: Richter, Heidi/Sievert-Staudte, Adelheid (Hg.): Eine Tulpe ist eine Tulpe ist eine Tulpe. Frauen, Kunst und Neue Medien. Königstein/Ts. 1998, S. 131–151.

Sowa, Hubert: Performance – Szene – Lernsituation. In: Uhlig, Bettina/ Schulz, Frank (Hg.): Prozesshafte Kunst im Unterrichtsprozess. 1. Kunstpädagogischer Tag in Sachsen, Leipzig 2000, S. 25–40.

Spickernagel, Ellen: Problematisches Rüstzeug. In: BDK-Mitteilungen, H. 4, 2000, S. 47.

Staudte, Adelheid/Vogt, Barbara (Hg.): FrauenKunstPädagogik. Theorien, Analysen, Perspektiven. Frankfurt a.M. 1991.

Stielow, Reimar: Ich-Selbst. Eine Unterrichtsreihe zur eigenen ästhetischen Praxis des Schülers und Überlegungen zu deren theoretischer Begründung. In: Richter, Hans-Günther (Hg.): Therapeutischer Kunstunterricht. Düsseldorf 1977, S. 170–185.

Thiedeke, Udo (Hg.): Bildung im Cyberspace. Wiesbaden 2000a.

Thiedeke, Udo (Hg.): Kreativität im Cyberspace. Wiesbaden 2000b.

Wick, Rainer K.: Bauhaus-Pädagogik. Köln[4] 1994.

Wichelhaus, Barbara: Kompensatorischer Kunstunterricht. In: Kunst+ Unterricht, H. 191, 1995, S. 35–39.

Wiesand, Andreas Johannes: 20 Fragen zum Berufsfeld Bildende Kunst, 1978. In: Wick, Rainer K./Wick-Kmoch, Astrid (Hg.): Kunstsoziologie. Bildende Kunst und Gesellschaft. Köln 1979.

Winnicott, Donald W.: Kreativität und ihre Wurzeln. In: Kraft, Hartmut (Hg.): Psychoanalyse, Kunst und Kreativität heute. Köln 1984, S. 64–77.

Wünsche, Konrad: Das Bauhaus »als Erzieher«. In: Lenzen, Dieter (Hg.): Kunst und Pädagogik. Erziehungswissenschaft auf dem Weg zur Ästhetik? Darmstadt 1990, S. 45–59.

Zacharias, Wolfgang (Hg.): Interaktiv. Medienökologie zwischen Sinnenreich und Cyberspace. München 2000.

Zepf, Irmgard: Angriffe auf Auge – Lust zu sehen – Ökologie der Bilder. In: Zacharias, Wolfgang (Hg.): Schöne Aussichten? Ästhetische Bildung in einer technisch-medialen Welt. Essen 1991, S. 163–178.

Ziesche, Angela/Marr, Stefanie (Hg.): Rahmen aufs Spiel setzen. FrauenKunstPädagogik. Königstein/Ts. 2000.

4 Facetten bildnerisch-ästhetischer Praxis

Becker, Stefan: Plastisches Gestalten von Kindern und Jugendlichen. Donauwörth 2003.

Brohl, Christiane: Displacement als kunstpädagogische Strategie. In: BDK-Mitteilungen, H. 3, 2004, S. 6–10.

Gibson, James J.: Die Sinne und der Prozeß der Wahrnehmung. Bern 1973.

Grünewald, Dietrich: Von der Idee zum Unterrichtskonzept, In: Kunst+Unterricht, H. 223/224, 1998, S. 81–92.

Hils, Karl: Formen in Ton. Kassel ⁵2000.

Kemp, Wolfgang: »... einen wahrhaft bildenden Zeichenunterricht überall einzuführen«. Zeichnen und Zeichenunterricht der Laien 1500–1870. Ein Handbuch. Frankfurt a.M. 1979.

Kirchner, Constanze/Kirschenmann, Johannes (Hg.): Mit Kunst zur Kunst. Beispiele ästhetischer Praxis zur handlungsorientierten Kunstrezeption. Donauwörth 2004.

Kirschenmann, Johannes/Schulz, Frank: Bilder erleben und verstehen. Leipzig 1999.

Leber, Hermann: Plastisches Gestalten. Technische und künstlerische Grundlagen. Köln 1979.

Lippe, Rudolf zur: Sinnenbewußtsein. Grundlagen einer anthropologischen Ästhetik. Reinbek 1987.

Maset, Pierangelo: Kunstvermittlung mit »Ästhetischen Operationen«. In: BDK-Mitteilungen, H. 2, 2004, S. 48–51.

Peez, Georg: Fotografien in pädagogischen Fallstudien. München 2006.

Selle, Gert: Gebrauch der Sinne. Eine kunstpädagogische Praxis. Reinbek 1988.

Widlöcher, Daniel: Was eine Kinderzeichnung verrät. Methode und Beispiele psychoanalytischer Deutung. München 1974.

Wichelhaus, Barbara: Ton als Material in Rehabilitation und Therapie. In: Kunst+Unterricht, H. 301, 2006, S. 36–38.

5 Kunstpädagogik als Beruf – Tätigkeitsbereiche, Praxisfelder, Zielgruppen und Perspektiven

Bastian, Hannelore: Kursleiterprofile und Angebotsqualität. Frankfurt a.M. 1997.

BJKE (Hg.): Jugendkunstschule. Das Handbuch. Konzepte, Strukturen, Organisation. Unna 2003.

Honig, Christoph: Vielfalt als Programm. Bausteine zur Qualitätsoptimierung in NRW. In: Infodienst Kulturpädagogische Nachrichten, H. 54, 1999, S. 18–20.

Jacob, Sigrid: Als Kunstpädagogin im Altenpflegeheim. In: Ganzert, Nicole/Latz, Kerstin/May, Claudia/Schacht, Michael (Hg.): Die Notwendigkeit kunstpädagogischer Arbeit. Frankfurt a.M. 1996, S. 97–101.

Kade, Jochen/Nolda, Sigrid: Pädagogik und Öffentlichkeit. In: Otto, Hans-Uwe/Rauschenbach, Thomas/Vogel, P. (Hg.): Erziehungswis-

senschaft in Studium und Beruf. Band I: Politik und Gesellschaft. Opladen 2001, S. 57–70.
Kahl, Iris: Der Bildungswert von Mal- und Zeichenkursen. Frankfurt a.M. 1997.
Kirschenmann, Johannes/Otto, Gunter: Werten, Begutachten, Ermutigen. Erneute Überlegungen zu den Zensuren im Fach Kunst. In: Kunst+Unterricht, H. 223/224, 1998, S. 100–103.
Kirschenmann, Johannes/Sowa, Hubert/Schulz, Frank (Hg.): Kunstpädagogik im Projekt der allgemeinen Bildung. München 2006.
Legler, Wolfgang: Lichtwark und die Lehrer. In: Grünewald, Dietrich/ Legler, Wolfgang/Pazzini, Karl-Josef (Hg.): Ästhetische Erfahrung. Seelze 1997, S. 317–328.
Peez, Georg: Kulturpädagogik als Dienstleistung. In: BDK-Mitteilungen, H. 1, 1992, S. 36–37.
Peez, Georg: »Ich möchte Nebel malen lernen.« Theorieelemente erfahrungsoffenen Lernens in der kunstpädagogischen Erwachsenenbildung. Frankfurt a.M. 1994.
Peez, Georg: Qualitative empirische Forschung in der Kunstpädagogik. Hannover 2000.
Peez, Georg (Hg.): Beurteilen und Bewerten im Kunstunterricht. Modelle und Unterrichtsbeispiele zur Leistungsmessung und Selbstbewertung. Seelze 2007.
Peters, Maria: »Man kann Unsagbares schreiben«. Wege und Erfahrungen schriftlicher Auseinandersetzung von Schülerinnen und Schülern mit originaler Plastik. In: Selle, Gert/Thiele, Jens (Hg.): Zwischenräume. Jahrbuch für kunst- und kulturpädagogische Innovation. Oldenburg 1996, S. 152–160.
Stang, Richard/Peez, Georg u.a.: Kulturelle Bildung, Frankfurt a.M. 2003.
Terhart, Ewald: Konstruktivismus und Unterricht. Gibt es einen neuen Ansatz in der Allgemeinen Didaktik? In: Zeitschrift für Pädagogik, H. 5, 1999, S. 629–647.
Thiedeke, Udo (Hg.): Bildung im Cyberspace. Wiesbaden 2000a.
Thiedeke, Udo (Hg.): Kreativität im Cyberspace. Wiesbaden 2000b.
Welck, Karin von/Schweizer, Margarete (Hg.): Kinder zum Olymp! Wege zur Kultur für Kinder und Jugendliche. Köln 2004.
Zacharias, Wolfgang: Kulturpädagogik. Opladen 2001.
Zülch, Martin: Die Welt der Bilder – ein konstitutiver Teil der Allgemeinbildung. In: Kunst+Unterricht, H. 244, 2000, S. 4–5.

6 Zwischen Anleitung und Offenheit – Orte, Sozialformen, Methodenaspekte

Criegern, Axel von: Konzepte künstlerischer Auseinandersetzung. In: Kunst+Unterricht, H. 233, 1999, S. 40–43.

Kirchner, Constanze: Kinder und Kunst der Gegenwart. Zur Erfahrung mit zeitgenössischer Kunst in der Grundschule. Seelze 1999.

Kirchner, Constanze/Peez, Georg: Kunstunterricht als Werkstatt. In: Kirchner, Constanze/Peez, Georg (Hg.): Werkstatt: Kunst. Anregungen zu ästhetischen Erfahrungs- und Lernprozessen im Werkstattunterricht. Hannover ²2005, S. 8–21.

Koschatzky, Walter: Die Kunst der Zeichnung. München 1993.

Legler, Wolfgang: Vormachen – Nachmachen. In: Kunst+Unterricht, H. 190, 1995, S. 35–40.

Mollenhauer, Klaus: Grundfragen ästhetischer Bildung. Theoretische und empirische Befunde zur ästhetischen Erfahrung von Kindern. Weinheim 1996.

Otto, Gunter: Projekte in der Fächerschule? In: Kunst+Unterricht, H. 181., 1994, S. 35–37.

Otto, Gunter/Otto, Maria: Auslegen. Ästhetische Erziehung als Praxis des Auslegens in Bildern und des Auslegens von Bildern. Seelze 1987.

Preiser, Siegfried/Buchholz, Nicola: Kreativität. Heidelberg 2004.

Schuhmacher-Chilla, Doris: Ästhetische Sozialisation und Erziehung. Zur Kritik an der Reduktion von Sinnlichkeit. Berlin 1995.

Schulz, Frank: Das bildnerische Talent. Neues zu einem alten Thema? In: Kunst+Unterricht, H. 158, 1991, S. 19–24.

Schulz, Frank: Über Methoden des Kunstunterrichts. In: Kunst+Unterricht, H. 223/224, 1998, S. 87–92.

Selle, Gert: Gebrauch der Sinne. Eine kunstpädagogische Praxis. Reinbek 1988.

Selle, Gert: Begründung einer Alternative zum Kunstunterricht. In: BDK-Mitteilungen, H. 4, 1991, S. 18–20.

Urban, Klaus K.: Kreativität. Herausforderung für Schule, Wissenschaft und Gesellschaft. Münster 2004.

Wichelhaus, Barbara: Gemeinsam Bilder herstellen. In: Kunst+Unterricht, H. 226, 1998, S. 4–12.

7 Forschen in der Kunstpädagogik

Aissen-Crewett, Meike: Schülerzentrierte Kunstpädagogik. Erwin Heckmanns Kunstpädagogik zwischen Reformpädagogik und moderner Didaktik. Frankfurt a.M. 1985.

BDK (Bund Deutscher Kunsterzieher e.V.): Kunst und ästhetische Erziehung. Hannover 1999.
Bering, Kunibert/Bering, Claudia (Hg.): Konzeptionen der Kunstdidaktik. Dokumente eines komplexen Gefüges. Oberhausen 1999.
Blohm, Manfred: Die documenta X als Feld für ästhetische Forschungsprojekte von Schülerinnen und Schülern. In: Kirschenmann, Johannes/Stehr, Werner (Hg.): Materialien zur Documenta X. Ein Reader für Unterricht und Studium. Ostfildern-Ruit 1997, S. 84–89.
Brenne, Andreas: Ressource Kunst. Künstlerische Feldforschung in der Primarstufe. Münster 2004.
Busse, Klaus-Peter (Hg.): Kunstdidaktisches Handeln. Dortmund/Norderstedt 2003.
Dietl, Marie-Luise: Kindermalerei. Münster 2004
Dreyer, Andrea: Kunstpädagogische Professionalität und Kunstdidaktik. Eine qualitativ-empirische Studie im kunstpädagogischen Kontext. München 2005.
Egger, Bettina: Bilder verstehen. Wahrnehmung und Entwicklung der bildnerischen Sprache. Zürich ^{6}2001.
Fischer, Lili: Animationsbeispiele aus »Feldforschung«. In: Zeitschrift für Kunstpädagogik, H. 2, 1983, S. 26–28.
Fischer, Lili: Feldforschung – geräuchert. In: Kunstforum International, Bd. 93, 1988, S. 165–171.
Fischer, Lili: Primäre Ideen. Hand- und Fußarbeiten aus der Kunstakademie Münster. Regensburg 1996.
Griebel, Christina: Der kreative Akt im Unterricht. Fallstudien zur ästhetischen Praxis von Schülern der gymnasialen Oberstufe. München 2006.
Heil, Christine: Kartierende Auseinandersetzung mit aktueller Kunst. München 2007.
Kämpf-Jansen, Helga: Ästhetische Forschung. Salon Verlag, Köln 2001.
Kemp, Wolfgang: »... einen wahrhaft bildenden Zeichenunterricht überall einzuführen«. Zeichnen und Zeichenunterricht der Laien 1500–1870. Ein Handbuch. Frankfurt a.M. 1979.
Kerbs, Dietmar: Historische Kunstpädagogik. Köln 1976.
Kirchner, Constanze: Kinder und Kunst der Gegenwart. Zur Erfahrung mit zeitgenössischer Kunst in der Grundschule. Seelze 1999.
Kirchner, Constanze: Digitale Kinderzeichnung. Annotationen zum derzeitigen Forschungsstand. In: Kunst+Unterricht, H. 246/247, 2000, S. 32–45.
Kuckartz, Udo: Methoden erziehungswissenschaftlicher Forschung 2: Empirische Methoden. In: Lenzen, Dieter (Hg.): Erziehungswissenschaft. Ein Grundkurs. Reinbek 1994, S. 543–567.

Legler, Wolfgang: Die Dr. Stuhlmannsche Zeichenmethode und Bildung der Phantasie. In: Kunst+Unterricht, H. 127, Mai 1988, S. 7–16.
Lehnerer, Thomas: Methode der Kunst. Würzburg 1994.
Lenzen, Dieter (Hg.): Erziehungswissenschaft. Ein Grundkurs. Reinbek 1994.
Lippe, Rudolf zur: Sinnenbewußtsein. Grundlagen einer anthropologischen Ästhetik. Reinbek 1987.
Mohr, Anja: Digitale Kinderzeichnung. Aspekte ästhetischen Verhaltens von Vorschulkindern am Computer. München 2005.
Neuß, Norbert: Methoden und Perspektiven einer qualitativen Kinderzeichnungsforschung. In: Maset, Pierangelo (Hg.): Pädagogische und psychologische Aspekte der Medienästhetik. Opladen 1999, S. 49–74.
Oswald, Martin: Aspekte der Farbwahrnehmung bei Schülern im Alter zwischen 11 und 16 Jahren. Weimar 2003.
Peez, Georg: Qualitative empirische Forschung in der Kunstpädagogik. Hannover ²2002.
Peez, Georg: Evaluation ästhetischer Erfahrungs- und Bildungsprozesse. Beispiele zu ihrer empirischen Erforschung. München 2005.
Peez, Georg (Hg.): Handbuch Fallforschung in der Ästhetischen Bildung/Kunstpädagogik. Baltmannsweiler 2007.
Peters, Maria: Blick, Wort, Berührung. Differenzen als ästhetisches Potential in der Rezeption plastischer Werke von Arp, Maillol und Franz Erhard Walter. Phänomenologische Untersuchungen. München 1996a.
Peters, Maria: »Man kann Unsagbares schreiben«. Wege und Erfahrungen schriftlicher Auseinandersetzung von Schülerinnen und Schülern mit originaler Plastik. In: Selle, Gert/Thiele, Jens (Hg.): Zwischenräume. Jahrbuch für kunst- und kulturpädagogische Innovation. Oldenburg 1996b, S. 152–160.
Reiß, Wolfgang: Kinderzeichnungen. Wege zum Kind durch seine Zeichnung. Neuwied u.a. 1996.
Reiß, Wolfgang A.: Die Kunsterziehung in der Weimarer Republik. Weinheim 1981.
Richter, Hans-Günther: Geschichte der Kunstdidaktik. Konzepte zur Verwirklichung von ästhetischer Erziehung seit 1880. Düsseldorf 1981.
Richter, Hans-Günther: Die Kinderzeichnung. Entwicklung Interpretation Ästhetik. Düsseldorf/Berlin 1987.
Richter, Hans-Günther: Eine Geschichte der ästhetischen Erziehung. Niebüll 2003.
Sabisch, Andrea: Inszenierung der Suche. Bielefeld 2007

Schiller, Friedrich: Über die ästhetische Erziehung des Menschen in einer Reihe von Briefen, 1793/1795. Krefeld 1948.

Schiementz, Walter: Kunstpädagogen als künstlerisch Tätige in ihrer Selbsteinschätzung. Frankfurt a.M. 1985.

Schönemann, Axel: Lernprozesse bei der praktisch-künstlerischen Tätigkeit im Unterricht. Eine empirische Untersuchung über die Funktionen praktisch-künstlerischer Tätigkeit für die Veränderung von Einstellungen. Weinheim/Basel 1981.

Schoppe, Andreas: Kinderzeichnung und Lebenswelt. Neue Wege zum Verständnis des kindlichen Gestaltens. Herne 1991.

Schuster, Martin/Jezek, Ulrike: Formübernahmen in der Kinderzeichnung. In: Kunst+Unterricht, H. 163, 1992, S. 50–53.

Selle, Gert: Kultur der Sinne und Ästhetische Erziehung. Köln 1981.

Seydel, Fritz: Biografische Entwürfe. Ästhetische Verfahren in der Lehrer/innenbildung. Köln 2005.

Uhlig, Bettina: Kunstrezeption in der Grundschule. Zu einer grundschulspezifischen Rezeptionsmethodik. München 2005.

Wetzel, Tanja: Geregelte Grenzüberschreitung. München 2005.

Wick, Rainer K.: Bauhaus-Pädagogik. Köln ⁴1994.

Wick, Rainer K.: Hans Friedrich Geist und die Kunst des Kindes. Bauhaus, Drittes Reich, Nachkriegszeit. Wuppertal 2003.

8 Kunstpädagogik studieren – Hochschulen, Studiengänge und Abschlüsse

Scholz, Otfried: Lehrerausbildung im Fach Kunst. Ergebnis einer Umfrage. In: Kunst+Unterricht, H. 203, 1996, S. 16–18.